希利尔送给孩子

不一样的
世界史

[美] 维吉尔·莫里斯·希利尔 ◎ 著 / 吕聪娜 ◎ 译

哈尔滨出版社
HARBIN PUBLISHING HOUSE

图书在版编目（CIP）数据

不一样的世界史／（美）维吉尔·莫里斯·希利尔著；
吕聪娜译 . —哈尔滨：哈尔滨出版社，2017.4（2017.6 重印）
（希利尔送给孩子）
ISBN 978-7-5484-2888-6

Ⅰ．①不… Ⅱ．①维… ②吕… Ⅲ．①世界史 – 少儿
读物 Ⅳ．① K109

中国版本图书馆 CIP 数据核字（2016）第 220200 号

书　　名：**希利尔送给孩子：不一样的世界史**

作　　者：【美】维吉尔·莫里斯·希利尔　著
译　　者：吕聪娜
责任编辑：杨浥新　于海燕
责任审校：李　战
封面设计：鼎夏图书

出版发行：哈尔滨出版社（Harbin Publishing House）
社　　址：哈尔滨市松北区世坤路 738 号 9 号楼　　邮编：150028
经　　销：全国新华书店
印　　刷：三河市三佳印刷装订有限公司
网　　址：www.hrbcbs.com　　www.mifengniao.com
E－mail：hrbcbs@yeah.net
编辑版权热线：（0451）87900271　87900272
销售热线：（0451）87900202　87900203
邮购热线：4006900345　（0451）87900345　87900256

开　　本：787mm×1092mm　　1/16　　印张：25.75　　字数：310 千字
版　　次：2017 年 4 月第 1 版
印　　次：2017 年 6 月第 2 次印刷
书　　号：ISBN 978-7-5484-2888-6
定　　价：51.50 元

凡购本社图书发现印装错误，请与本社印制部联系调换。　**服务热线：**（0451）87900278

孩子们，你可以跳过这一页的内容，因为它的读者应该是20到40岁的叔叔阿姨。或许，这些人会看一下这本书，而这页被叫作——

序

Preface

——让孩子们知道某些出生前就存在的事情。

——让孩子们改变想法，不再认为以我为中心的封闭生活就是整个世界。

——让孩子们的视野更加宽广，让他们能够考察过去，推知未来。

——让孩子们了解历史上某些重要事件和伟人存在的时代，这有利于他们以后系统地进行学习。

——提供给孩子们一个历史年鉴，并附带主要的指南，让他们可以把历史年鉴的时间与发生的事件对应起来。

这就是本书作者的初衷。

注意，这部分内容不是给孩子们看的，而是给老师和父母看的，它被称作——

前言

Introduction

　　我在幼年时代，和大部分生活在美国的儿童一样，成长中接受的历史教育内容只限于美国。一年又一年过去，这种情况一直持续到了我八九岁的时候。

　　在我的认知里，世界历史是从1942年开始的。在这之前，我遇到的所有人或者事都会被我自动归类到童话故事的领域里。有关耶稣以及他的时代的内容，我只在主日学校里听到过，而且这些东西对我而言是虚构的，没有任何可信性。他们没有在我阅读过的历史书籍里出现过，因此我认定这些人是人类虚构出来的，根本不存在于现实中。

　　只让美国儿童了解自己国家的历史是非常狭隘的，这与让得克萨斯州的儿童只学习本州历史没有什么不同。一般而言，人们觉得历史教育能够培养人的爱国主义精神，但实际培养出来的多是自大或者狭隘的人。这种自大缘于对其他民族与时代的一无所知，是一种虚幻且偏执的唯我主义。第一次世界大战结束后，人们越来越意识到，美国的儿童应该了解其他的民族和国家，这很重要。因为只有这样，他们才会以一种公正的态度正视这个世界。

　　从9岁开始，孩子们就会越来越想了解世界，迫切希望知道历史上发生过的事情，愿意去探究世界历史的意义。所以，卡尔维特学校在多年前就让 9 岁的学生学习世界历史了。这种做法虽然遭到了某些学者和家长的质疑或者反对，但是，我发现目前人们已经开始慢慢认同这种教育方法了，于是，通俗少儿历史教科书的市场也变得越来越好。但是，我发现现在的历史课本内容繁杂，如果想要使孩子们容易理解，必须进行删减并补充相应的评论和解释。

近年来，美国机构在对儿童智力的研究上取得了重要成果，它告诉了我们多数孩子在各个年龄段能够理解的东西，其中涉及修辞、日期、词汇、抽象以及概括等。未来的教科书在编写时需要参考这种智力标准，不然，课本内容对于孩子们而言可能过于深奥，根本无法理解。

笔者是一名经验丰富的儿童教学人员，经常与孩子们交流，比较了解孩子们的能力。然而，他发现每次课堂结束后，他都需要对自己的教学内容进行修改，甚至推翻。他认为虽然自己的教案初稿已经十分简练，但他发现教案上的所有字必须经过课堂检验才能最终确定下来。孩子们会因为措辞的轻微颠倒或者词义不明确而感到困惑。例如，"罗马在特韦雷河上"这个陈述句就时常被孩子们理解为：罗马城恰好建在特韦雷河上。孩子们拥有丰富的想象力，他们会猜测河水中有木桩，而房子都建在水中的木桩上。9 岁的孩子还很年幼，他们认为世界上真的有圣诞老人，他们的想法、理解能力、词汇量都大部分还达不到成年人的水平——即使作为孩子们的老师或者父母，向他们传授新知识也是件很艰难的事情。

因此，如果课本所选内容是孩子们喜欢和能够理解的，它的内容和主题就不那么重要了。对于孩子们而言，大部分的社会、政治、宗教和经济方面的内容都很难理解，无论用多么简单的语言来表述它们。毕竟，这本历史书告诉孩子们的都是基础性的内容，因此不必将它编写得复杂。

我们有很多故事和传记源于历史，这些内容可以增加阅读乐趣，然而这些内容没有历史大纲，不利于孩子们以后学习的时候将它们连贯起来。其实，它们本身就是散乱的故事，除非被编入历史大纲，否则这些故事就如浮萍一样漂荡在孩子们的脑海里，缺乏时间和地点。

所以，本书题材是编年体，即发生的故事是按时间顺序来记述的，一个时代接着一个时代，而非根据各个国家来讲，这就如同小说里各个线索同时进行一样，不同国家的故事穿插着讲述。本书不会从头到尾讲述完希腊历史后，再返回到原来的时间节点重新讲述罗马历史。笔者只是简单概述一下书中的主题，总体介绍一下历史框架中的事件的背景，而这些事件的详细内容会让孩子们在将来的学习中慢慢了解，这就如同绘画时，画家会先勾勒出基本轮廓，然后再描绘细节。对于历史知识的归纳与分类，这种方法的必要性等同于办公室的档案系统一样重要。

本书的正文前有一个"时间阶梯"。梯状的"时间阶梯"十分形象，能够让孩子整体认识世界历史的事件与发展。阶梯的每一个台阶为一百年，每一层为一千年。假如你有一面空白的墙面，无论是在阁楼、游戏间还是谷仓，你都可以将放大版的"时间阶梯"画在上面。你可以从地板开始画，一直画到你够不到的高度，然后再将事件和人物的内容填充进去，这样就更有趣味了。如果孩子的床就放在墙的对面，那就太好了。这样当孩子躺在床上的时候，想的就会是"时间阶梯"上记载的各种事件，而非壁纸上的图案。无论何时，孩子在了解历史事件的过程时，都应该以"时间阶梯"或者其他时间表为参考，直到他们脑海里形成了大致的时间轴为止。

最初，孩子们没有所谓的时间概念，他们不明白日期和数字所代表的含义，更无法对它们进行区分，所以他们会胡乱说公元前 2500 年、公元前 250 000 年等。只有在参考"时间阶梯"或者时间表时，孩子们才能将日期和事件对应上。因此，如果孩子们在没有参照时间表的情况下，说出公元 776 000 年举办了第一届奥林匹克运动会、特洛伊战争里的英雄是亚伯拉罕，或者雅典有个叫意大利的国家时，你可能会觉得很好笑，但一定不要惊讶。

假如有人一次性给你介绍一房间的陌生人，你会发现很难记住所有人的名字，更不要说正确记得每个人的名字了。因此，在记住每个人的样子和名字之前，你需要了解一下和他们有关的趣事。这种情况和讲述世界历史很相似，对于孩子们来说，不同的人物、地名都是陌生的，所以在介绍的时候，除了告诉他们名字，还要给他们讲述一些相关的事情。但是，每次介绍的内容不宜过多，不然，孩子们很快就会忘记人名以及与之对应的事件。时常对孩子们提起新名字也很重要，这样能加深他们对新名字的印象，否则，如此多陌生的人名和地名会让他们的记忆混乱。

本书的任务是提供给孩子们一个基础的历史梗概，以便他们以后对其进行填充，所以孩子们必须清楚地记下"时间阶梯"。他们需要时常回忆"时间阶梯"，就像背诵"九九乘法表"那样，直到能够准确地将事件和发生的时间对应上。之所以这样做，是要让孩子能够掌握一个基本的历史轮廓，能够依照时间顺序，准确地说出重要历史事件的发生时间和内容，在叙述过程时不用他人提示，也不会迟疑。是不是觉得这些要求很严格？假如依照本书的建议，按照因果关系将不同事件联系起来，经常回顾这些事件和相关人物，这些要求就不难达到。每年，卡尔维特学校的好几百名学生都成功地做到了。

但是，老师们时常会觉得"即便孩子们忘记了这些内容，他们脑海中还是会有一定的印象"。其实，这种说法只是在辩解自己粗劣的教学质量，和孩子们一知半解式的学习方式。诚然，记住历史发展的时间不容易，但是不退缩，努力克服学习中的困难，加深对它们的印象，努力在背诵之后依然记得它们，这样历史学习也能像其他科目那样，起到智力练习的作用。孩子们比较容易记住故事的情节，但是故事发生的时间、地点、人物和起因才是学习的重点，是孩子们必须记住的内容。他们在叙述的时候应该是"约翰国王在 1215 年……因为……"而不是"从前有个人……"

所以，这本书是基础性的历史教材，而非一本辅助性的历史读物。本书在叙述历史事件时，拿捏精准，篇幅恰到好处，丰满了历史框架，对历史理解起来更形象、生动。不过，这本书要求内容尽可能简练，而非尽可能冗杂，因此它的篇幅由最初的 1000 多页删减到了 400 来页，但其内容依旧十分丰富，一点儿也不干涩。

不论这本书最后会变成什么样子，其目的还是让孩子们了解整个历史轮廓，让他们开动大脑，掌握知识。为了实现这一点，当孩子阅读完本书后，应让他们讲述学习过的故事，不断地向他们提问故事中的人名、地名、时间及情节，进而确保孩子们完全掌握了这段历史内容。

很多年以前，有一个刚刚走出大学的年轻人，他要到学校讲他人生中的第一节历史课。他热情洋溢，连说带唱，还在黑板、地板甚至操场上画了地图，为了更清楚地表达某些重要内容，他还用图画、倒立以及课桌跳马进行例证。这种新奇的教学方式立即吸引住了学生们的注意力，他们用眼睛看着，用耳朵听着，张着嘴巴，全神贯注。他们强烈希望能够从他源源不断的话中获得更多的知识。30 天过去了，慈祥的校长为验证孩子们的学习成果向他提了一个建议——进行测验。他信心满满地进行了测验。

测验的考题只有三个：

1. 叙述一下哥伦布。

2. 叙述一下詹姆斯敦。

3. 叙述一下普利茅斯。

下面是某个孩子的答案，你可能会觉得这个孩子学习得马马虎虎，其实这是一个学习非常认真的孩子，而且非常喜欢历史课。

他的答案：

1. 这是一个卫大（他本意是想写"伟大"）的人。

2. 这是一个卫大的人。

3. 这也是一个卫大的人。

现在来看

时 间 阶 梯

Staircase of Time

　　这幅图并非历史阶梯的全貌，历史阶梯的底部是更加遥远的过去，它就这样不断地向上、衍生，直到现在我们所处的时代——一个台阶代表一个世纪，一层楼代表一千年。时间阶梯能够向着高空不断延伸。让我们在时间阶梯中找到我们的位置，回顾之前楼层里那些在很久之前发生的故事吧。

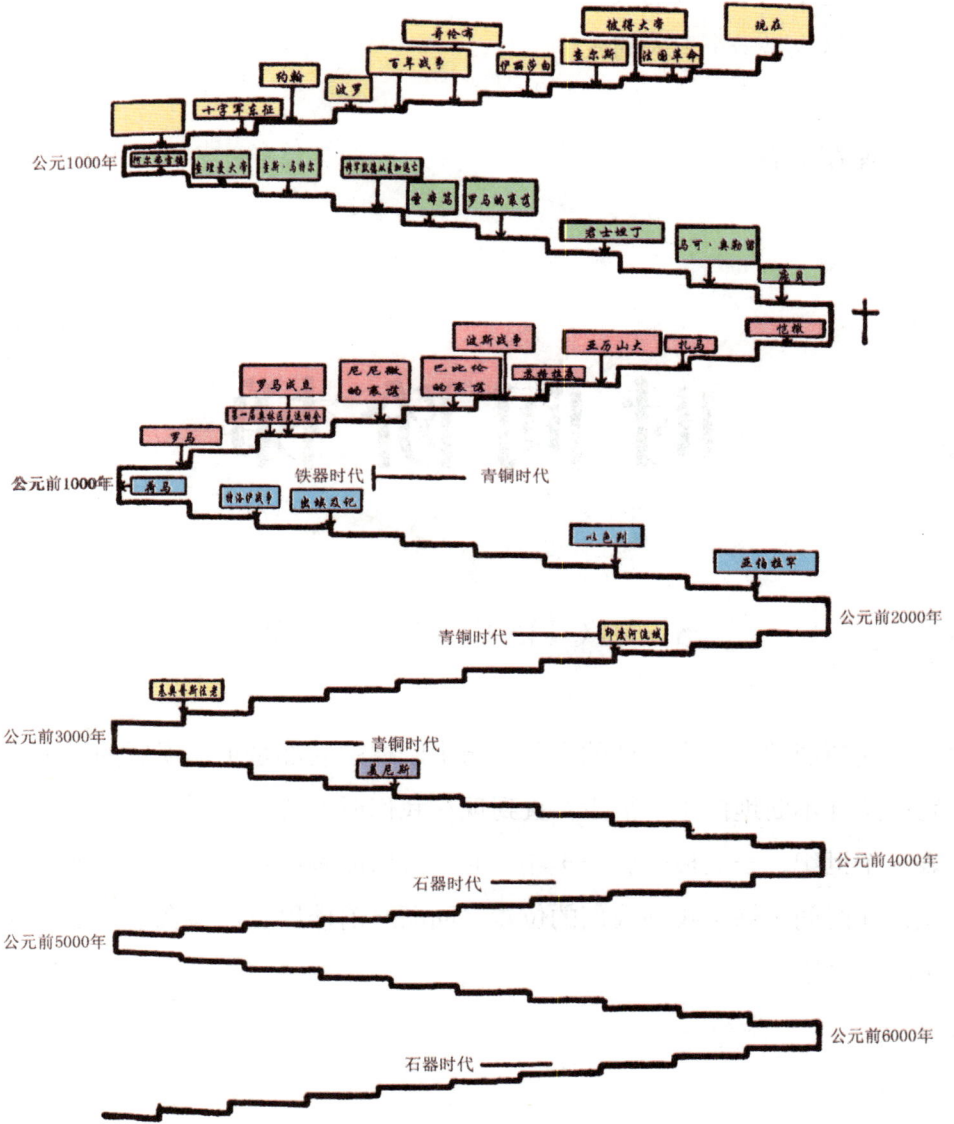

历史阶梯

晚庄

彼得大帝

哥伦布

查尔斯 | 法国革命

约翰 | 伊丽莎白

波罗 | 百年战争

十字军东征

公元1000年 | 圣女贞德

查理曼大帝 | 托马斯·阿奎那 | 诺曼底登陆和建国

查士丁 | 罗马的衰落

君士坦丁 | 马可·奥勒留

庞贝

忆撒

波斯战争 | 亚历山大 | 扎马

罗马成立 | 尼尼微的衰落 | 巴比伦的衰落 | 苏格拉底

第一届奥林匹克运动会

罗马

公元前1000年 | 荷马 | 铁器时代 | 青铜时代

特洛伊战争 | 出埃及记

以色列

亚伯拉罕

公元前2000年

青铜时代 | 印度河流域

迈锡尼斯铭文

公元前3000年 | 青铜时代

美尼斯

公元前4000年 | 石器时代

公元前5000年

公元前6000年

石器时代

目录
Contents

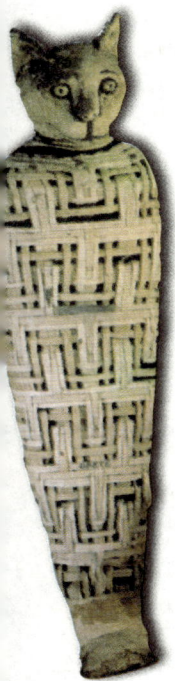

万物起源
How Things Started

从前，有一个与我很像的小男孩儿。

早晨，他不过 7 点是不会起床的，他是家中最后一个起床的人。

我也是如此。

但是，他醒得很早，于是就躺在床上思考一些很奇怪的问题。

我也是如此。

他总是好奇地想到：

假如这个世界上只有他一个人——

没有父亲母亲，

没有叔叔阿姨，

没有兄弟以及一起玩耍的小朋友，

那这个世界会变成什么样子呢?

或许你也思考过这种问题。

我也是如此。

他不断地思考，最后，他觉得那个世界会非常恐怖，令人害怕。一下子被吓到了的小男孩儿冲进爸爸妈妈的房间，跳到他们身边躺下，想把脑海里这个恐怖的想法赶走。

我也是如此——实际上，我就是那个孩子。

没错，在很多很多年前，世界上是没有任何人类的。同样，也不会有房屋、城市和农村，因为没有人类动手建造这一切。那时，世界上只有动物，比如**恐龙**、乳齿象、蝴蝶、鸟、鱼、蛇还有海龟。你能够想象出这样的世界吗？

恐龙

恐龙是生活在远古时期的大型动物，它的体形高大威猛。其中最大的恐龙是震龙，它的身体长达 39 米 ~ 52 米，高 18 米，几乎有七层楼那么高！

然而，在很多、很多、很多年前，世界是另外一个样子，不仅没有人类，还没有动物。你能想象一个只有植物的世界吗？

然而，在很多、很多、很多、很多年之前，曾经的地球上不仅没有人和动物，也没有植物，整个世界除了岩石，都是漫无边际的水。你能够想象出来吗？

然而，在很多、很多、很多——你可以不断地重复"很多"这两个字，说上一个星期或者一年都可以，将时间回溯到连地球都不存在的时代！

没有地球，只有星辰以及创造它们的上帝。

其实，星星和我们想象中的不一样，它们不像旗帜上的五角星那样有五个角，也不像圣诞树上挂着的小东西，金闪闪的。天空中真正的星辰都是在燃烧着的且体积很大的火球。地球上没有什么东西可以跟这些巨大的星球相提并论，而且，一小块星球都要比我们整个地球大得多。

在这些星球中，其中一个就是我们的太阳。假如，其他的星球和地球之间的距离也不是很远，那么它们看起来就和太阳差不多。在很多很多年以前，太阳也不是我们现在看到的样子，而是白色的，是一个非常大又非常圆的火球。那时候，它看起来比较像 7 月 4 日美国国庆时燃放的焰火，火花四溅地旋转着。

壁炉里的木头燃烧着，火星儿从上面爆出来就会冷却下来，而太阳上有一个飞溅出来的火花也出现了这种情况。

你猜一下，出现冷却情况的火花是什么？

试想一下，会是什么呢？

没错，它就是地球——我们一直居住着的地方。

太阳转动着并向外猛烈地喷溅着火花

但是，世界或者说地球，最初的样子就是一个石球，石球的外表还包裹着像浓雾一样的水蒸气。

然后，水蒸气变成雨，于是全世界都在下雨。

雨下了很久很久，久到地球上全部的空洞都被雨水填满了，形成了巨大的水泊，这就是海洋。而地球上其他没有水的地方则是光秃秃的石头。

之后，水里出现了非常微小的生物，这种原始生物是植物，而且只有通过显微镜才能看到。最初，这些植物只能生活在水里，随着时间推移，它们生长到了岸边甚至长到了岩石表面。

再后来，岩石上覆盖了灰尘，而这些灰尘也就是所谓的土壤。最后岩石变成了大陆，上面开始生长植物并大面积蔓延。

再后来，水里出现了最初的动物。这些动物也像水里最初的植物那样，非常微小，需要通过显微镜才能看到。

再后来，水里出现了稍微大一些的动物，例如蛤蚌、水母和马蹄螺。

再后来，各种各样的昆虫出现了，不仅水里有它们，水面上、陆地上甚至天空中都有它们的身影。其中，生活在陆地上的昆虫里就有蟑螂。

再后来，水里出现了鱼。

再后来，可以生活在水里和陆地上的两栖动物出现了，例如青蛙。

再后来，爬行动物出现了，例如海龟、蛇、恐龙和蜥蜴。

再后来，卵生的鸟出现了，狐狸、牛、猴子等哺乳动物也出现了，这些动物产下宝宝后要用奶水来喂养。

最后，你知道出现了什么吗？没错，最后出现了人类，有了男人、女人以及孩子。

下面是记载万物出现顺序的阶梯，你试试能够记住吗？

星球
  太阳
    火花
      地球
        水蒸气
          雨水
            海洋
              植物
                动物
                  水母
                    昆虫
                      鱼类
                        两栖动物
                          爬行动物
                            鸟
                              哺乳动物
                                人类

人类从这里开始，那接下来会发生什么事情呢？

第2章

穴居原始人
People Who Lived in Caves

你猜想一下，我为什么会清楚远古时候发生的事情呢？

其实，我并不清楚。

我知道的事情都是一种猜测。

然而，猜测不是单一的。例如，我让你来猜一下：我伸出的两个拳头里哪个握有硬币？这种猜测的结果会有两种，是否正确则由运气决定。

还有一种猜测是依靠常识来确定的。例如，我在下雪的时候看见地面上有脚印，我不用靠运气就可以由此猜测刚刚有人路过，因为我们都知道，鞋子必须穿在人脚上才能走路。

所以，即便我们没有去过曾经的世界，没有亲眼看到发生的一切事情，但是依旧可以猜测出古代发生的很多事情。

曾经，人们在地球上的不同地方向地底挖，发现了很多东西。你猜猜是什么呢？

人们发现了很多斧头、弓箭和长矛，你是不是很惊讶？

不过，令人感到奇怪的是，这些矛、斧头和弓箭的材质不是钢也不是铁而是石头。我们可以确定，这些东西是被人类制造出来的，鱼儿、鸟或者别

石器工具

　　石器工具是用石头做成的工具，它是人类最早使用的生产工具，因为这些工具的出现，人类的生活方式进步了很多。

的动物是不会用矛和斧头的。我们还能断定，这些人生活的时期要比钢和铁出现的时期久远，因此这些东西被深埋在地底，肯定经过了久远的时光。而后，我们找到了人的骨头。这是几百万年前就死去了的人，他们生活的时期还没有人记载历史呢。其中，人们在东非发现的人骨是最古老的。我们猜测久远之前的人们也要吃饭、劳动、玩耍和打仗，和现在的我们没有什么不同，尤其是在打仗方面。

　　我们称这段史前时期为石器时代，因为人们用石头来制作使用的工具。

　　我们要比生活在石器时代的人幸福多了，我们拥有的东西几乎没有一件是石器时代就有的。

　　某些野生动物能给自己造一个住的地方，例如海狸能用泥土和树枝做窝，狐狸能挖洞。但是，原始时代的人却只能寻找一些天然的住所，因为他们不会建造房屋。通常，岩石以及山腰的洞穴会被原始人选来遮挡风雨、躲避严寒和野兽。所以，生活在那个时期的人被叫作穴居人类。

　　白天，他们要去狩猎，同时还要注意躲避危险的猛兽。一般，为了捕捉野兽，他们会做个陷阱：挖个坑，然后将灌木枝条盖在上面，等着野兽掉进去。有时候，他们也会用石头、石箭、棍子或者石斧杀死野兽。他们还会将野兽的样子刻画在墙壁上，有些图画甚至留存到了现在。

　　他们平常靠吃种子、坚果和浆果生活，有时候也会去掏鸟蛋，在没有火的时代，他们会生吃得来的鸟蛋。野兽们温热的血是他们的最爱，这就等同于你喜欢的牛奶。

他们交流的时候会发出咕噜咕噜的声音，可能也会说一些很简单的词语。他们的衣服都是兽皮做的，因为那时候没有布。

在印度发现的原始人在洞穴墙壁上刻的画

生活在原始社会的人会花大量的时间去寻找食物和躲避危险的野兽，否则，他们可能会被猛兽抓去当食物。他们没有某些动物的能力，如大象保护自己的厚皮，鹿逃命时奔跑的速度，熊身上可以抵御寒冷的毛，狮子那样强壮的身体和尖利的爪牙。在这般恶劣的生活环境中，很多人的生命都很短暂，能够活到成年的人非常少。

不过，石器时代的人拥有比动物聪明的大脑和灵巧的手，这两样东西比动物们坚硬的皮肤、尖利的爪子以及强壮的身躯更为实用。他们可以依靠自己的智慧想到许多解决问题的好方法。

他们想到的方法就是工具，而且他们能够通过自己的手制造工具。他们可以用长矛代替尖牙，用动物的皮毛保暖。

倘若你是个孩子，生活在**石器时代**，你会过得很开心：

新石器时代，人们带着捕杀的熊归来

石器时代

按时间顺序，石器时代可以分为旧石器时代、中石器时代和新石器时代。新石器时代是石器时代的最后一个时期，这个时期，人们已经学会使用磨制的石器了。

每天早晨起来后，不用洗漱也不用梳头。

因为没有刀叉和勺子，你直接用手吃饭，你也没有碟子和杯子，有的只是一个你妈妈用泥巴捏的碗。泥碗经日光晒干，用来盛喝的水。既然不用洗碗和收拾桌子，那自然也不用遵守什么餐桌礼仪了。

没有纸和笔，也没有书籍。

没有所谓的周六日，也没有月份的区别。千篇一律的日子只会因为天气的变化而存在冷暖的区别。石器时代也没有学校。

你每天做的事情就是摘果子、玩泥巴，和兄妹们一起玩耍、捉迷藏。

我觉得这种生活你一定很喜欢。

"太美好了，就像在野外露营！"你是不是这样觉得？

但是，刚刚讲述的只是冰山一角，故事还有很多其他内容。

洞穴里面光线很差，寒冷潮湿，睡的地方只有冰冷的地面或者草堆，山洞里可能还有很大的蜘蛛和蝙蝠。

你可能会因为自己的爸爸猎杀了几头野兽而有兽皮做的衣服，但是兽皮不能包裹全身。你也没有火，入冬以后你会很冷，你还可能因为严寒的到来而死去。

你早晨会吃一些草籽、果子和生肉，中午也是吃这些，晚上吃的东西还是这些。

你的食物中没有面包、热饼、奶酪或者果汁，更没有苹果派、加糖的燕麦以及冰激凌。

你不用做什么事情，但是你需要时时警惕危险的猛兽，如老虎或者熊——山洞是没有门保护你的。假如你被老虎盯上了，你就是躲在山洞里也没有用。

或许某一天，你的哥哥或者爸爸出去狩猎后，你就再也看不到他们了，你明白他们已经死在了危险的猛兽嘴下，而且下一次死的人可能就是你，只是你不知道是什么时候罢了。

你认为你还喜欢那个时代的生活吗？

火！火！！火！！！
Fire！ Fire！ Fire！

　　相信你也有这样的感觉，最有趣的事情通常都是最先发生的事情——第一个出生的宝宝、第一颗长出来的牙齿、第一次迈步走路、第一句说出来的话、第一次畅快奔跑。在这本书中，我主要讲的就是关于第一次的故事，至于第二次、第三次……发生的事情，你在以后的生活中自然会学到。

　　什么是火？那些最初的原始人对此一无所知。他们既没有火柴这样的生火工具，也不知道如何生火。每当夜晚降临时，黑暗笼罩大地，他们见不到一丝光亮，更别提用火做饭、取暖了。要说原始人究竟在什么时候、什么地方学会了用火，我们现在也不能给出一个准确无误的结论。

　　现在，我们来做一个有趣的小实验。伸出你的双手，快速地摩擦手掌，不一会儿你就会感到手掌发热。如果你继续加快速度，手掌会变得更热。不只是手掌，两根棍子相互摩擦也会产生热量，而且速度越快热度越高。如果你长时间快速摩擦木棍，最终，它们就会燃烧起来。这就是一种生火方式，童子军和印第安人都会用木棍摩擦取火。

　　在原始社会，生火可以说是一项伟大、重要的发明。在那个时候，火对于早期人类的意义，就如同电灯对于我们现代人的意义。

一个穴居人发现了铜

在石器时代，人们不会刮胡子、理发，也许他们压根儿就没有考虑过这种事情。即使他们有这种想法，当时也不可能做到，因为那个时候，根本就没有合适的工具可以用来刮胡子或理发。

那时候，人们也不穿衣服，因为他们既没有布，也没有可以剪裁、缝纫的工具。

他们没有钢锯、钉子、锤子，不能锯木板，更不懂得如何用木板做家具或建造房屋。

他们没有汤匙、叉子、锅、壶、铲子、桶、缝衣针、顶针……

因为，石器时代的人对铁、钢、锡、铜等金属一无所知，所以对那些用金属制成的物品也就谈不上了解了。就这样，他们一过就是千万年，在这千万年间，人们从来不曾接触过金属制品。

有一天，某个原始人学会了生火。当然，对于现代人来说，生火是再平常不过的事情，但对于早期的人类来说，生火是一件非常奇妙的事情。原始人将石头围成一个圈，就像现代人使用的炉子一样，将火圈在石头中间。请大家注意那些石头，它们并不是普通的石头，而是一种含有铜的矿石。在高温的炙烤下，矿石中的铜逐渐熔化，变成液体形态后流到地面，形成了一粒粒小珠子。

奇怪，这些闪闪发光的小珠子是什么东西？

原始人好奇地将小珠子捡起来，左瞧右看，百思不得其解。

这些小东西多漂亮啊！

后来，他们又在火中放了一些含有铜矿的石头，于是，他们得到了更多的铜。

这就是早期人类发现金属的过程。

一开始，铜多被做成装饰品，因为它金光闪闪，十分吸引人。不久之后，人们开始用铜制作箭头、刀等武器，而且他们发现这种金属武器比石头武器

铜

铜的发现使人类所使用的工具由石头扩展到了金属。因为铜不易损坏，它不仅被制成各种各样的劳动工具和兵器，而且还被制成生活用品，如铜碗、铜盘等。此外，也有一些人用铜制成好看的装饰品。

更加锋利。

不少人认为，铁是最先被发现的金属，事实上，铜才是。

后来，在同样的情况下，人们还发现了锡。不仅如此，他们发现与其单独使用锡或铜，不如将两者混合在一起，这样锻造出来的金属制品更加坚硬、好用，而这种合金就是我们所说的青铜。在接下来的两三千年中，青铜制品被广泛应用于生产、生活中，因此历史学家将这个时代称为**青铜时代**。

在青铜时代之后，铁才正式登上历史舞台。人们发现铁制品比黄铜或青铜制品更胜一筹，于是在后来的 3000 多年中，铁成了人们常用的金属，其兴盛的时代也被称为"铁器时代"。

人类在发现金属并学会使用金属后，人类文明也向前迈进了很大一步。过去，人们只能用石器做很少的事情，而在青铜时代和铁器时代，人们能做的事情变多了。

回想一下自己曾听过的童话或神话，你也许对"黄金时代"有所耳闻，不过它和我所讲的石器时代、青铜时代等完全不同。事实上，在历史长河中并没有"黄金时代"这种说法——工具和其他物品都是由黄金打造而成的——也许它只是一种传说，仅存在于美丽的童话故事中吧！

青铜时代

你听说过司母戊大方鼎吗？它是中国也是世界上少见的大青铜器。中国的青铜时代是从夏朝时期的黄河流域开始的，直到春秋时期基本结束，距今已有 4 000 多年的历史了。

11

第**4**章

从飞机上俯瞰
From an Airplane

　　在青铜时代和铁器时代时，人们认为地球是平的，他们觉得他们生活的地方就是地球的全部。在他们看来，假如你一直向着某个方向走，走到地球的边缘后，你就会掉下去。

　　假如我们坐着飞机往下看早期文明所在的地方，能够看到海洋、一个海湾以及几条河流。从天上看它们，感觉是这样的：

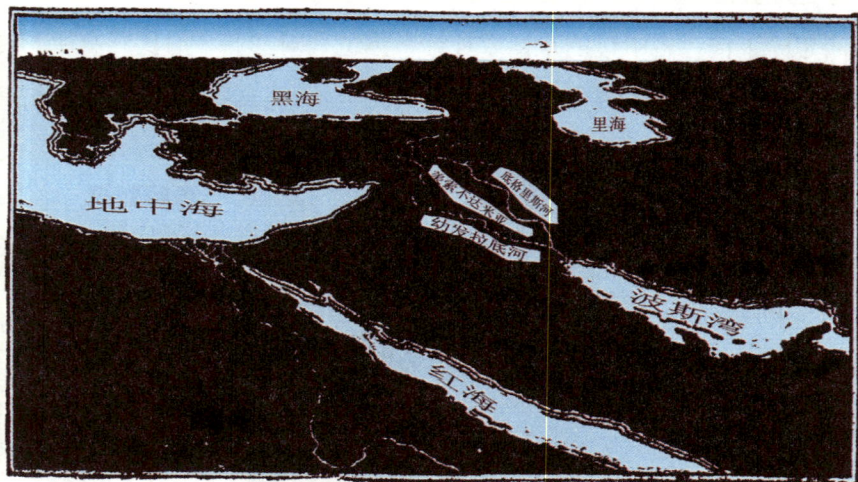

美索不达米亚和地中海地图

现在，你也许根本不知道这些海洋和河流，但是它们是这个世界上最古老的地方。这两条河，一条名叫**幼发拉底河**，另外一条名叫**底格里斯河**。它

幼发拉底河、底格里斯河

两河流域文明是指美索不达米亚平原文明，它正好位于幼发拉底河和底格里斯河之间，所以也叫两河流域文明。世界上最早的文化发展就是从这里开始的，楔形文字的发明、第一个做陶器的工具——陶轮的发明、第一部律法的编写，都是在这里发生的。

们在流淌的过程中慢慢接近，最后汇聚在一起，流入了波斯湾。

假如你能够获得你妈妈的准许，你可以把这两条河画在家中的地板上，也可以将它们画到家中的院子里或者花园里。你还可以用这两个名字给喝水的杯子命名，例如茶杯叫底格里斯，玻璃杯叫幼发拉底，而你的嘴巴可以叫作波斯湾，因为这两个杯子的水最后都进了你的嘴巴。渐渐地，你还会听到更多没有听过的名词，其中包括大人们给车子、房子、狗和马起的名字，那你为什么不给自己的东西起名字呢？例如，你可以将一些奇怪的名字当作自己的椅子、桌子、床、牙刷、梳子甚至是鞋子和帽子的名称。

假如我们坐上向西飞行的飞机，我们可以在非洲的东北处看到一片被陆地包围着的海洋、一条河流以及一个叫作埃及的国家。我们看到的海洋叫作地中海，它的名字的意义很直白，就是大陆上的海洋。其实，地中海可以说是一个巨大的湖泊。时间回溯到石器时代，地中海还是一个干燥的山谷，里面生活着人类。

尼罗河流经埃及，而幼发拉底河和底格里斯河曾流经古代的叙利亚、巴比伦以及亚述国。这些国家的人们将他们曾经的生活，用图画和文字记录了下来，并保存到现在。

其他的原始人和穴居人类也用图画的方式，记录了自己的生活。不过，当时的人类几乎不会旅行，他们总是生活在一个地方，很难知道其他地方的事情。然而，这种情况没有持续多久就发生了变化。

　　尼罗河、幼发拉底河以及底格里斯河沿岸有很多部落，这些部落为了抢占最肥沃的土地而发动了战争。迁徙开始了，人们或者为了寻找能更好地生活的地方，或者是因为在战争中失败被迫离开家园。

　　幼发拉底河、底格里斯河以及地中海附近的地方现在被我们称作中东，那里曾生活着闪米特人。闪米特人是现在犹太人和阿拉伯人的祖先，因此阿拉伯语和希伯来语的发音很相似，是同一个闪米特语系。例如，阿拉伯语中的 salaam（瑟拉姆）是"和平"的意思，而这个意思在希伯来语中是 shalom（沙拉姆）。

　　尼罗河沿岸还生活着另外一个部落。其实，中东的闪米特人和埃及人，以及生活在北非的柏柏尔人，最初都是一个族群。而努比亚人则属于尼罗 - 撒哈拉族，他们原本生活在非洲和埃及南部的地方。你通过地图就能够了解这个名称的由来。努比亚人生活在尼罗河沿岸，且生活的地方接近撒哈拉沙漠。他们向北迁徙时，会沿着尼罗河峡谷进入埃及。埃及人也会沿着尼罗河，向南迁徙到努比亚。

　　还有一个部落是雅利安人，他们最初生活的地区现在被叫作伊朗。雅利安人曾想迁徙到欧洲，也曾向东到达印度北部，他们四处迁徙，在伊朗、印度以及欧洲都留有后代。因此，欧洲人、印度人以及伊朗人和闪米特人类似，在语言方面有一定的相似性。

　　现在，我们知道古代人总是在迁徙，而这一点是我们之前没有想到的。迁徙的古代人会相互交换东西，教对方种植各种植物，有时候他们也会在某一处长期居住。在美利坚合众国的人民中，很多人都是从其他民族迁徙到这里来定居的，最后成了美国人，古代人也是如此，四处迁徙后会定居在一个新的地方。

第**5**章

真正的历史由此开始
Real History Begins

你一定记得生活中发生的大事件，可能还从爸爸妈妈或者爷爷奶奶那里，知道一些发生在他们那个时期的事情，例如第二次世界大战、发生在越南和朝鲜的战争。

你的爷爷奶奶也像你一样，有爸爸妈妈和爷爷奶奶以及上一辈老人。

或许，你上一辈、上一辈，再上一辈的先祖曾生活在华盛顿总统领导的时期，而他们上一辈、上一辈、上一辈，再上一辈的先祖则可能生活在恺撒大帝领导的时期。

虽然这些祖辈老人已经死去很久很久了，但他们那个时代所发生的事情却被记录下来，编写成书，这就是历史。

公元 1 年，耶稣出生。不过，公元 1 年并不是地球的第一年。

你知道现在和公元 1 年之间隔着多少年吗？

假如你清楚现在是哪一年，你就会知道答案。

假如耶稣现在还活着，那他的年龄是多少？

2000 年好像是一段很长的时间，然而你应该见过或者听过活了 100 多年的人。

如果，有 20 个活了 100 岁的人，他们从公元 1 年开始，一个接一个地依次活着，过了 2000 年。这样一想，你是不是觉得 2000 年的时间也没有那么漫长呢？

耶稣是时间的分割线，在他之前的时间都被称为 B.C.（公元前）。B.C. 是两个英文单词的缩写，而且 B 和 C 是两个单词的首字母，你能猜到是哪两个单词吗？ B 是 Before，而 C 是 Christ，这两个单词组成的意思是"在耶稣出生之前"，是不是很容易记住？

耶稣出生后的时间被称为 A.D.。这理解起来有些困难，因为 A 可以是 After，表示以后的，但是 D 与 Christ 却没有关系。

其实，A.D. 是 Anno 和 Domini 这两个拉丁语单词的缩写。Anno 可理解为"在这一年"，Domini 则理解为"耶稣的"，所以这两个单词组成的意思是"开始于耶稣出生的这一年"。

我对你说过，我并不知道某段时期发生了什么，只能猜测一些事情，因此那段时期被称作"史前"或者是"在历史之前"，这两个称呼所表达的意思相同。而历史就是指那些被人们记载下来的事情，而且这些事情是真实的。大部分人觉得真正的历史开始于中东和北非。

有些故事在几千年前就被人们写出来了。好玩儿的是，世界上不同时期、不同地域、相隔很远的早期人类都各自创造了文字。生活在中东的早期文明人创造了**楔形文字**，而生活在埃及的早期文明人创造了**象形文字**。印度人在几百年前用梵文记录发生的事情，而相隔很远的努比亚、中国和中美洲人也都创造了文字。克里特岛位于希腊和埃及之间的地中海上，这里的人们同样创造了文字。

现在，我们能够读懂一些几千年前写下的历史，但是还有一些是未解之谜，我们无法知道那些文字到底是什么意思。

这些古代文明，你们认为我比较了解哪些呢？是那些可以读懂的历史，还是那些无法读懂的？我认为你们一定有正确答案！肯定是那些能让人读懂的历史文明了。

楔形文字

已被发现的楔形文字大部分写在泥版上，一小部分被刻在石头上，这种文字产生于底格里斯河和幼发拉底河流域，是人类最早的文字之一。

这些文明分别存在于中国、埃及、美索不达米亚和印度。我们能够读懂这些地区的文字，因此能够知道这些地区的人类在漫长岁月中所经历的事情。而我们因为读不懂中美洲、努比亚以及克里特的文字，所以无法了解很多这些地区在很久之前发生的事情。

最让人着迷的是，那些可以读懂的历史能够让我们知道些什么。河谷是

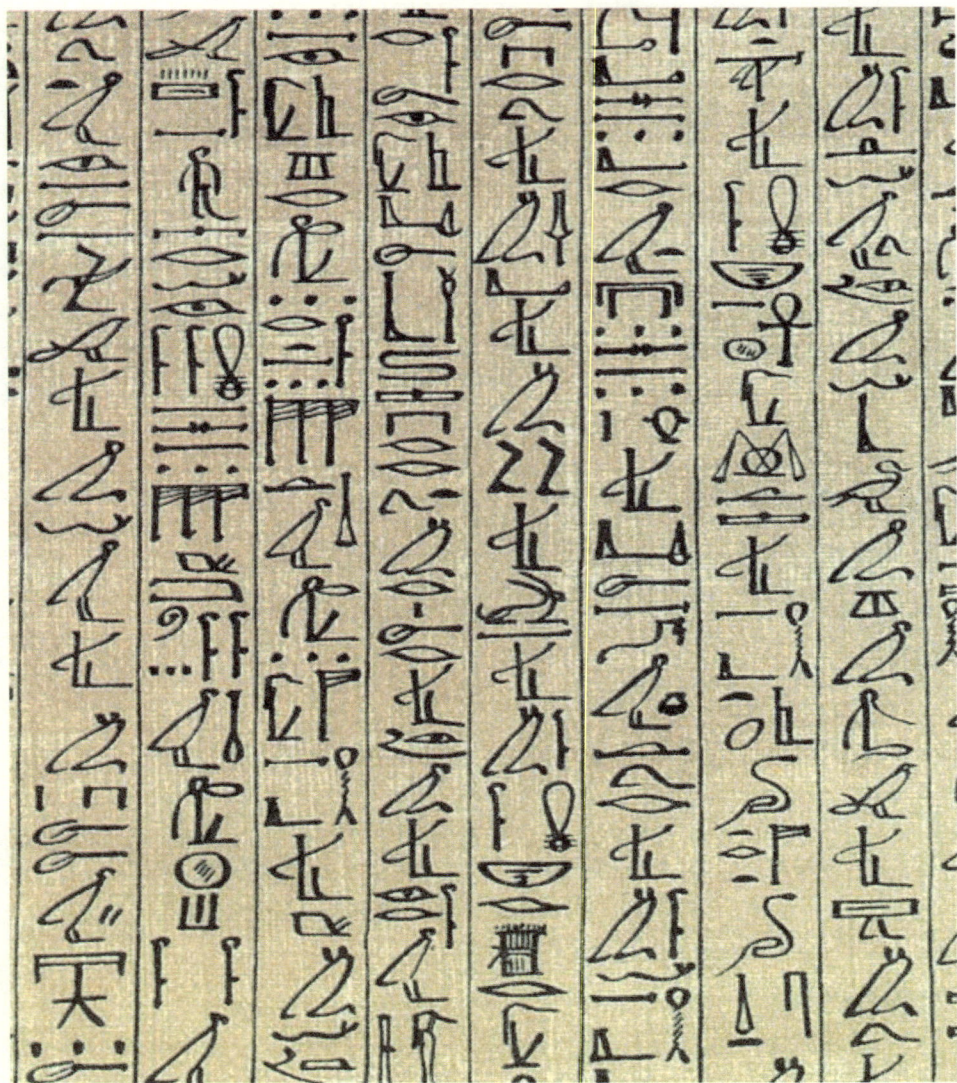

象形文字

象形文字是一种图画文字，它和中国人"仓颉造字"的传说很相似。

这四个文明古国的发源地，这是我们知道的。

尼罗河河谷诞生了埃及文明，底格里斯河和幼发拉底河的沿岸诞生了美索不达米亚文明。当然，你已经从前面的介绍知道这些河流了。

现在，我们来了解一些新的河流：印度河和黄河。印度河流域是古印度文明的起源地，而黄河流域是中国文明的起源地。黄河因为河底堆积了很多黄色泥沙，所以才有了这个名字。

这些古文明所在的地域彼此离得很远，但生活在其中的人所做的事情却非常相似。你不用感到惊讶。尽管你没有去过中国、印度或者非洲，但是你能猜测到那里的孩子也喜欢玩耍、饭由妈妈负责准备等等。即便回到久远前的时代，不同地区的人也做着一样的事情。

河谷是一个适合居住的地方，有很多植物生长，也有很多动物，水源和食物都很充足。因此，中国、印度、埃及、美索不达米亚的男男女女都沿着河岸居住。

很快，很多人都到某个地区定居，随着时间的推移，这个地区就慢慢变成了所谓的城镇。接着，生活在城镇的人开始建造小船，然后建造大船。没过多久，河流上就航行着这些船只。船只顺着河流或者逆着河流，一直航行到附近的城镇，再到更远的地方。于是，贸易就在城镇之间开展起来，有时候，城镇之间也会爆发战争。

由一个统治者管辖这些城镇是一个避免战争的好办法。于是，很多地区都成立了政府。有时候，当一个实力比较强大的城镇要吞并邻近的城镇时，反对统一的城镇就联合起来反抗。在任何情况下，政府都会有一个首脑，皇帝、国王或者法老，现在，这些人被我们称作国家的统治者。

梳理这些历史文明时，你会发现某一段历史非常了不起。在世界其他地区的人仍旧过着打猎、采集甚至是穴居生活时，某些地区的生活已经发生了巨大的变化，打开了崭新的历史篇章。这些变化开始于埃及和美索不达米亚，接着是中国和印度。那里的人们定居、农耕、建造房屋、

美尼斯，3100 B.C

进行贸易，最后形成一个国家。然后，在这个过程中，他们发现这些事情应该被记录下来，于是他们就写下了历史，所以现在，我们才能读到这些事情。

第**6**章

埃及人的未解之谜
The Puzzle Writers in Egypt

　　埃及是拥有最古老文字的地区之一。在那个时期，他们的文字和我们现在的字母完全不同，是一种图画般的符号，例如一根矛、一只狮子、一条鞭子或一只鸟。我们将这种图画般的文字称作象形文字，你试着一字一顿地读一下。或许你曾经看到过报纸上的猜谜版块：猜想用图画写成的故事是什么意思。没错，象形文字几乎和这一样。

　　这个图片上的象形文字写的是埃及女王的名字。你看这个有意思的文字绝对想不出她的名字。克娄巴特拉，你能读出她的名字吗？其实它读起来不算太难，你可以分开来读：克娄－巴－特拉。她是历史上很有名的一位女王。

　　一般，文字外围有一圈写的是国王或者王后的名字。克娄巴特拉这个字也有，这种写法是为了把它和别人的名字区分开，让它看起来更明显、更重要。这有点类似我们给画装裱，让它挂起来

用象形文字表示一位埃及皇后的名字：克娄巴特拉

21

看着更好看些。

那时埃及人并没有纸，他们在一种植物的茎秆上写字，这是一种生长在水中的植物，名为纸草。纸草的茎秆很厚，被人们连续按压后就能变得又薄又平，像纸一样。纸这个词来源于纸草的名字。你有没有发现纸（paper）和纸草（papyrus）在外形和读音方面都很类似？埃及的书肯定都是手写本，不过那时没有钢笔和铅笔以及墨水。他们的笔是芦苇做的，他们从下面劈开芦苇，然后蘸着烟灰和水合成的液体写字。

他们的书是用很长的纸草片粘在一起做成的，做成卷轴的样子，看起来就像卷起来的壁纸，和我们现在一页一页的书完全不一样，如果想要阅读铺开就可以。

他们会将一些重大事件写在纪念碑和建筑物的墙上，例如重要的战争、国王的故事。不过，这里的写不像在纸草书上那样写，而是在石头上刻，这样就能保存更长的时间。

人们在很长一段时间里都无法明白这些象形文字的含义，因为那些掌握这种文字的古埃及人很久之前就死去了。不过，这些象形文字的理解方法后来又被人恰巧知道了，那他是怎么知道的呢？

流入地中海的尼罗河有很多支流，其中一条支流在入海处有一个海港，名叫罗塞达。

某天，一块看起来像墓碑的石头在罗塞达附近被一些士兵挖了出来。石头上刻着三种文字，最上面的文字是图画，也就是我们不明白意思的象形文字；最下面的文字是大部分人都认识的古希腊文，它和象形文字的内容应该一样。所以，人们需要做的是通过希腊文来理解象形文字的内容。这有点类似解读密信，我们要先知道暗号的意思，然后再去解读信的内容。你或许试着破解过杂志后面的谜题，实际上这也相当于一个谜题，只是不会有人来公布谜底。

不过，解读出这个谜题的答案是非常困难的，那个聪慧的人用了近 20 年的时间才解开了它。这段时间对于所有猜谜的人来说都很漫长，对吧？不过，在谜题解开之后，人们就可以明白象形文字的内容了，就能够知道久远前发生的事情了。

那块石头最后被放在了伦敦的大英博物馆里，被人们叫作**罗塞达碑**。它闻名世界，如果没有它我们就不能够知道曾经发生的历史故事了。

罗塞达碑

　　罗塞达碑上有三种文字，自上而下分别是象形文字、俗体文字和古希腊文字。主要写的是国王托勒密五世继承王位的正统性，以及托勒密五世在位时所做的善行。

众所周知，埃及的生活环境很好，这是因为尼罗河的习惯——一年一次泛滥——或许你觉得这个习惯并不好。

进入雨季后，一直下个不停的雨水会慢慢将尼罗河填满，然后溢出来，水和泥流会漫过陆地，但水位不会太深。

为了知道尼罗河泛滥的日子，并摸清它的规律，人们发明了日历。河水泛滥过后，河谷的土地上会覆盖一层黝黑的泥土。这种泥土非常肥沃，很像你用在花园里的混合肥料，它是一种天然肥料，非常适合种植植物，如小麦、枣树或者其他口感很好的粮食作物。

我们了解到统治古代埃及的人是法老。美尼斯是埃及的第一位法老，大约生活在公元前3100年。他出生于埃及南方，在征服埃及北方后统一了国家，他一成为统治者，便宣布自己是神。因为他既是埃及的国王也是神，所以埃及人都臣服于他。

古埃及人有等级划分，而且身份是世代传承的，也就是说孩子身份的等级完全由父母身份的等级决定，想要提高等级或者改变身份是很难的。

僧侣的等级最高，古埃及是没有教堂的，所以他们和现在教堂里的牧师或教士完全不一样。这些人的职责是制定行为规范和宗教教义，每一个埃及人都要像我们现在遵守法律那样遵从制定的内容。

僧侣还拥有律师、医生、工程师等多个身份。他们都受过最高等的教育，也只有他们才有权力读、写象形文字。可见，掌握象形文字是一件很困难的事情，你知道了吧。

士兵的等级仅次于僧侣，也属于上层等级。除了僧侣和士兵，其他等级都是下等等级，如牧羊人、商人、农民、手工业者，其中猪倌的等级最低。

古埃及人的信仰跟我们不同，他们信奉的不是上帝，而是多神教里的众多男女神明。他们认为万物都有灵性，都有相对应的神明来掌管，例如家神主宰家庭、农神主宰农场等。这些神明也分善恶，不过埃及人对他们的供奉是相同的。

掌管死亡和农业的奥西里斯是众神之首，他与妻子伊西丝有一个长着鹰头的儿子，名叫荷鲁斯。

　　人身兽头的形象在埃及的神明中很常见，埃及人认为这些动物都是神圣的。例如：模样像鹳的一种鸟，朱鹭，是神圣的；猫和狗是神圣的；还有一种昆虫也是神圣的，名叫圣甲虫。在古埃及，人们觉得杀死神圣动物的罪过要远大于杀死一个人，如果谁杀死了神圣的动物，他一定会被处以死刑。

奥西里斯

　　奥西里斯先后代表了两种不同的神。最开始他是代表大地和植物的神，后来成为阴间的最高统治者冥王。

伊西丝

　　她是奥西里斯的妻子和荷鲁斯的母亲，是亡灵和幼童的守护神，她的头顶上是一个王座，因此被视为法老王权的象征。在新王国时期则被视为法老王的圣母。她最主要的事迹是帮助丈夫奥西里斯复活和发现了拉神的真名并扶持儿子荷鲁斯成为埃及的主神。

第 **7** 章

陵墓建造者
The Tomb Builders

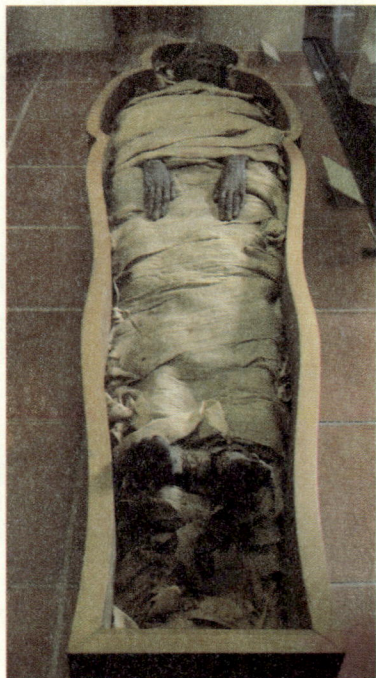

埃及木乃伊
现存于梵蒂冈博物馆

埃及人有这样一种信仰，他们认为人死之后，灵魂不会马上离开，依旧会留在身体旁边。所以，每当有人死去，活着的人就会将逝者生前用过的物品——家具、碗碟、玩具等，全部放入坟墓中，与逝者一同埋葬。在他们看来，灵魂会在审判日那天重新返回人体中，要想让灵魂安然无恙地回到身体内，就要保证身体不会腐烂。于是，人们发明了这样一种保存尸体的方法。他们将逝者的尸体放入泡碱粉液体中浸泡一段时间，然后像缠绷带一样，用布将尸体一圈圈包裹起来。人们将这种尸体称为**木乃伊**，经过处理后，尸体就不容易腐烂了。在几千年后，人们仍然能见到埃及木乃伊的真容。只不过，现在大多数木乃伊都不在它们原本的坟墓中了，如果你想要看它们，要去安放它们的博物馆才行。虽然那些木乃伊又干又黄，不过它们依旧具备人的形状，看起来就像瘦骨嶙峋的小老头儿。

　　起初，能将尸体做成木乃伊的人只限于法老和身份高贵的上等阶级；后来，除了最低等级的人外，其他等级的人也逐渐被允许制成木乃伊了。另外，一些具有神圣象征的动物，小到甲虫、大到母牛，也被人们做成了木乃伊。

　　猫的木乃伊，现存于伦敦大英博物馆。

　　早些时候，如果某个普通的埃及人死去，他的亲朋好友通常会用石头堆一个简易的壁垒，将他的尸体安放在石头堆中，这样可以起到保护尸体的作用，防止尸体被偷或被动物吃掉。但是，法老和那些有钱的贵族不想同普通人一样，他们想要用更大的石头壁垒来保护自己的尸体。于是，当自己还活着的时候，法老就开始实施这一宏伟计划了。几乎每个法老都想造出比其他人更大的石头壁垒，就这样，石头壁垒最后变得仿佛石头山一般宏大，这就是我们今天看到的 金字塔。这些金字塔就是法老的陵墓，它们建于法老活着的时候，为迎接法老的死亡而时刻准备着。事实上，当法

猫的木乃伊
现存于伦敦大英博物馆

金字塔

　　埃及金字塔是古埃及法老的坟墓，它占地面积很大，坟墓的底座是方方正正的，周围四面是四个完全相等的三角形。从远处看，坟墓的整体形状和汉字中的"金"字很像，因此我们叫它金字塔。

27

老们还活着的时候，比起为自己建造房屋，他们更乐意建造坟墓。因此，许多法老很少修建宫殿，而是把精力投入到建造金字塔中。在尼罗河沿岸，我们可以看到许多金字塔，考古学家告诉我们，在这些金字塔中，有很大一部分是在公元前 3000 年后修建而成的。

努比亚——现在被称为苏丹——位于非洲尼罗河南部，那里的国王也热衷于建造金字塔。这没什么可吃惊的，因为像埃及人一样，努比亚人也有许多类似的信仰。

在我们这个时代，人们通常使用绞车、起重机等机器来建造房屋，解决搬运巨石或大梁的问题。然而在古埃及，人们没有机器可以使用，只能靠众人的力量搬运巨石。在靠近开罗（现在埃及的首都）的地方，有三座超大规模的金字塔，其中有一座被称为大金字塔，规模位列三座金字塔之首，是法老胡夫的陵墓，胡夫生活在公元前 2600 年前后。

据说，胡夫金字塔从开工到建成足足花费了 20 多年的时间，投入了 10 多万人力。世界上有许多规模宏大的建筑物，而这座金字塔就是其中的一员。在建造过程中，胡夫金字塔用到许多巨石，有些巨石的大小可以媲美一间房屋。我曾经爬上了这座金字塔的顶端，那感觉仿佛是在攀登一座陡峭的山崖。我还曾钻入金字塔的内部，亲自探访那个宛如洞穴的房间——那里原本是存放胡夫木乃伊的地方。但现在那里空空如也，早已看不到墓主人的遗体——

可能被偷走了，取而代之的是蝙蝠，在黑漆漆的陵墓中飞来飞去。

在胡夫金字塔旁边，有一座名为斯芬克司的巨大雕像。你知道吗？这座体形庞大的狮身人面像竟然是用一整块石头雕刻而成的！斯芬克司的头像是以法老哈夫拉为原型的，这位法老的金字塔离胡夫金字塔不远。沙漠中的风沙不断，雕像的爪子

狮身人面像

和大部分身体常常被沙子掩埋。虽然有人会不定时地将沙子挖走，但雕像还是很快就被风沙埋起来。

除了建造房屋外，岩石还常被用来雕刻人物雕像，这些雕像有男性也有女性，或站或坐，体形要比正常人大许多倍。它们看起来很拘束，双脚僵硬地贴在地面上，双手紧贴身体，那模样仿佛小孩子在等待拍照。

古埃及人还建有许多庙宇，这些大房子是专门为神灵建造的，拥有巨大的圆柱和房梁。对于普通人来说，这些柱子简直就像巨人，人站在旁边会显得十分矮小。

在装饰庙宇、金字塔和安放木乃伊的棺木时，古埃及人常常使用绘画。不过，他们并不刻意追求逼真的图画效果。例如：画水的时候，他们用简单的蓝绿色曲线来表示波浪；如果要表现两排人，他们就在第一排人的上方再画一排人；如果要突出法老的身份，他们就会将法老画得很大，让人一眼就能将他与其他人区别开来。

在色彩方面，古埃及人更钟爱鲜亮的颜色，常在绘画中大量使用红色、

你想了解埃及的绘画吗？

　　埃及的绘画与雕刻密不可分，无论是画在哪里都会用到雕刻技术。他们的画大致分为三类：第一类是把想要画的人或物直接画在石头上；第二种是把象形文字雕刻在画面或浮雕的背景上；第三种是墓壁画，也就是把绘画雕刻在陵墓的墙壁上。

黄色、棕色等。在古埃及人的画作中，我们会发现有些人的皮肤是黑色的，有些人则是浅棕色的。这是因为在很早时，从埃及南部来的人皮肤颜色是黑的，而位于地中海附近的人皮肤颜色是浅棕色。后来随着埃及人不断迁徙，人们的肤色逐渐发生变化，我们也很难再根据肤色来判断他们分别来自何方了。

站在巨大的庙宇旁，人简直就像蚂蚁一样小

30

第 **8** 章

没有钱的富庶之地
A Rich Land Where There Was No Money

你读过的童话故事里肯定提到过这么一个地方，那里的树长着糖果和蛋糕，你伸手就能从树上摘到你想要的东西，无论是玩具还是食物。是不是很神奇？在很多很多年以前，人们真的相信有这样的地方，你觉得它在哪里呢？它临近幼发拉底河和底格里斯河，名叫伊甸园。这两条名字古怪的河流，前面的内容已提到过，你还记得吗？我们不知道伊甸园的具体位置，因为没有一个地方像传说中神奇的伊甸园。

埃及这片陆地位于尼罗河流域，还有很多片陆地分布在两河流域中，它们的名字各不相同。

试想一下，你在飞机上向下看这两条河流，它们之间有块陆地，名叫美索不达米亚。这个名字由两个希腊单词组成，一个解释为"在……中间"，另外一个解释为"河流"，组合起来的意思就是"河流之间"。

看，名叫亚述的陆地在底格里斯河的上游。

看，这块叫巴比伦的陆地处在两条河流的交汇之处。

看，两条河在叫迦勒底的地方汇聚而后流入地中海。

再看，传说那里是挪亚方舟在洪水暴发后停靠的地方，名叫亚拉腊山。

这些陌生名字的数量很大。我认识一个拥有很多玩具车的小朋友，他的每一个玩具车都有名字，这是因为他发现自己坐过的汽车是有名字的。他的玩具车被叫作：

亚述 美索不达米亚

巴比伦 亚拉腊

幼发拉底 迦勒底

巴比伦因为幼发拉底河和底格里斯河而变得非常富饶，因为河流带来的大量泥沙使这里的土地变得十分肥沃，就像尼罗河让埃及的土地变得肥沃一样。小麦是做面包的材料，它被我们称作生命原料，能提供最多的营养。传说巴比伦是最早种植小麦的地方，那里还盛产大枣，而且

巴比伦古城遗迹

大枣和小麦一样，也是重要的食物。也许你觉得大枣是零食，就和糖果一样，但它却是巴比伦主要的食物。两河流域还有很多鱼，不过巴比伦人只有在休闲娱乐的时候才会去捕鱼，所以你能想到他们的食物有多充足。那时候钱还没有出现，人们只有绵羊、猪和山羊等家畜，拥有家畜越多的人越富足。假如有人想买东西或者卖东西，他们就拿东西和别人进行交换。

你也许听过巴别塔这个名字，它是巴比伦一座很高大的塔。实际上，这个塔更像是一座山。巴比伦人还在巴比伦建造了其他的塔。有人猜想，巴比伦人是为了在洪水到来的时候能够爬得高一些，才建造了这些高大的塔。不过，有些人却不这么想，他们认为这和建造者有关，这些建造者来自多山的北方，他们为了能够接近天堂而把祭坛修建在山顶上。后来，他们迁居到了巴比伦和美索不达米亚这样的平坦地区，因为没有山，所以他们就建造了巨大的高塔，再将祭坛设在上面。高塔里面没有梯子，他们在塔外面修建了一条通向塔顶的小路。这条小路歪歪扭扭的，看起来就像是一条弯曲的山路。

巴比伦城内以及附近不像埃及那样拥有很多石头，因此这里的房子是用砖建造的。人们先将泥土做成块状，然后放在日光下晒干后就成了砖。时间一久，这些砖头就会裂开，最后变成泥土。如果你用泥巴做过饼子，应该见过这种情况。就是因为这个原因，巴比伦的高塔以及其他的房屋建筑，才变成了现在的一堆堆土山。

和埃及人不同，古巴比伦人在写历史的时候没有纸草也没有可以刻字的石头，他们只能把字写在砖上。如何写呢？他们用树枝的尖端在还没有晒干的砖上刻下很多符号，这种写在软泥上的符号叫楔形文字。因为这种文字看起来就像鸡爪子印在泥土上，和组合起来的楔形符号很相像，所以人们叫它楔形文字。我见过某些男孩儿的字，他们的字与其说是英文字母，不如说更像楔形文字一些。

在漫长的时光中，畜养家畜的巴比伦人注意到了太阳、月亮以及星星运动的规律。于是，他们慢慢知道了更多有关天体的事情。

白天，你见过月亮吗？

的确，你见到过。

没错，月亮每隔几年就会在白天的天空里出现一次，在某个恰巧的时机下，它会运行到太阳的正前方，挡住太阳的光芒——这就如同你把盘子放在电灯前，挡住灯光一样。那时大约是上午 10 点，阳光明媚，月亮突然挡住了太阳的光芒，白天一下子变成了黑夜，天空中闪耀着星辰，鸡群以为天黑了就都回去睡觉了。但是，天很快又亮了，月亮离开了那里，太阳再次照耀大地——这种情况叫日食。

日食

在古代，发生日食现象时，欧洲人认为是凶狼斯库尔追上了太阳的化身苏尔（北欧神话），因此人们会敲响锣鼓吓走凶狼；中国人认为是天狗把太阳吃了了，是上天在警告统治者，因为那时的人认为这是天子失德的象征。

也许你到目前为止都没有见过日食，不过你会有机会见到的。假如你见到日食，我希望你能和那群无知的人不一样，不要觉得要发生什么可怕的事情，比如世界末日来了。那群人之所以这样想，是因为他们从来没有见过这种情况，不知道这种情况会定期发生，是一种没有任何危害的自然现象。

巴比伦人预言，大约公元前 2300 年会发生日食。通过月亮在天空中的运动，他们推算出了下一次它挡住太阳的时间。这样，你知道古巴比伦人有多了解天体了吧！这些研究天体的人被我们称作天文学家，这样想一下，每个巴比伦人都是知名的天文学家。崇拜星辰、月亮和太阳等天体的他们，非常了解这些东西。

萨尔贡一世是巴比伦第一个国王，但我们对他的了解很少，只知道他大约生活在埃及人建造金字塔时期。

大约公元前 1770 年，巴比伦出现了一位非常知名的国王，名叫汉穆拉比。他之所以出名，是因为他制定了《汉穆拉比法典》。法典是用楔形文字编写的，被刻在石头上保存至今，现在，我们已经不用遵从这部法典了。你是不是觉得汉穆拉比和萨尔贡这两个名字很奇怪，原来没有听过？但这两个人真的是国王，这两个奇怪的名字也真的是国王的名字呢！

《汉穆拉比法典》

《汉穆拉比法典》是以汉穆拉比这个人名命名的法典。因为它是用楔形文字刻在玄武岩石柱上，所以也被称作《石柱法》。它的内容在开头和结尾都是对国王的赞美，中间内容是关于刑事、民事、贸易、审判等各种法律制度的具体规定。

第 **9** 章

寻找家园的犹太人
The Jews Search for a Home

　　迦勒底是巴比伦城中的一个王国，那里有个地方叫吾珥。大约公元前1900 年，吾珥住着一个叫亚伯拉罕的人。亚伯拉罕的家族很大，也很富有，虽然当时没有钱，但是他家中有很多只羊，这在当时可是一笔巨大的财富！他和我们一样，也只信仰一个神明。但是，他周围的人信奉星辰、月亮和太阳这些奇妙的天体。因为信仰问题，亚伯拉罕和巴比伦人相处得很不融洽，巴比伦人还觉得亚伯拉罕思想怪异，甚至是疯狂。因此，亚伯拉罕大约在公元前1900 年，带着一家人以及他的家畜离开了，到一个很远的地方定居，那个地方在地中海附近，名叫迦南。

　　亚伯拉罕是个长寿的人，他拥有一个大家族。他有一个叫作雅各的孙子，这个孙子还有一个更广为人知的名字——以色列。雅各有一个叫作约瑟的儿子。你大概记得《圣经》里提到的约瑟，他衣着光鲜，是雅各最宠爱的儿子，正因如此，他的兄弟们都非常嫉恨他。儿童甚至是狗狗也会嫉恨、讨厌那些比自己优秀的同类。因此，约瑟先是被他的兄弟们扔到了枯井中，而后又被当作奴隶卖给了路过的埃及人。他的兄弟们对父亲解释说，是野兽吃掉了约瑟。约瑟被埃及人带到了离迦南非常远的埃及。

约瑟成为埃及的宰相

《圣经》中记载，约瑟被卖到埃及后成了埃及官员的一名管家，后来遭到主母的陷害被抓进监狱。恰巧此时法老梦见 7 只瘦牛吸干了 7 只肥牛，7 个干瘪麦穗吞噬了 7 个硕果累累的麦穗。当时很多预言师都无法为法老解梦，此时有人推荐了约瑟，约瑟预测埃及将会面临 7 年丰收和 7 年饥荒，需要及时做好准备。预言成真，因此约瑟受到法老的重视，最终当上了宰相。

前文提到过，埃及是等级制，人们的身份是世袭的，想要改变自身的等级是非常困难的。但是，**约瑟太优秀了，他最后脱离了奴隶身份，成为埃及的宰相。**

约瑟在做宰相期间，迦南发生了饥荒，食物短缺，而埃及的粮食则很充足。于是，约瑟那些心肠恶毒的兄弟就跑到埃及来避难。当时，他们以为约瑟早就不在人世了，根本没有想到约瑟会变成如此尊贵的人，统治着他们前来求助的地方。你可以想象吗？当他们看到约瑟时是怎样的惊恐啊！这位拥有最高权力的宰相，竟然是他们当初策划杀害并卖给别人当奴隶的兄弟！

假如约瑟想要向自己的兄弟们报仇，他可以把他们变成囚犯关起来，或者让他们饿死，还可以什么都不给，赶他们回原来的地方。然而，他非但没有这样做，还将很多食物和珍贵的礼物送给他们。之后，

约瑟的父亲及兄弟们前往埃及

约瑟在埃及与父亲及兄弟们相见

他叫他们去接家里的族人，让他们在埃及定居。他还承诺将一块名叫歌珊地的领土给他们，这块领土粮食富足，能让他们生活得很好。大概是在公元前1700年，以色列和他的孩子们定居到了埃及的歌珊地。因为他们是以色列的后人，所以被称为以色列人。现在，以色列人被我们称为犹太人。

约瑟（他也是以色列的孩子）死后，以色列的后人就遭到了埃及法老的排斥，待遇变得糟糕，从此之后，犹太人就经常被埃及人欺负。虽然犹太人在埃及定居了近400年，但一直都被排斥，遭受奴役。

大约公元前1300年——从公元前1700多年算起，犹太人在埃及定居了差不多400年后，拉美西斯大帝成了埃及的法老。

拉美西斯因为犹太人变多而感到恐惧，最后，为了能控制住犹太人，他下令将所有的犹太男孩儿杀死。但是，有个叫摩西的男孩儿逃过一劫，并在后来成为犹太人伟大的领导者。信奉多神教的埃及对犹太人很仇视，这让摩西下定决心，要带着族人离开这里。大约公元前1300年，摩西实现了愿望，他带着他的族人，从埃及迁徙到了红海对岸。这是《圣经》里很有名的一件事，叫"出埃及记"。

离开埃及后，犹太人先在西奈山休息了一下，摩西独自登上山顶，在那里祈祷，聆听上帝给自己以及族人的启示。40天后，带着上帝授予的十条诫命的摩西下了山。你在主日学校中学过这十条诫命（《圣经》中上帝授予摩西的十条规定就是现在的"十诫"）。摩西在山顶待的时间有些长，等他回到山下后，发现他的族人也像埃及人那样，信奉一头金牛。长时间生活在埃及的他们受到了影响，也渐渐觉得应该信奉多神教。

摩西非常生气，他认为是时候消除他们在埃及受到的坏影响了。最后，他成功了，族人们又重新开始信仰上帝。摩西将十诫传给他们，规范着他们的生活行为。因此，犹太教将摩西称为立法者与第一位导师。犹太人在摩西死前一直漂泊无依；摩西死后，约书亚成了犹太人的新领导者，并成功地将他们带回了故土迦南。

摩西被法老的女儿救起

那时，犹太人的管理者不是国王，而是士师。士师和国王完全不同，他们穿着朴素，没有侍从和宫殿，也没有大量的财宝，和普通人一样过着简单的生活。不过，犹太人觉得他们应该学习其他国家，让国王来统治人们。

后来，士师撒母耳提出，他们应该选出一位国王，接着，扫罗被选中了。而后，撒母耳向扫罗的头泼洒橄榄油。我们可能认为这种行为很奇怪，可在犹太人眼中，这相当于加冕，是成为国王的一种标志。于是，扫罗成了犹太国第一任国王，而撒母耳成了犹太国最后一位士师。

当时，除了犹太人，其他民族和迦勒底人、埃及人相同，都信奉多神教。只信仰上帝的犹太人遵守着被授

摩西在山顶祈祷

摩西和"十诫"

予的诫命，他们有一本写着诫命的圣书，书中还记载了他们曾经的历史。这本圣书的内容最后成了《圣经》的一部分，它就是《旧约》。

这就是犹太人传播《旧约》和"十诫"的故事，下面记载的是他们漂泊的经历：

公元前 1900 年——从吾珥搬到迦南；

公元前 1700 年——从迦南搬到埃及；

公元前 1300 年——从埃及返回迦南。

最后，他们还是定居在了迦南。后来，这片土地被他们称作自己的家园。

公元前 1900 年，犹太人离开吾珥

第10章

神话里的诸神
Fairy-Tale Gods

从前有个叫赫楞的人，你是不是觉得这个人的名字听起来很奇怪？这个人有很多的后人，这些后人把自己称为赫楞人。这些人生活在地中海上的一个被赫楞人称作赫拉斯的岛屿上。有一次，我不小心打翻了桌子上的一瓶墨水，洒出来的墨汁在桌面上留下了一个弯曲的图案，看上去特别像地图上的赫拉斯。虽然整个赫拉斯的面积比美国的一个州还要小，可是它在历史上却很出名，世界上所有和它大小差不多的国家都不能和它相比。赫拉斯被我们称为希腊，而定居在那里的人被称为希腊人。

大约公元前13世纪，这也是犹太人从埃及离开的时间，人类开始从青铜器时代迈向铁器时代，就在这个时期，希腊以及希腊人的存在才被人们知道。

希腊人与只信奉上帝的犹太人以及现在的美国人不同，他们信奉多神教。不过，在他们的神话故事中，这些被信仰的神明看起来更像是普通人，没有一点儿神明的样子。希腊人不仅为他们的神明建造了精美的石像，还为他们创作了许多故事与诗歌。

希腊人信仰12个主神，其中有6个神明是女神。在他们的心中，神明都住在希腊最高的山上，也就是奥林匹斯山。神明也有邪恶的时候，他们时常发生争执、欺骗，甚至做一些不好的事情。神明们吃着仙果，喝着仙酒，他们的食物要比我们的食物鲜美多了，而且仙果和仙酒可以让人不老不死，所以神明们都是长生不老的。

我觉得你会对神明的家族感兴趣，让我为你介绍一下他们吧。一般来说，神明在古希腊神话和古罗马神话中各有一个名字。因此，我在介绍的时候会按照一个顺序——先介绍他在古希腊神话中的名字，然后再介绍他在古罗马神话中的名字。

众神之父——宙斯或者是朱庇特，也是人类的统治者。他手持一道弯曲的雷电（或者叫霹雳），坐在宝座上，身边时常站着一只鸟中之王——鹰。

宙斯的妻子叫作赫拉或者是朱诺。她是众神的女王，手里拿着权杖，身边时常跟随着她的爱鸟孔雀。

宙斯雕像

宙斯是古希腊神话中的众神之王，也是奥林匹斯众神的首领，他统治着宇宙，地位至高无上。人们尊称他为"神人之父""神人之王""天父"，他是希腊神话众神中最有名的神。

宙斯和赫拉

宙斯的一个兄弟，名叫波塞冬或者尼普顿，是管理大海的海神。他手里拿着三尖叉（看起来和有三个尖头的干草叉很像），坐在一辆被海马拉着的战车上。只要他挥动手中的武器，海上不是掀起风暴就是变得风平浪静。

火神名叫赫菲斯托斯或者

伏尔甘，是一个在铁匠铺里干活的瘸腿铁匠。传说，火神的铁匠铺在一座山的山洞中，当伏尔甘在里面的时候，火山就会喷发。火山（volcano）一词就是根据伏尔甘（Vulcan）这个名字而来的。

　　太阳神阿波罗的希腊名字和罗马名字一样，他还掌管着音乐与歌曲，他的容貌比任何一个男性神明都英俊。希腊人认为，

海神波塞冬

驾着太阳战车的阿波罗每天早晨都会自东向西穿过天空，将明亮的阳光带给人们。

　　月亮女神和狩猎女神是阿波罗的孪生妹妹，名叫阿耳忒弥斯或者狄安娜。

　　恐怖的战神名叫阿瑞斯或者马尔斯，他会因为战争而心情愉悦——实际上大部分时间他都很开心，因为战争经常爆发。

　　众神的信使名叫赫耳墨斯或者墨丘利。他穿戴着长着翅膀的帽子和鞋子，手握一根神奇的带着羽翼的权杖，假如把权杖放在两个争执不休的人中间，他们就会立即重新和好。有一次，赫耳墨斯看到两条正在打架的蛇，于是，他就把权杖放在了这两条蛇中间，结果它们立即缠在了一起，就好像恋人一样拥抱在一起。这两

火神赫菲斯托斯雕像

43

太阳神阿波罗雕像

条蛇还缠上了他的权杖而且再也没有下来，于是，这根权杖有了两个名字，一个是使节杖，一个是双蛇杖。

智慧女神名叫雅典娜或者密涅瓦，她有一个与众不同的出生方式。宙斯在某一天忽然觉得头疼，而且随着时间流逝，他疼得更加厉害了，最后，再也忍受不住的宙斯想到了一个奇怪的方法。他叫来了瘸腿铁匠赫菲斯托斯，让他拿锤子敲自己的头。这个请求一定让赫菲斯托斯觉得奇怪了，但是他必须答应宙斯的请求。于是，他用锤子打了一下宙斯的头，而后，一身盔甲装扮的雅典娜从宙斯裂开的头颅里冲了出来，而宙斯的头疼在雅典娜出来后就痊愈了。雅典娜之所以是智慧女神，是因为她从宙斯的头部诞生。她在希腊建造了一个城市，并将自己的名字赐给它。这座伟大的城市就是雅典，传说，它被雅典娜当作孩子一样守护着。

爱与美的女神是阿佛洛狄忒或者叫维纳斯。就像阿波罗是最潇洒帅气的男神一样，她是最美丽的女神。传说她在大海的泡沫中出生。她的孩子是一个背着箭袋、微胖的小男孩儿，名叫厄洛斯或者丘比特。丘比特的职责是向人们的心上

雅典娜出生

雅典娜的雕像　　　　　　　　　　维纳斯的诞生

射一种看不到的箭，不过被射中的人不会死去，只会立即爱上一个人。因此，情人节的时候，我们会用一个穿过红心的箭来描述那些相爱的人。

守护家庭的女神是赫斯提或者叫维斯太，她掌管着炉灶和家室。

掌管农业的丰收女神是得墨忒耳或者叫色列斯。

居住在阴间并掌管冥界的神是宙斯的哥哥，名叫哈得斯或者普路托。

除此之外，还有一些地位不高的神和一些父母一方是人类的神，例如美惠三女神、命运三女神以及负责艺术的九位缪斯女神。

现在，天空中某些行星的名字依旧是取自这些神的名字。例如体积最大、被命名为朱庇特的是木星，颜色似血般、被命名为马尔斯的是火星，看起来十分美丽、被命名为维纳斯的是金星。除此之外，还有被命名为墨丘利的水星、被命名为尼普顿的海王星、被命名为普路托的冥王星。

祈祷的时候，希腊人和我们不一样。我们是闭着眼睛跪拜，而他们却是向前伸开双臂，站在那里。他们不求神明赐予自己幸福或者宽恕自己的过错，他们求神明保佑自己能够在战斗中取得胜利并且不受伤。

祷告的时候，他们会向神明供奉祭品，如水果、牲畜、美酒和蜂蜜，并希望这些祭品能让神明感到欢喜和满足，然后实现他们的愿望。他们将酒水泼向地面，觉得神明希望自己这么做。他们在祭坛上点起火架，在上面烤杀死的牲畜，这就是献祭。他们觉得即使神没有品尝到这些东西也是欢喜的，因为有人向他们奉献东西。一直到现在，当某个人向另外一个人奉献了某物时，我们常会说他作出了一定的牺牲。

　　献祭时，希腊人会根据一些征兆来判断神明的态度，看神明是否满意，是否同意他们的祈求。天空的闪电、飞过的鸟群等种种不寻常的事情都会被他们当作特殊信号、迹象，这些迹象被叫作预兆。预兆分两种：如果是好的预兆，就代表神明同意了他们的祈求；如果是不好的预兆，则代表神明没有同意。实际上，不但古希腊人相信预兆，甚至某些现代人也相信，例如：你把一个盐罐子打碎了，就会觉得这是不好的兆头；假如你看见自己右肩膀上方出现了一轮新月，就会认为这是好的兆头。

　　帕纳塞斯山是雅典附近的一座山，它附近有个叫德尔斐的城镇。德尔斐城内有一条不断涌出沼气的裂缝，人们发现这些涌出的沼气和火山喷发时出现的沼气相同，便认为这些气体是阿波罗呼出的气息。裂缝上方放着一个三条腿的凳子，德尔斐城的一个女祭司坐在这个凳子上呼吸沼气，之后她就像烧昏了头一样神志不清，变得有些疯癫。如果别人问她什么问题，她会回应一些非常奇怪的话，她旁边的祭司会将这些话的意思解释给大家听。人们将这里称为德尔斐神庙，将女祭司的答案称为德尔斐神谕。时常会有从遥远的地方来的人到这里发问，期望神谕能给他们一个答案，在他们心中，这答案是阿波罗给的。

　　当希腊人想要知道未来的事情，或者对眼前的事情没有头绪时，他们就会去德尔斐发问，希望神能够给他们答案。他们完全相信神谕的答案，不过这些答案和谜题很像，可以理解为不同的意思。例如，某个国王打算向另外一个国家发动战争，他去问神谕战争的结果是什么。神谕回答："一个国王将失去他伟大的王国。"你怎么理解神谕给出的答案呢？这种类型的答案能够让你想到两三种意思。现在，人们称这种多义性、难懂的语言为"神谕式的"。

第11章

神话里的战争
A Fairy-Tale War

一个国家的历史往往是以战争开始和结束的，希腊历史上第一件大事就来自一次战争。特洛伊战争发生在人类进入铁器时代之后的公元前1200年，但是我们不能确定具体的时间，甚至我们不能确定是否发生了这场战争。几乎所有有关这次战争的事情，都是从神话传说中得知的，传闻是这样的：

在一次奥林匹斯山上诸神参加的婚礼上，一位不请自来的女神往桌子上投了一个金苹果，上面写着：致最美的神。

帕里斯评选最美的女神

原来投苹果的是争执女神，人如其名，她确实引起了一场争执。每个女神都与恋慕虚荣的人类相同，觉得自己是最美的，理当得到苹果。最终她们找到了一个叫帕里斯的牧童，让他来判断谁最美。

帕里斯接到了所有女

47

爱神阿佛洛狄忒引诱海伦爱上帕里斯

神的承诺，假如他选中某一位女神，那位女神就送他一份大礼。众神之母赫拉应许他做国王，智慧女神雅典娜承诺让他变成智者，爱与美的女神阿佛洛狄忒应许他可以娶世界上最美丽的女子。

然而，帕里斯不是牧童，而是特洛伊国王普里阿摩斯的儿子，希腊对面的海岸边就矗立着特洛伊城。还是个婴儿的时候，帕里斯就被抛弃在山上，幸运的是他被一个羊倌发现，并被带回了家，把他当成自己的孩子养育成人。

帕里斯没有当智者的兴致，也不愿当国王，而是想娶最美丽的女子做妻子，因此，他将苹果给了阿佛洛狄忒，爱与美的女神。

当时，海伦是世间最美丽的女子，然而斯巴达的国王墨涅拉俄斯早已娶她为妻。但是爱与美的女神阿佛洛狄忒不理睬这些，她让帕里斯去希腊的斯巴达城邦找海伦，并且带着她远走高飞。因此，帕里斯到斯巴达去拜见墨涅拉俄斯国王，墨涅拉俄斯国王很热情地用皇室最尊贵的礼仪迎接了他。虽然他得到了国王的信赖，

帕里斯带走海伦

受到了如此尊贵的迎接，但他还是在一天晚上把海伦悄悄带走了，并回到了特洛伊。

墨涅拉俄斯国王和希腊人自然十分震怒，他们立即备战准备攻打特洛伊，抢回海伦。古代所有城邦都建造了环绕整个国家的城墙，用来抵御外敌入侵。那个时候是没有火炮和枪支的，也没有像现在一样的致命武器，所以攻克一个这样的城邦是很艰难的。特洛伊就是如此，希腊人为了攻克特洛伊打了十年的硬仗，可是十年仍然没有攻下它。

最终，希腊人想到一个别出心裁的方法。他们制造了一个强壮高大的木马，并让士兵躲在木马肚子里，接着把木马推到特洛伊城墙外边，然后就假装乘船离开，停止战争。同时，由希腊人安插的奸细散布谣言给特洛伊人说，木马是神明赐给特洛伊人的恩典，他们应当将木马迎进城邦。但是，特洛伊有一位名叫**拉奥孔**的祭司怀疑这是个计谋，让同胞们不要理会那个木马。可是大家很想得到那个木马，所以并没有听信他的话。从理论上来讲，当人们决心去做一件事情时，是很难听进别人的劝阻的。

不幸的是，那时从海里游出了几条大蛇，它们攻击了拉奥孔和他的两个儿子，大蛇缠绕在他们身上，

大蛇袭击拉奥孔和他的两个儿子

拉奥孔是传说中的特洛伊英雄，他为了阻止希腊人的大木马进入特洛伊城而被毒蛇咬死。他虽然没能阻止特洛伊战争的失败，但是他的死却在艺术史上大放异彩。他和他的儿子死前的情景被艺术家雕刻成艺术品，后来德国的作家莱辛还根据这组雕像写成文学作品《拉奥孔》。

使他们窒息而亡。于是特洛伊人觉得这是上帝对他们的警示，就像他们说的，这个征兆是告诉他们不应该信任拉奥孔。所以他们没有听拉奥孔的劝告，而

将木马推进了城邦里。由于木马十分高大，没有办法从城门进来，他们必须拆掉一些城墙，以便将木马带进城邦里。就在当天晚上，希腊士兵借着夜色钻出了木马，并打开了城门，同时已经快速返回并等待在城墙外面的希腊人，跨过城门和已经被特洛伊人拆毁的城墙口，一鼓作气攻破了特洛伊，整个特洛伊城全部覆灭，墨涅拉俄斯国王将海伦抢回了希腊。正是由于这个木马计划，至今还流传着一个谚语"当心希腊人的礼物"，大概意思就是，谨防敌人送的礼物。

特洛伊的大火

特洛伊之战的事迹被描述成了两首长的叙事史诗，很多人觉得这是至今最美的诗歌。有一首诗歌是用特洛伊城的另一个名字伊利亚特定名的，名为《伊利亚特》，这首长诗描述的正是特洛伊战争。而另外一首名为《奥德赛》的诗歌描述的是特洛伊之战告终后，一位希腊的英雄归家路上的历险故事。尤利西斯是一位英雄的名字，而诗歌的名字正是源自他的一个名字，奥德修斯。传说，公元前700年左右，希腊人荷马创作了《伊利亚特》和《奥德赛》这两部史诗。

传闻，荷马是一位四处漂泊、为人们唱歌和吟诵史诗的吟游诗人。或许是因为

荷马在拨琴吟唱

这尊雕像展现的是荷马一边奏着里拉琴，一边吟唱着歌颂特洛伊英雄的史诗。

一些古老的传说，他写作了这两部史诗。往往，吟游诗人都用里拉（**古希腊**
的一种竖琴——译者注）伴奏，人们会给他一些食物，并为他提供住宿。

　　荷马的诗歌受到了人们的喜爱，并被牢记在心。荷马死后，母亲们还会
吟唱这些诗歌给她们的孩子听。人们用希腊文将诗歌记录成册并且传诵至今，
假如你将来学习希腊文，就会读到这些诗歌。就算你没有学习希腊文，也可
以看一看英文的翻译。

　　就像我之前所说的，荷马的一些诗歌或许是对古代传奇的改编。但是就
荷马本人来说，他也有很多故事，我们没办法知道哪些是真、哪些是假。传
闻他是个盲人，另外，有七个城市均声称是荷马的出生地，所以就此而言，
就有七个传闻了！

第 **12** 章

犹太人之王
The King of the Jews

大卫和巨人歌利亚决斗

在荷马优美的诗歌飘过希腊街头巷尾的前几个世纪，迦南有位杰出的犹太国王吟诵着不一样的悠扬诗歌，这个国王正是大卫，然而他的王位不是通过世袭继承而来的。原来，他是犹太国王扫罗大军里的一个牧童。下面讲述的就是大卫如何成为国王的故事。

首先如你所记忆的，犹太没有国王，但是他们盼望有国王，于是他们推选扫罗为国王。

在《圣经》里，大卫将巨人歌利亚杀死了，由于机智的小人物战胜了仗势欺人的大高个儿，因此人们都非常喜欢这个故事。

国王扫罗有一个女儿，对英勇年轻、杀死巨人的英雄大卫产生了爱慕之情。最终，他们结合成婚。

扫罗逝世后，大卫继承了王位，并且成为犹太史上最杰出的国王。虽然扫罗曾当过国王，可是他在位期间不是住在宫殿，而是住在帐篷里，并且他的国家没有城邦。

最后，迦南一个名为耶路撒冷的城市被大卫征服，他在那里建立了犹太的都城。

大卫不但是一位勇猛的战士和杰出的国王，而且他的诗歌也是很优美的。

盲人诗人荷马歌颂神话传奇里的众神，然而伟大的大卫国王歌颂的是他唯一的主。

大卫杀死歌利亚的场景

这些诗歌是赞颂诗，如今的教堂和会堂里仍会朗诵歌唱。

现今，即使是非常流行的歌曲也仅仅流行几个月，但是 3000 多年前大卫的诗歌却流传至今，颂扬千古。其中第 23 首赞颂诗的开头是"耶和华是我的牧者"。这首歌的韵律悠扬唯美，让人刻骨铭心。大卫将自己比喻成羊，而上帝是耐心温柔的牧者，他轻柔地照顾着绵羊，让它们过上舒心、安定的生活。

所罗门是大卫的儿子，他在大卫死后继承了王位，当了国王。

假如有个和善的仙子问你，你最想得到世界上的什么东西，你会做什么样的选择呢？传闻，所罗门继承王位后，主曾在他的梦中出现，并询问他最想得到什么。所罗门不期望得到财产和权势，而是想成为智者，因此主许诺让他成为世间最聪颖的人。以下讲述的就是他的才华横溢的故事。

一天，两个女人带着一个婴儿来找所罗门，她们都说自己是孩子的亲生母亲。于是，**所罗门**命人拿了把剑过来，说："将孩子劈成两半，给她们一人一半。"其中一个女人听后大哭，她宁可将孩子给另一个女人。据此，所罗门得知婴儿的真实母亲就是她，于是命令将孩子送还给她。

所罗门建造了一座雄伟壮丽的以香柏木、大理石、黄金为原料的圣殿。香柏木是十分珍贵稀有的,是特意从邻国运回来的,嵌合得满是珠宝和黄金的墙壁尤其光彩夺目。之后,所罗门为自己也修筑了一座奢华的官殿,用金碧辉煌来形容也不为过。这两座官殿在那时闻名遐迩,四面八方的人纷至沓来游玩观光。提到所罗门的圣殿和官殿有多大,《圣经》里面计算时采用的都是肘尺而非英尺。用男人的手肘到中指指尖的距离作为一肘尺,一肘尺大致有一英尺半的长度。

所罗门的审判

为了辨别真假母亲,他下令把孩子劈成两半,孩子的生母站了出来,因为她宁愿放弃,也不愿见到孩子被活活劈死。

参观者中有位示巴女王(示巴是当时的一个国家,在阿拉伯的西南方——译者注),她千里迢迢来观赏所罗门的圣殿和官殿,并倾听他的箴言。

纵然圣殿和官殿在那时是无与伦比的,可是你要知道,终究是公元前1000年,和现在雄伟壮丽的建筑相比,所罗门的圣殿和官殿就不值一提了。

如今,所罗门的圣殿和官殿已经无人知晓,被埋没在历史长河中,但是一些被翻译成多国语言、意味深长的箴言却存留至今,被多国人吟诵。假使所罗门的官殿还存留至今,那么与无数光辉的建筑物相比,它也就如同儿童的积木屋罢了。然而,至今没有一个人的语言比所罗门的箴言更有智慧。你可以吗?那就来挑战一下吧!所罗门的箴言被《圣经·旧约》的箴言篇收集,以下是其中的一部分:

细语止怒

恶语牵火

美名胜过大财；

恩宠强如金银。

要别人夸奖你，不可用口自夸。

犹太最后一个杰出的国王就是所罗门。他逝世后，犹太人经历了聚聚散散的过程，最终犹太国在 600 年后土崩瓦解。分离的状态断断续续持续了两千多年，从那以后，尽管世界各地都有犹太人，但是他们没有国王和都城，甚至没有属于自己的国家。直到后来，在过去名为迦南的土地上，他们成立了新的国家——以色列。

第 **13** 章

字母 A、B、C 的创始人
The People Who Made Our ABC's

在人们还不知道如何写字的时候，一天，有个名叫卡德摩斯的木匠在工作时，突然想到一个工具忘在家里了。因此，他在地上拾起一片木片，在上面写了几下，将它递给了他的奴隶，并让奴隶将木片带回家，交给女主人。他告诉奴隶，他的妻子看到这片木片就知道他要什么了。卡德摩斯的妻子见了木片，立即将工具拿给了奴隶。奴隶很吃惊，他觉得木片一定是用什么秘密的方法，传达了主人的消息。他在拿回工具给主人的时候，恳求卡德摩斯把这神奇的木片送给他，得到许诺后，他把木片戴在脖子上，作为护身符。

希腊人传闻创造字母的人就是卡德摩斯。但是我们坚信卡德摩斯仅仅是一个虚拟的人，因为希腊人爱好编造类似的故事，不可能仅由一个人发明字母。但是，卡德摩斯是腓尼基人，当然腓尼基人创造了早期的字母表，

卡德摩斯的奴隶与木片

这是众所周知的事实，其后奠定了人们应用字母表的基础。现在字母的发音很容易，为 A、B、C……但是希腊人读得就繁杂很多。他们将 A 读成 alpha（阿尔法）、B 读成 beta（贝塔），诸如此类。因此，希腊孩子从 alpha、beta 开始学习字母，所以字母表别名为 alphabet。

可能你从来没有听过腓尼基人和腓尼基吧？但是，假如腓尼基这个国家不存在，那么你可能还在学校里学习象形文字或楔形文字呢！

我们知道，迄今为止，人们采用的书写方式是很拙劣的。埃及人写字就像画画，古巴比伦人写的字就像鸡爪的印记一样。而腓尼基人创造了 22 个字母的字母表，现在实际用到的字母表就是由此演化来的。

自然，现在我们已经淘汰了腓尼基字母表。可是，很多腓尼基字母和3000 年后我们使用的字母的样式是相似的。比如以下的字母简表：

A　　　　　–◁（他们是侧着写）

E　　　　　–ꓱ（他们是反着写）

Z　　　　　Z（跟我们完全一样）

O　　　　　O（跟我们完全一样）

腓尼基的邻居是犹太人，他们与犹太人都是闪米特人的后裔。犹太国在他们的南侧，从地图上看，腓尼基在地中海沿岸，犹太国在腓尼基的下方。

海勒姆是腓尼基杰出的国王，他和所罗门生活在一个时期。事实上，作为所罗门朋友的海勒姆，也曾差遣很多杰出的工匠，协助所罗门筑造耶路撒冷城的圣殿。但是，海勒姆，包括所有的腓尼基人，不像犹太人一样是上帝的信徒。

巴力神和莫洛克神是腓尼基人崇拜的神灵，传说中的太阳神和火神就是这两个神。月亮女神阿施塔特也是他们所崇拜的神，他们用活生生的孩子祭奠月亮女神雕像。阿弥陀佛，这是事实，而不是神话传说！仔细想想，假如你出生在那个时期的腓尼基，将是何等吓人啊！

　　腓尼基人被称为了不得的商人，他们制造很多货物并进行售卖。例如用象牙制作的雕像、巧夺天工的金银装饰、玲珑剔透的玻璃饰品，诸如此类。他们也会编织亚麻布和毛纺布，腓尼基最著名的是漂染的布料和长袍。

　　腓尼基人有一个不外传的秘密，就是在蛤蜊很小的时候，从它们身体

约公元5世纪的花瓶，发现于迦太基遗址

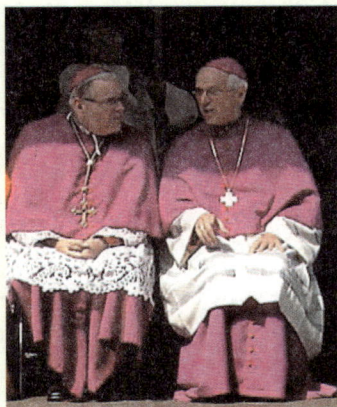

提尔紫

　　又称帝王紫，是骨螺科生物分泌的一种黄色液体，需要阳光的照射才能变成紫色。不易褪色，而且在阳光的照射下颜色会越发明亮。是当时国王、贵族和神职人员的专属染料，是权力和地位的象征。还可以用于书写珍贵的书籍。

里提炼出一种艳丽的紫色。在提尔城附近的水域里就生活着这种小的蛤蜊，因此这种紫色被命名为**提尔紫**。其他的颜色没有提尔紫美艳、瑰丽，所以国王的长袍被印染成提尔紫色。

　　腓尼基的两座大城市——提尔和西顿，曾经是世界上商业最繁华的城市。

　　腓尼基人遍地从事商业，他们乘船游遍了地中海的所有地方，乃至大西洋。当时名为"赫拉克勒斯（*希腊神话中的英雄，是著名的大力士——译者注*）之柱"的出海口就是现在的直布罗陀海峡。大不列颠群岛和非洲海岸也有他们的踪迹，那时，很多人都没有想过会走到如此遥远的地方，因为他们觉得到达大海的边际就会掉落下去。而腓尼基人对此从没有担心过，所以他们成了那时最杰出的航海家和商人。他们用生长在山坡上的名为黎巴嫩雪松的木头来建造船舶。

　　腓尼基人对待雪松树的态度，可以说是鼠目寸光，他们基本上将雪松树伐没了。于是再也没有一艘船——更没有其他的东西——可以用类似的坚固

腓尼基人的船只

树木来做。你认为我们可能做出这样无知的事情吗？

　　只要发现适宜的港口，腓尼基人就会在此建造城市，并与当地人做交易。他们用低成本的、紫色印染的布换取金银等名贵物品，以此赚了很多钱。腓尼基人在北非海岸也建造了城市，当中有个叫迦太基的城市后来变得非常宏大、富足——之后我会讲述它的故事。

第14章

坚硬如铁
Hard as Nails

　　现在我们还是回到希腊的故事上来，海伦曾经生活的城市叫斯巴达，同时它也是荷马和众神家乡中的一个城市。

　　公元前900年左右，斯巴达有个名为莱克格斯的男人，希腊语中这个名字是很健壮的意思（类似于"王大钢、赵强、李铁"这样的中文名——译者注）。等听完他的事迹后，你或许会认为这个人是个英雄。莱克格斯的确是一个刚毅的男子汉，使斯巴达成为这世上最强盛的城邦是他的心愿。

　　起初，他需要明白如何能使一个城市和人民更强大。

　　他长年在外旅行，世界上的每个大城市几乎都有他的足迹，他一直在探索大城市强盛起来的原因，他也一直在研习这些。

　　一些地方的人盼望每天都可以高兴、欣喜，可以有解闷的东西，并且舒心安逸地过日子——然而他觉得这还不够——不够强盛。

　　另外一些地方的人一直发奋工作，即使不开心也都尽心尽力地做着分内的事情——他觉得这样的人还是很好的——相对强盛。

　　回到家乡之后，斯巴达的莱克格斯立即制定了一连串的规则，他觉得在生活中遵从这些规则，可以让自己的人民强于世上其他的民族。这些法则被

莱克格斯向人们展示军事训练的重要性

命名为法典，我认为你会赞同我说这些法则是残酷的，但是这些法则的确使斯巴达人变得健壮——如同铁钉那样坚固。我们再次看一看，使斯巴达真正强盛起来的是不是法典呢？

斯巴达人的训练方式从婴儿期开始进行。每当婴儿出生以后，人们会立即查看他是否健全强壮。假如婴儿大体上看着不强壮，他就会被丢弃在山中，自生自灭、听天由命。因为莱克格斯不希望斯巴达有任何一个纤弱的人存在。

到 7 岁大的时候，男孩儿们就会离开母亲，生活在学校。所谓的学校，更类似于军营。自那时起，到 60 岁以前，他们都要一直待在学校里面。

他们在学校学的东西与现在你学的内容都是不一样的，怎样成为一名出色的战士是他们学习的重点。

这是一所没有课本的学校。

拼音读本也没有。

数学也没有。

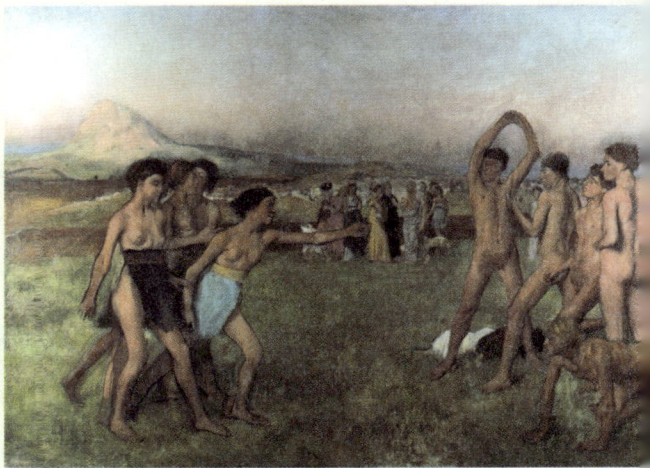

视荣誉为生命的斯巴达人

斯巴达人崇尚武力，对于胜利尤为看重。"不成功，便成仁。"这是斯巴达人常说的一句话，也说明了参加战争的战士只能有两种结果，要么胜利归来，要么就为国捐躯。如果士兵在战场上失败了，那么他的母亲会看不起他，甚至会和他断绝母子关系。

　　地理也没有。这是由于全世界还没有一个人有充分认识要创作一本地理教科书。

　　历史也没有。这是由于几乎没人知晓全世界以前发生过什么。当然，现在你了解到的历史那时都还没有发生。

　　在某些时候，斯巴达的男孩儿会受一顿鞭打，为的是教育他在受苦时不能哭泣，而不是因为他犯错了。只要男孩儿哭泣了，哪怕是因为他受到了严重的伤，那也将是他永久的耻辱。

　　一直到不能站立为止，他都要运动、练习、工作。即使再累、再饿、再困，身体再疼，男孩儿们也要坚决维持这种生活，并且不能把这些痛苦体现出来。

　　为了适应类似的困苦并且忍耐多种不适，他们要吃最难吃的饭，长期忍饥挨饿，在天寒地冻中不穿衣服或者穿很少的衣服。如此练习、磨炼就是"斯巴达磨炼"。如果是你，你会接受这样的磨炼吗？

　　斯巴达国家无偿提供给人民食物、衣服以及住的地方，可是这些条件都很恶劣。国家不允许人们有好吃的食物、柔软的床铺，甚至是穿美丽的衣服。这些均是奢华的东西，因为莱克格斯觉得奢华的东西会使人懦弱、无用，而他期望他的人民可以坚韧、强壮。

　　斯巴达人说话时简单明了，不允许多说一个字，用极少的语言来阐述自己的意思。这样的说话方式是"拉科尼式"（laconic，即简洁的——译者注），由斯巴达所处的拉科尼亚州而得名。

　　从前，斯巴达人收到了一封其他国家国王的勒索信，信中要求他们必须服从他的要求，否则就会来侵占他们的国家，并摧毁他们的城堡，让他们变成奴隶。

　　斯巴达人回了信，并让信使送了过去，国王开启信后，上面就一个字：

　　"敢！"

　　直至今日，这种简洁却又切中要害的回答仍然被叫作拉科尼式回答。

　　斯巴达人变成了世上最强盛的民族，就是因为如此辛苦的练习和死命工作吗？

斯巴达人变成了世界上最健壮、最出色的战士的确是莱克格斯的功劳，然而——

周围各民族的人都被斯巴达人征服了，纵使被征服的国家的人民比他们多十几倍，然而——

斯巴达人让各国的人民作为他们的奴隶，让他们下地工作，然而——

以后我们就会知道莱克格斯做法的对与错了。

希腊的另一个大城邦雅典位于斯巴达的南边。理所当然，希腊也拥有许多城邦，只是最重要的两个就是斯巴达和雅典。然而雅典人的日常生活和思想与斯巴达人大相径庭。

雅典人喜爱一切美好的东西，这与斯巴达人十分重视纪律、用军事化的作风解决所有问题是不一样的。

雅典人和斯巴达人相同的地方是，他们都喜欢多种体育活动，但雅典人还深爱音乐和诗歌，喜欢绚丽的雕像、油画、建筑物以及一切巧夺天工的艺术品。

追求自由和民主的雅典人

追求自由和民主无可非议，但雅典人过于追求自由和民主。他们怕政治人物独断专行，就发明了陶片放逐法，一旦政治人物大出风头，他们就会扔一堆陶片进行投票表决，不需要任何理由只看投票结果就可以把他流放。他们怕国家大权集中在一起会威胁到自由，就规定不论大事小事，都要在大会上投票决定。

在斯巴达人的眼里，身体健康是首要的事情，但是雅典人觉得内在的修炼与外在的锻炼是同等重要的。你偏向哪个观点？雅典人的观点还是斯巴达人的观点？

有一次，雅典与斯巴达之间进行了一场盛大的竞赛。一个上了年纪的老年人来到雅典这边找空座位，但是空座位早就没有了，并且雅典人没有一个人给他让座。之后，斯巴达人将老人诚邀过去，并且让出了最好的座位给老人。斯巴达人的做法受到雅典人的喝彩与赞赏。针对这件事情，斯巴达人的回答是：

"雅典人明白正确的做法是什么，然而他们并不会做。"

第 **15** 章

树叶桂冠
The Crown of Leaves

希腊运动员

希腊的小男孩儿、青年男子，以及姑娘们都十分热爱各式各样的户外活动。

那时候的希腊是没有足球、棒球和篮球的，活动的项目通常是跑步、跳高以及摔跤、拳击，同时也有掷铁饼——铁饼像一个沉甸甸的大铁盘子。

希腊各个地方总是进行竞赛，比一比这些运动项目上谁是最优秀的。

希腊每四年才举办一次盛大的体育大会，地点在奥林匹亚，它在希腊的南部。每年的此刻，从全国四面八方赶来的出色运动员都会聚集在这里，全雅典的总冠军就是在他们当中产生的。

希腊最隆重的节日莫过于此，这是因为竞赛是以希腊神话中众神的首领——宙斯的名义举行的。大家从五湖四海千里迢迢地赶过来，就像参加今天的世界杯和奥运会那样热情。

参与比赛的只能是希腊人，并且参加的人不可以存在哪怕一点儿的不良记录和违法的行为——类似于当今的孩子，他们需要品学兼优，才可以参与学院或者学校的校队一样。然而古希腊时，唯有男人和男孩子可以参与奥林匹亚的比赛。

假如战争凑巧发生在奥林匹亚运动会举办期间，那么按照常规是要休战的，而后大家来参与竞赛。不管发生什么事情，都不能阻挡运动会的举办，所以这时战争就没有那么紧张了。"先办正事！"等结束了运动会之后，他们再接着战斗。

为了参与这次重要的比赛，希腊的男人和男孩子们要筹备四个年头，直到运动会开始前的九个月，他们才回到奥林匹亚附近的露天体育场练习。

持续五天的运动会，在开幕和闭幕时都要向希腊的神灵们祷告和祭拜，场地里陈列了众神美观的雕塑。这不但是场运动会，而且是祭拜宙斯和众神的仪式。

比赛类别多种多样，有跑步、跳高、摔跤、拳击、战车赛以及掷铁饼等。

要是有运动员在竞赛中被发现作弊，就会被淘汰，并且此生再也不可以参与比赛了。希腊人信仰我们现代的体育精神，他们胜不骄、败不馁，甚至不会去质疑裁判的公正度。

如果在至少一个项目上取得了冠军，那么这个运动员就是整个希腊的英雄，更是他所代表参加比赛的那个城邦的英雄。但是，得奖人没有奖金，大家只是把用月桂树叶做成的花

掷铁饼

铁饼比赛有严格的规则，想获得冠军并不是一件容易的事。在 1896 年的雅典奥运会上，美国选手罗伯特·加勒特取得铁饼项目冠军。不可思议的是，他在参加奥运会前根本就没见过铁饼。然而就是这个对铁饼一无所知的人，居然获得了铁饼比赛的冠军，不得不说这是一个传奇。

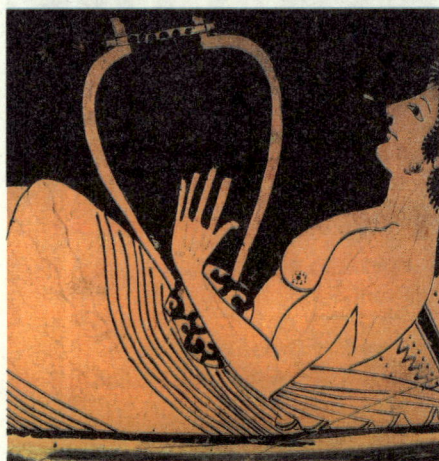

希腊瓶画中的竖琴

环戴在他的头上。就他而言，花冠要比如今运动员获得的金牌、银牌更重要。此外，也会有诗人为他写歌，还有雕塑家为他制作雕像。

体育比赛之外，也有诗人与音乐家的竞赛。而他们比赛的实质就是看谁的诗歌最棒，谁写的曲子和表演的音乐是最动听的。他们用名为七弦琴（又名"里拉琴"——译者注）的小竖琴乐器演奏。他们竞赛得出的冠军不是获得花冠，而是被人抬起来喝彩，就像你在现代比赛中见到的，取得胜利之后，他们的队长会被队友抬起来然后向空中扔去。

希腊史上，我们可以完全肯定的第一件事情，就是公元前776年奥林匹亚运动会上的赛跑纪录。那次竞赛之后，希腊人就开始计算他们的历史时期，类似于我们把耶稣诞生的那年记为元纪年。他们的第一个年份就是这一年。

奥林匹亚德（即奥林匹亚周期）即每两次举行奥林匹亚运动会间隔的四年。在这之前，他们并没有记载年、月、日的年历，因此奥林匹亚德的初始年是公元前776年。所以在此之前希腊的历史也许是真实的，其实我们已经知道大部分是虚拟的。自公元前 776 年起，希腊的历史基本上全部属实。

皮埃尔·德·顾拜旦

现代奥运会的创始人是法国教育家皮埃尔·德·顾拜旦，人们尊称他为现代奥林匹克之父。他在 1892 年提议恢复奥林匹克运动会，两年后成立了奥林匹克委员会，并亲自设计了会徽和会旗。1896 年，希腊雅典正式举办了第一届奥运会。

在奥林匹亚运动会停止了两千多年后，1896 年，大家都觉得再次举行是个不错的选择。因此，当代的奥林匹克运动会在 1896 年第一次举行，但是这回是在雅典举办而非奥林匹亚。当时奥运会举办地一直都是雅典，而如今每次都是在不同的国家举行。如今的奥运会也是基本上允许全部国家运动员来参加，不像过去只有希腊人才可以参加。如今，五湖四海的女性也是可以参加奥运会的，不像过去只有男人才有资格参加。过去要是有奥运会举办，就要停止战争，而如今，要是有战争，就要停止举办奥运会。

在前面我们已经领教了斯巴达式训练，所以推测他们应该能够获得很多项目的冠军，事实的确如此。

那现在奥林匹克运动会上的斯巴达人是不是仍然能获得很多项目的奖励呢？

答案是否定的，如今即使是全体希腊人参加也没有办法成为赢得冠军最多的国家，原因是如今的希腊只是世界上一个很小的成员国。

67

第 **16** 章

罪恶开端
A Bad Beginning

你听过千里靴的传说吗？只要有人穿上那种靴子，就能一步迈出很多千米呢！

这里有一个更大的靴子，它全长805千米，位于地中海上。

不，这个靴子并非真实的，只是从高空中的飞机里面往下看时，它的形状和靴子很像而已。

这就是意大利。

意大利在希腊的第一次奥林匹亚运动会举行不久后发生了一件大事。对他们来说这件事是十分隆重的，为此他们把这年叫作第一年。大概有1000年，意大利就从这一年开始纪年，类似于希腊用奥林匹亚运动会纪年与现在用耶稣出生纪年那样。这个大事就是罗马城市的成立，而不是因为有特殊人的出生。

与希腊的历史类似，罗马的历史同样是以神话传说开始的。希腊诗人荷马叙述了奥德修斯英勇漂泊的事迹，多年以后，古罗马诗人维吉尔同样写了一部杰出的史诗，描述的是在特洛伊被灭族后特洛伊人埃涅阿斯的漂泊生活。

特洛伊城被烧毁后，从那里逃出来的埃涅阿斯踏上了寻觅新家园的旅程。到处流浪几年之后，他到达了意大利中部的特韦雷河河口。在那里，他碰到了拉维尼亚——国王的女儿，拉维尼亚嫁给了他，自此他们过上了美满的生活。之后，这片土地的统治者就是他们的孩子，世世代代，直到很多年以后，名为罗慕路斯和勒莫斯的两个孪生兄弟的出生使这一现象到此为止，忧愁也自此开启，他们再也没有美满的生活了。

埃涅阿斯逃离特洛伊

就在孪生兄弟诞生之时，有人抢夺了他们的世袭王位。然而此人怕孪生兄弟成人后会夺回王位，所以他将兄弟俩放进篮子中，并把篮子丢到特韦雷河里。他盼望篮子顺着水流漂走，将孩子带进大海，抑或篮子翻入河中，使孩子被水淹死。他认为自己的做法没有不妥，到底不是他亲手杀死他们的。但是，篮子并没有漂到海里，甚至翻入河中，只是漂到了岸边。一只母狼发现了孪生兄弟，并把他们作为自己的孩子来养育。一只啄木鸟也帮忙把浆果喂给他们吃。之后，一个羊倌将他们带回家，并把他们当成自己的孩子养育，让他们长大成人。这个故事很像前面我讲

母狼哺乳着罗慕路斯和勒莫斯

狼的母性

无论是童话故事，还是其他关于狼的介绍，一般都将狼描述为凶狼残忍的动物。其实狼也有善的一面，尤其是母狼，它也像女人一样具有天生的母性，对于同类和非同类幼崽有着善良的温柔，关于狼把人养大的故事就有好多。

69

述的帕里斯的故事，他也是被扔到山上，后来被羊倌发现并养育成人。

两兄弟成人之后都想要建立国家，可是国王只有一个，那么谁来当呢？他们都不想退出，为此争论不休。最后，罗慕路斯把自己的亲兄弟勒莫斯杀死了。公元前753年，罗慕路斯在特韦雷河边建立了一座城市，那里，就是母狼救了他们两兄弟，并且养育了他们一段时间的地方。那里有七座小山。罗慕路斯用自己的名字把城市取名为罗马，那里居住的人就叫作罗马人。因此，之后罗马的国王一直认为他们是特洛伊英雄埃涅阿斯的后代，因为埃涅阿斯是罗慕路斯的曾曾曾曾祖父。

你相信这个故事的真实性吗？当然我也不相信。只是这个十分古老的传说，基本上每个人都听过，即使它仅仅是个传说而已。

传说，为了使罗马有人民居住，罗慕路斯寻来了许多小偷和越狱的逃犯，并且确保他们在罗马的人身安全。

但是，这里的男人们均无妻子，因为这里没有女人。所以，罗慕路斯又想了个主意让这些人迎娶妻子。他邀请在附近居住的萨宾人，包含男人和女人，到罗马来出席一个丰盛的宴会。

萨宾人接受了邀请，盛宴开始了，就在所有人大吃大喝时，有人发出了一个暗号，于是罗马人开始动手，每个人抢到一个萨宾女人之后便溜之大吉。

你知道绘画《劫夺萨宾妇女》的作者是谁吗？

绘画《劫夺萨宾妇女》的作者是新古典主义画家雅克·路易·大卫，他在法国大革命和拿破仑时期的法国绘画界占有重要地位。画的人物大多是历史上的英雄人物，代表作品有历史画《荷拉斯兄弟之誓》《马拉之死》和肖像画《雷卡米埃夫人像》等。

　　萨宾的男人们当即集结了部队，准备与抢夺他们妻子的罗马人打仗。就在两军即将开战的时候，被抢的那些萨宾女人跑了出来，在她们的现任丈夫和前任丈夫中间，央求他们放弃战争，因为她们已经不希望再回到原先的家里了，她们对现任丈夫产生了爱意。

　　你对这件事情是如何看的呢？

　　如此建立的新城市，是很糟糕的，是不是？你或许会十分奇怪罗马之后会变成什么样子——以罗慕路斯杀死自己的兄弟为开端的城市，接着居住了很多逃犯，之后又抢夺了邻人的妻子。我们需要注意罗马之后的历史，观察罗马人是否还会接着做如此罪过的事情。

第 **17** 章

长着螺旋状鬈发的国王们
Kings with Corkscrew Curls

罗马城的开始是十分糟糕的，首个国王罗慕路斯是残害了自己亲兄弟的人。罗慕路斯去世后，罗马的国王一个接着一个出现，他们之中有些还是很好的，但是有些却比较差。

那时，世上第一著名的城市，就位于距离罗马比较远的底格里斯河周围。这个城市名为尼尼微，那里居住着亚述国的国王。还有印象吧？之前我讲过亚述。

与其他地方相同，我们听闻比较多的就是亚述和亚述人的故事，那就是他们一直在和邻国作战。但是，不是因为邻国的错误。而是由于在尼尼微的亚述国王妄图拥有更多的土地和更强大的势力，因此他们一直进攻邻近国家，并抢夺他们的土地。这些国王长着比较长的螺旋鬈发，他们的残暴好战家喻户晓，大家都十分惧怕他们。他们对付俘虏的手段很残暴，时常使用类似活剥皮、割耳朵、拔舌头、扎眼睛这样的严刑。每次谈起这些严刑时，他们甚至十分自得。他们让被征服的人们缴上很多财物，并保证能及时与他们一起出征打仗。

如此一来，亚述变得愈发强盛，它战胜了世界上的许多地方，包含两河流域的美索不达米亚和东边、北边、南边的地方，也有腓尼基和埃及。

亚述国王居住的地方十分豪华。他们建筑了雄伟的宫殿，并在所有途经宫殿的路上两侧陈列着一行行宏伟的雕塑，雕刻的是长有翅膀和人头的公牛与狮子。《圣经》里面称这些长有翅膀的动物为"小天使"。

你或许听过人们将可爱的小婴儿称为小天使，那些亚述人的怪物被称为小天使是否有点古怪呢？

亚述国王除了与人发生战争之外，还与野兽打仗，他们十分喜爱使用弓箭狩猎，有许多绘画和雕塑描画形容的就是他们骑马，或者是在战车上与狮子战斗的情况。他们也会把狩猎的野兽活捉，之后放在笼子里让人们观赏，有些类似于如今的动物园。

亚述巴尼拔狩猎

国王辛那赫里布

辛那赫里布，新亚述帝国时期的一位伟大君主，在他的统治下，亚述将埃及和巴比伦一一打败，将两个国家纳入亚述的版图。然而巴比伦多次叛变，最终把辛那赫里布激怒了，于是在公元前 689 年将巴比伦城屠戮一空，并把这个城市焚为灰烬。

亚述国王们的名字很是奇特古怪，最著名的是辛那赫里布，他活在公元前 700 年。一次，在进攻耶路撒冷时，傍晚军队全部驻扎好后，不知在他们酣睡时发生了什么事情，到了第二天清晨，一个人都没有醒来，所有人和马匹都死掉了。之后，英国诗人拜伦用一首诗歌来描述这件事情，这首诗名为《辛那赫里布的覆灭》。或许他们是被下了毒，你认为呢？

之后，**亚述巴尼拔**当了国王——公元前 650 年左右。他一样智勇双全，与此同时还很迷恋书籍和阅读，为此，他兴办了首个公共图书馆。这里的书十分特别，它们既不是印制的图书，也不是纸张制成的，而是用泥土捏成的，他命人在泥版干燥之前将文字压上去。在前边我说过，这样的文字被称为楔形文字。而书籍也不是在书架上存放的，是成堆存放在地上的。但是，它们的放置是井然有序的，并且拥有编号，这样去图书馆看书的人说出编号就能找到书籍了。

在辛那赫里布和亚述巴尼拔治理期间，亚述王国达到了权力的顶峰，在

文武全才——亚述巴尼拔

亚述巴尼拔是亚述国国王。他文武双全，曾带领士兵多次出征远方并取得胜利，使军国主义达到了鼎盛时期；他还支持文化建设，在首都尼尼微建立了一座大型图书馆，这些图书涉及宗教、文学、经济、科学等各个行业领域。值得说明的是，这些内容不是写在纸上而是被刻在泥版上。

亚述巴尼拔治理时，尼尼微人民对尼尼微的一切都觉得特别满足，因此这段时期被称为黄金时代。

就尼尼微人民而言，虽然尼尼微的情况十分美好，但别的地方的人却对亚述人是既恨又害怕，原因是他们每到一处，带来的就是死亡和灭亡。

亚述巴尼拔去世不久，尼尼微的两个邻国——南边的巴比伦和东边的米堤亚，再也承受不了亚述的苛政了。迦勒底和米堤亚联军攻击了尼尼微，他们一起让尼尼微从地球上消失了。于是，尼尼微和亚述王国的强权政治于公元前612年支离破

亚述巴尼拔命人建的图书馆

碎，史称尼尼微的消亡，又称尼尼微的完结。我们能够为它立一块墓碑。

第**18**章

奇迹与邪恶共存的城市
A City of Wonders and Wickedness

尼布甲尼撒与"巴比伦之囚"

尼布甲尼撒是巴比伦国王，关于他的故事，最有名的当属"巴比伦之囚"。这个故事讲述了尼布甲尼撒征服耶路撒冷后，对那里的国王和居民实施酷刑、烧杀抢掠，还将城里活着的人全带到巴比伦做奴隶。

巴比伦的国王打败尼尼微之后没有停下。原因是他盼望巴比伦也能够如同以前的尼尼微那样强盛，所以也去攻击附近的国家，直至巴比伦代替尼尼微，成了其他国家的管辖人与首领为止。如此，巴比伦是否会同尼尼微那样，走向灭亡之路呢？

这个巴比伦国王去世后，将强大的帝国传给了他的儿子。他儿子的名字不是与约翰、詹姆斯、查理类似的简易名字。他的名字是——**尼布甲尼撒**，我很困惑他父亲叫他时能否说出如此长的全名，他或许会叫"尼布""甲尼"抑或"尼撒"这样简洁的昵称吧。左边是尼布甲尼撒书写的自己的名字，他是用楔形文字写的。你也会喜爱使用类似特殊的方式书写自己的名字吗?

尼布甲尼撒继承王位后,将巴比伦城建造成那时世界上最大、最雄伟、最巧夺天工的城市。城市是正方形,墙绕四周,墙的高度是人身高的 50 倍——50 倍啊——哇! 城墙也十分宽广,上边能够容纳一架战车顺着城墙飞驰。在城墙上边,他建筑的黄铜大门足足有 100 扇。城墙下有幼发拉底河流过,包围全城,却又从另外一边的城墙下面流走。

尼布甲尼撒认为巴比伦的女人不是很美,不可以成为自己的王后。巴比伦的女人们肯定会很难过——更有可能发疯。所以,尼布甲尼撒到了米堤亚,那是以前协助他父亲制伏尼尼微的国家,在那里,他找到了自己心爱的公主,并迎娶了她,将她带回了巴比伦。

米堤亚国内高高低低的山峰很多,但巴比伦境内则是平原一片,望不到一座山峰。尼布甲尼撒的王后望着如此平缓的巴比伦,觉得很是无聊。于是思念起了家乡,她很想念自己家乡山峰高低不平的美景。为了取悦她,并让她放心地待在巴比伦,尼布甲尼撒打算为她“建造”一座小山。令人惊奇的是,他竟在自己宫殿的房顶建造了小山! 在小山的每个角落,他都建造了漂亮的花园,他不但在花园里种植花草,同时还种植树木,如此,他的王后就能在树荫下纳凉,享受美景了。这个花园就是空中花园。巴比伦的空中花园与巍峨的城墙是闻名世界的七大奇迹之一。

其他的几大奇迹,你有兴趣了解吗?

让我告诉你,还有一个是埃及的金字塔,一个是屹立在奥林匹亚的杰出的宙斯神像。你是否记得? 举行奥林匹克运动会的地点就是奥林匹亚。这两个神奇古迹外加空中花园,就占据了七大奇迹里的三个。

尼布甲尼撒与腓尼基人同样信仰多神教,但是遥远的耶路撒冷的犹太人仅信奉他们那一个主。尼布甲尼撒试图让犹太人同样信奉他们的多神教,可是犹太人不乐意。他也试图让犹太人给巴比伦上缴钱财和税款,他们也不缴纳。所以,他派遣士兵攻击耶路撒冷,使这座城市消亡了,他焚毁了所罗门建造的奢华的神庙,并将犹太人和他们拥有的钱财物品全部带到了巴比伦。

奢华的神庙——所罗门圣殿

这个神庙即所罗门圣殿。上帝为犹太人定下十诫后，犹太人就将带有十诫的石板放进了约柜里。为了供奉约柜和方便犹太人进行五祭，所罗门王在公元前960年建成了这个圣殿，但在公元前586年尼布甲尼撒率军攻打耶路撒冷时，摧毁了这一圣殿。

尼布甲尼撒将犹太人全部囚禁在巴比伦监狱中，犹太人在巴比伦的监狱中，当了70多年的犯人。

巴比伦不但变成了那时世界上最雄伟壮丽的城市，并且成了最险恶的地方。巴比伦人放纵自己肆意地享乐。他们仅仅希望"让我们吃好、喝好、过得快乐"；他们没有为自己的明天作过计划；生活变得愈来愈沉沦，他们却变得更加快乐。

尼布甲尼撒看似可以作威作福，得到世界上他希望得到的所有东西，但最后他还是变疯了。他幻想自己成了一头公牛，一直用四肢着地，嚼着青草，他认为自己是陆地上的一头野兽。

但是巴比伦呢？即使拥有巍峨的城墙、黄铜做的大门，最后也还是消亡了。巴比伦能被攻占，这看起来是没有办法做到的事情！它为什么被攻占了，攻占它的又是谁呢，你或许永远都猜不出。

尼布甲尼撒被流放

第**19**章

一场出人意料的宴会
A Surprise Party

"你只有吃完晚饭，才有希望吃甜点。"

在我很小的时候，家人就这样教育我，或许你也听过相同的话吧？

不论我是否饥饿，听到的总是"没吃晚饭，不能吃甜点"。我父亲说，这个规定一定不会改变的，类似于"米堤亚人和波斯人的法律"。

那时，我基本不知道米堤亚人和波斯人是什么情况，如今我明白了，他们是生活在巴比伦附近的两个印欧语系的民族——你对尼布甲尼撒迎娶的米堤亚女人还有印象吧——这两个民族全部是用法律治理国家的，所有的法律都被制定得非常严格，而且不容变更，以至于我们现在说到一些不会改变的事情时，还把它们比作"米堤亚人与波斯人的法律"。

米堤亚人和波斯人信奉的宗教不仅和犹太人不一样，和巴比伦人也不一样。这个宗教的创建人是个波斯人，名为**查拉图斯特拉**，他是个类似于所罗门那样很有智慧的人。查拉图斯特拉每到一个地点，就把名言与赞美诗教授给群众。这些名言早就被汇集编辑成书。查拉图斯特拉认为，世界上有两类杰出的圣灵，善的神灵和恶的神灵。

他说善的神灵代表光明，恶的神灵代表黑暗。善的神灵或者说光明叫作阿胡拉·玛兹达。波斯人认为善的神灵存在于火中，所以他们总是让祭坛上的火长明不灭。为了阻止火被扑灭，他们还专门派人来保护它。古代波斯的祭司就是保护火焰的人，听闻他们可以做多种多样神奇的事情，这些神奇的事情就是"魔法"，所以"魔法师"就是那些可以做出神奇事情的人。接下来，说个故事给你听，故事发生的年代，米堤亚与波斯的统治者是一个名叫居鲁士的伟大国王。

但是，在这之前，还得先介绍一个离特洛伊不远的小国——吕底亚。这个名字与我认识的一个叫丽迪亚的女孩儿的名字相似，你认识的女孩儿有叫丽迪亚的吗？吕底亚当时的国王是世界上第一富足的人，名为克罗伊斯。直到现在我们描述某人很有钱时，依旧说他"富裕得可与克罗伊斯相比"，可想而知当时他是多么富有。

当时吕底亚王国有许多金矿，而克罗伊斯是几乎所有金矿的拥有者。不仅如此，他还让周围全部的城市向他纳税，以此聚敛钱财。

在克罗伊斯之前，由于没有钱币，人们想得到某个东西的时候，只能把其他的东西拿去交换——几斤酒换一双鞋子，或是几个鸡蛋换一斤肉。如果要买像一匹马这样珍贵的物品，

查拉图斯特拉——伊朗先知

查拉图斯特拉是伊朗先知，他创立了拜火教和祆教。他在宣讲自己的新教时遭到反对和迫害，但是功夫不负有心人，他到40岁左右时终于得到了认可。伊朗东北部的维斯塔巴国王把他的新教作为信仰，并且和他成了朋友。

他们需要支付一块金子或者银子，并且在购买前还要用天平称量金子或银子的重量。如今，我们很难想象，人们如何在没有硬币或纸币的情况下生活，可是他们确实是这样过的。

克罗伊斯将金子切割成了小块，这样能使买卖更加便捷。但是这又产生了新的麻烦，因为每次进行交易时人们都得将每块金子称量一次，并且人们很可能会忘记将秤带在身边。为了解决这个问题，克罗伊斯让人将金子割成小块，全部称量完后，在金子的上方印刻称过的重量，和拥有金子的人的名字或者名字的首字母，以此证明他可以保证那些金块的重量。虽然印着克罗伊斯印记的金块或银块，不像现在的钱币是圆形的，也没有雕琢着漂亮的图案，但这是世界上第一批真正的钱币。

言归正传，回到波斯杰出的居鲁士国王那里，为了将吕底亚众多的金矿都据为己有，他进攻了吕底亚，并试图侵占这个王国。

克罗伊斯得知居鲁士的想法后，在居鲁士的大军还没到达时，就急忙派人去希腊，在德尔斐神庙求来了神谕，询问这场战争会是怎样的局面，他是否能打赢。还记得吗？我说过人们总是找神谕寻求答案——询问他们的命运会如何，直到现在有些人还会这样做。

"一个杰出的王国必将灭亡。"——神谕送给克罗伊斯这样的答案。

克罗伊斯十分开心地认为神谕是指居鲁士王国必将毁灭。神谕确实说中了，但与克罗伊斯所想的正好相反。

是的，有个杰出的王国毁灭了，可是这个王国不是居鲁士王国，而是克罗伊斯的吕底亚王国。

并且居鲁士并没有满足于占领吕底亚，之后他向巴比伦发起了侵略。

在那个时代，巴比伦人整天吃喝享乐，除了享受之外什么都不考虑。他们的城墙又高又厚，并且大门全是用牢固的黄铜铸造而成。如此一来，几乎没人能侵占这座城池，因此没有人担心居鲁士的攻打。

但是，你还有印象吧，幼发拉底河正好穿过这座城市，从这座城市的城墙下流过。所以，趁巴比伦的年轻王子伯沙撒举行聚会放纵玩乐的晚上，居鲁士让人建造了一个水坝，用来将河水引去另一边。然后，居鲁士大军经过干涸的河床侵占了巴比伦，轻而易举地将手足无措的巴比伦人俘获。而且，传说许多巴比伦的祭司都投靠了居鲁士，居然还把城门打开迎接居鲁士的军队。之所以这么做，是因为他们觉得巴比伦腐败至极，到该毁灭的时候了。

　　假如那时斯巴达的莱克格斯还在，他肯定会说："我之前说过了，每天只知道享受的人是没有好下场的。"

　　这次遭遇袭击的宴会发生在公元前538年，时间很好记吧？ 5加3便是8。

　　两年之后，居鲁士放出了50年前在耶路撒冷掳走的犹太人，批准他们可以回到自己的家乡，从而终结了"巴比伦之囚"的时代。

　　如今，这个杰出的城市巴比伦——罪恶的巴比伦、繁荣兴盛的巴比伦、拥有庞大的城墙和黄铜大门甚至空中花园的巴比伦——唯一剩下的只有泥土一堆。

第20章

世界的另一端：印度
The Other Side of the World: India

　　在波斯东边有一个国家，就是印度，生存在那里的人叫印度人。自然，那里的印度人与如今美洲原住民是迥然不同的。印第安人以前也被称作印度人，原因是初期的冒险家抵达美洲时，认为自己抵达的地方是印度或是东印度群岛，因此将那里的人称为印度人。

　　你还有印象吧？作为初期文明的发源地之一，印度是顺着河谷繁荣起来的。你对那条河的名字还有印象吗？提示一下，它是与印度这个国家的

名字联系在一块儿的。有印象了吧？它是**印度河**。

印度河文明遗址

印度河文明又称哈拉巴文明，诞生于公元前 3300 年，比两河流域文明和古埃及文明稍晚，但在发展程度上却不比两个文明落后。在前两个文明中，烧制的砖只能供贵族和国王使用，但在印度河文明中，居民都普遍使用烧制的砖修建房屋。它在城市规划上更是比前两个文明先进很多。作物以小麦和大麦为主，还有种植棉花的痕迹，是世界上最早使用棉花的文明。但它的消失至今仍是未解之谜。

印度是一个历史十分悠久的国家。如今邻近的巴基斯坦，原来就属于印度的一部分。很早之前——大概公元前 2500 年时，在印度河两岸（也就是现在印度和巴基斯坦所在地）定居的人们，乘船顺着河边做生意。他们甚至创造了一套书写办法，用以记载自己的生活。除此之外，他们还建筑了许多大城市，城市中有宽敞、笔直的道路；房子里的浴室有下水道，并且下水道全部与城市整体的排水系统连接在一块儿。你是不是以为只有现在的人才用排水系统？那你就大错特错了。那个时候的古印度人就已经开始使用类似的卫生设备了。

古印度人顺着印度河建筑了一些早期的城市，大约 1000 多年后，居住在他们西面的人侵占了他们的地盘。那些人属于印欧语系，他们从波斯附近的某个地方来。最初，那些刚刚来到印度的侵入者不会写字。但他们都是强健的勇士，慢慢地，他们占据了印度愈来愈多的地盘。本土的印度人与这些刚来的侵入者相互交流，同时也适应了对方的很多民俗。

在这期间，人们在印度被分成四个重要的"种姓"，也称为等级。不一样的种姓或等级之间是没有交集的。例如，一个等级的男孩儿或女孩儿是不能与其他等级的孩子一块儿玩耍的，一个等级的男人不能迎娶其他等级的女人，一个等级的人也不能与其他种姓的人一起吃饭。

最高的种姓是僧人与智者，官员与士兵次之，农民与商人为第三等级。最后一个也是第四个等级是劳动人，即一些砍柴、铲土和挑水的人。

可是，这些人的等级也不是最低的！另外有些人，他们的地位低到没有等级，他们被叫作"弃民"或"贱民"。时至今日，即便印度人尝试改变这种局面，甚至将种姓区别定为一种非法行为，但"弃民"或"贱民"们仍旧在做打扫街道、清除水沟、捡拾垃圾以及很多没有人乐意去做的脏活儿。

如今的印度人口非常集中，它的面积大概是美国的三分之一大小，但人口却是美国的 3 倍多。思考一下其中的意义是什么！

如今，基本上所有的印度人都信奉印度教，但在公元前 300 年至公元400 年——700 多年的时间里，佛教在印度却非常流行。它的诞生和繁荣过程是这样的：

大概公元前 500 年，印度的一位王子诞生了，他的名字为乔达摩（即释迦牟尼）。乔达摩看见这世上存在太多的灾难与祸患，而自己仅仅是由于好运才诞生在贵族家庭，拥有幸福的生活，但是很多人都过得很不幸，没有一点儿快乐。所以，他抛弃了自己尊贵的身世与闲适的生活，把所有的时间与精力都用来为大家谋福。

乔达摩教诲人们从善、真诚，援助贫穷与可怜的人。一些时日后，人们都称他为佛陀。大家认为他十分圣洁，认定他就是神灵的幻化，因此，大家将他当作神来瞻仰。

佛教的创始人释迦牟尼的雕像

信奉佛教的人被称作佛教徒，不久，另外一些人也都成了佛教徒。佛教一直在引人从善，因此，这么多人变成佛教徒也就不奇怪了。

佛教徒觉得他们的宗教是最好的，为此希望世界上所有人都变成佛教徒。

鉴真和尚

历史上向日本传播佛教最有名的和尚应属鉴真和尚，他是日本律宗的开山祖师。他一生曾六次东渡，到达日本时，他已是一个双目失明的60岁老人。他不仅在日本讲授佛经，而且带去了建筑、绘画、书法和医学方面的知识，为传播中国文化作出了巨大的贡献。

他们派遣传教士，远渡重洋到达日本岛屿。自此，这个新的宗教就流传开来。如今，遍布世界的佛教徒甚至多于美国的人口。

你发现了吧？印度是个十分重要的地方，它是全世界最悠久的文明发源地之一，同时还是世界上两大宗教（佛教和印度教——译者注）的故乡。

佛陀与金刚手菩萨

第21章

专属于中国的世界
All the Way Around the World in China

就在乔达摩在印度建立佛教的时候，中国出现了一个名为**孔子**的杰出智者，他引导中国人明白什么应当做、什么不应当做。他的教诲被记录在几本书里，渐渐变成了中国人和其他很多地方亚洲人的一种生活方式。

孔子教育人们要忠实，并顺服自己的君主，同时他也觉得治理者有义务去照看他的人民，如此就可以为中国带来安宁与融洽。他还教诲人们要顺从自己的父母与老师，供奉自己的祖先。这样听起来，孔子的教诲类似于《圣经》"十诫"中的那条："孝敬你的父母。"

孔子还教给人们一条至理名言，这条名言与你在《圣经》中学到的一条名言相

你知道"文圣"是谁吗?

"文圣"指的是孔子，他名丘，字仲尼，生活在两千多年前的鲁国。他认为人应该修身养性，齐家治国。他的思想对后人影响深远，所以被称为"文圣"。

孔子教诲的结晶——《论语》

《论语》是记录孔子和他弟子言行的著作，现存共 20 篇，在表现形式上有孔子和他弟子的对话，也有以"子曰"开头的语录体。内容都是关于孔子在为人处世以及教育、政治、道德等方面的主张。

近，但是讲法却不一样，你所学到的名言是"己所欲，施于人"，但是孔子所说的是"己所不欲，勿施于人"。

中国同样是世界上最古老的文明起源地之一。你是否能记起那条孕育了中国文明的大河的名字？它名为黄河，因为河里有很多黄色的泥沙。这些泥沙能使土壤变得肥沃，人们种植庄稼能有个不错的收成。起初，人们在黄河两岸居住，之后也有人在长江两岸安家立业。

中国距离我们前边讲到的所有的文明古国都特别远，它在古时候的世界里是独立存在的。中国西面屹立着喜马拉雅山，北面绵亘着沙漠戈壁，南边有许多高山和大海，东边和辽阔的太平洋接壤，太平洋一直延展至美国的西海岸。那时不但没有大的航海战舰，同样也没有飞机，中国人很少与外界接触。因此，中国文明全部是独立成长起来的。

据我们所知，公元前1500年，中国人就有了文字，那时中国北面的疆土正在商朝的统治下。现在你也可以发现中国的文字依旧不同于其他国家的文字。中国没有转化成字母文字，反而是使用字符文字——所有文字均是不一样的字符。学会读写中国字是十分困难的。

英美等国仅仅需要学会26个字母，但是中国的孩子需要在最基础的读写之前，就牢记大概600个字符！

许多发明是世界上其他地方的人都没有听闻过的，但它们在中国很早就出现，并被使用了。大概在耶稣出生时，中国人就会制作丝绸、瓷器和纸张了。那时，中国与我们前面讲过的国家开始了生意往来。中国的丝绸销售到了罗马和地中海两岸，而且很受欢迎。

公元600年前后，中国人就创造了印刷术，并且已经使用了印刷机。之后又过了几个世纪，中国人发明了罗盘磁针，这样的罗盘给航海的水手带来了十分大的帮助。罗盘又称指南针，你了解它的外形吗？它是一种小巧的机械，上面有个指针一直指向北方。如果知道了哪个方向是北，水手们就可以掌握航向了——即使他们航行在无边无垠的大海，阔别陆地与海岸线。没准儿你的同学或邻里的孩子就拥有一个指南针呢，不妨让他取出来让大家看看吧。

中国人还创造了种痘并预防天花的方法。天花是一种十分恐怖的传染性疾病，它会使大量的人死去。同时中国人也是第一个发现怎样制作火药的人，火药现在被我们用来做弹药与焰火。

根据以上描述，你会发现虽然中国人生活得比较隔离，可是他们却总是在创造各式各样的东西，这些东西被传播到世界的各个地方，引起了很多人的兴趣。

第22章

富人，穷人
Rich Man, Poor Man

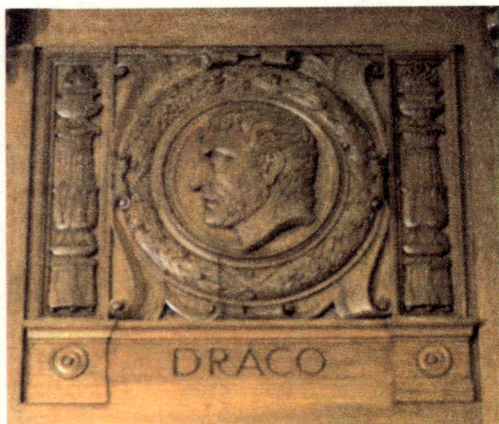

德拉古

德拉古是古希腊历史上第一个有记载的立法者。他编制的法典是古希腊第一部成文法典，取代了原来的传统习惯和口头约束，还区分了谋杀和过失杀人两种罪行。然而它太严酷，而且偏袒了贵族，激起了雅典人的反抗，因此这部法典后来被梭伦的法典所取代。

每每看见孩子们玩球时，总是能听见有人叫喊说："这样不公平！"

仿佛总是有选手觉得其他选手没有公平比赛，因此双方总是争吵。

此时，他们就对裁判员产生了需求。

就在雅典还是新兴的城邦时，城里存在两派人——富人和穷人，就是贵族和平民，他们总是争吵。每一派人都想要得到很多权力，并且每一派都认为对方没有平等竞赛。

他们也对裁判员有需求。

以前，雅典是有国王的，可是国王向着富人这边，因此雅典人轰走了最后的国王，自此他们就没有了国王。

公元前 600 年前后，雅典的社会情况十分糟糕，所以大家选择了一个叫德拉古的人给雅典人编制了一套法典。他编制的这套法典就是《德拉古法典》。

《德拉古法典》中规定了对违反法律的人的处罚，而且处罚非常严厉。假如有个人偷了东西，就算是一个面包，也是要被判处死刑的，而不是简单地罚款或被关入监狱！不论一个人所犯的错误怎样微乎其微，他都要被处死。德拉古在提及他制定的严酷刑法时，是这样说的：小偷就该死，而且理应被处死，而对杀人犯的惩处应当比处死更加严酷，遗憾的是没有比处死更加严酷的处罚了。

你可以想象到《德拉古法典》造成了多少麻烦吧？因此，之后人们又请求另外一个人再拟定一部新的法典，此人就是梭伦，他拟定的法典既公平又全面。如今我们常常把参议员以及参加立法的人叫作**梭伦**，就源自古代雅典的立法者，但是如今的参议员拟定的法典就不一定公平合理了。

但是，人们还是没有完全中意梭伦的法典。上层阶级的贵族觉得法典给了下层人

梭伦

梭伦，是古希腊非常有名的政治改革家。他出生在一个贵族家庭，年轻时做过生意，还周游了许多地方，观赏优美的风景，探访古人的遗迹，调查当地的社会风情，更难得的是他了解普通老百姓的贫苦，舍弃了贵族的骄横，这对他后来的改革事业有很大的影响。

民很多好处，但是下层的平民却认为法典太偏向上层的贵族了。然而，即使贵族与平民均对梭伦的法典有怨言，他们在一段时期内仍然遵循着这部法典。

大概公元前 560 年，一个叫作庇西特拉图的人出现在雅典的政治舞台上，他一个人治理雅典的全部事情。就像小孩儿没有通过成员们的推举就自立为

队长或是裁判那样，这个人没有通过选举或委任就自己称王，他的权势强大，无人能挡。

在希腊，一直有人做着与庞西特拉图类似的自立为王的事情，他们被称为"暴君"。因此，庞西特拉图是暴君。现在只有凶狠毒辣的统治者才被称为暴君。虽然庞西特拉图被希腊人称为暴君，但他处理了雅典贵族与平民一直存在争执的问题，他并不凶狠，甚至可以说是公平的。实际上，庞西特拉图是按照梭伦的法典来统治雅典的，他还采取了许多政策来建设雅典，改变雅典人的生活。其中一个举措就是，下令将《荷马史诗》记载下来，以便人们阅览。在此之前，大家都是以口头相传的方式了解这部诗歌的。这个办法很不一样，原因是这样历史就可以以书面的方式传递下去。但在过去仅仅靠口头相传，没有好的记忆力是不行的。

在庞西特拉图与他儿子执政期间，雅典人算是比较配合的，一直没有什么事情发生。可是之后，他们也同样厌烦了庞西特拉图儿子的治理。所以，公元前510年，雅典人将全部庞西特拉图家族的人驱赶出了雅典。

克利斯梯尼是另一个想要处理贫富问题的人。有时，除了多听几遍之外，我们牢记一个陌生人的名字是十分困难的。好吧，那我就多重复几次他的名字，这样你就可以熟悉了：

克利斯梯尼；

克利斯梯尼；

克利斯梯尼。

你的父母也许没什么钱，也许十分有钱。

假如他们是穷人，他们俩在选举的时候都能为自己投上一票。

假如他们是富人，他们俩也各自有一张选票，可是只是一人一票，没有更多了。

假如人们犯法了，无论他们是穷还是富，都必须进监狱。

但是，情形并不一直是这样，哪怕在如今的社会中也不会如此。在古代社会，情形比较糟糕一点。

克利斯梯尼将选举权给予了所有男人——富人与穷人相同，但是他没有给予女人选举权。那时，女人一直是被排斥在政治之外的。即便如此，雅典人依旧觉得克利斯梯尼的治理是公平英明的。克利斯梯尼创造了一种"陶片放逐法"。假如因为某些因素，人们试图杀掉某人时，只要在破陶罐的碎片上雕刻上他的名字，之后在规定的日子里，将碎片投入投票箱里。当得票的数目达到一定值后，这个人就不得不离开雅典，并在雅典之外待够十年。这就是陶片放逐法。如今我们时常也会用到"放逐"这个词。假如有个人，大家都不愿意理睬他，也不喜欢在他周围，我们就说他被放逐了。

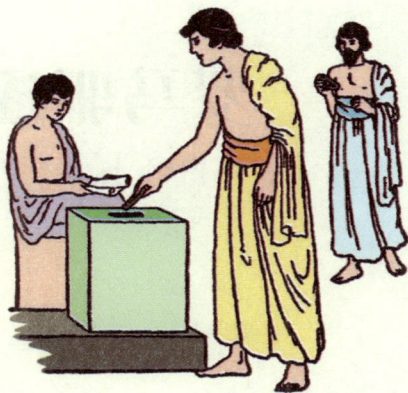

陶片放逐法

由于淘气调皮，你有被别人从饭桌上赶到厨房或自己屋子的时候吗？

假如有，那么你也被放逐过。

第23章

罗马驱逐了一国之王
Rome Kicks Out Her Kings

公元前509年，罗马发生了一件大事。与雅典相同，罗马社会分为两大阶级，贵族是富有的人，平民是穷困的人。如今我们同样称富裕和讲究气派的人为贵族，称穷困的、没有受过教育的人为平民。起初，在罗马，有选举权的只有贵族，而穷人没有。

之后，穷人也拥有了选举权。但是，在塔克文国王管理时，他觉得穷人不可以有权利参加选举，所以就下命令剥夺了平民的选举权。平民不认可这个指令，所以他们就团结在一起，把塔克文从罗马城赶了出去，和雅典人驱逐他们的国王相同。这是发生在公元前509年的事情，塔克文成了罗马的最后一个国王。

赶走塔克文国王以后，**罗马人成立了共和政体**，就和如今的美国相似。但是，他们没有选出总统，原因是他们对单个人做领导者存在顾虑，因为如果这个人想要当国王，他们是无法忍受的。

因此，罗马人每一年选出两个人来治理国家，这两个人就叫作执政官。每一个执政官都有一支12人构成的卫队。这些卫队成员称为"扈从"，扈从的肩上背负着一捆木棒，在这捆木棒的中间或下边插着一把斧头。这捆插着

罗马共和政体——元老院

在塔克文国王被驱逐后，罗马建立了执政官、部族会议和元老院三权分立的寡头共和制国家。元老院的创立据说和罗马创建者——神话中的罗慕洛斯有关。元老院的成员都会穿褐红色皮靴、白袍或镶紫红边白袍，并戴上元老指环作为身份的象征。

古罗马扛着束棒的扈从

斧头的木棒称为束棒（音译为法西斯，20 世纪上半叶被意大利法西斯党作为标志使用，由此引出了法西斯主义的说法——译者注），它意味着执政官拥有权力处罚犯人，他能用木棒打犯人，还有权力用斧头将罪犯的脑袋砍下来。如今的现代社会中，仍然有束棒的图案存在于一些硬币或者邮票上面。

你或许在一些纪念碑和公共建筑物上见过装饰或点缀着束棒的图案。

第一任的两个执政官中，名为布鲁特斯的年长一些，他有两个儿子。那时，被驱逐的国王塔克文暗暗回到罗马，谋划重新夺回王位。他很快就说服了一些罗马人帮助他，说来也怪，这些人中就有罗马新执政官布鲁特斯的两个儿子。

布鲁特斯发觉了这个计谋，也了解到塔克文的同谋中有他的两个儿子。所以，他将两个儿子送到了法庭上，他们被判处死刑。即便是亲生儿子，布鲁特斯也让扈从们将他俩与其他叛乱者一并处死。

因此，塔克文妄想夺回罗马王位的计谋失败了。第二年，他重整旗鼓。这回，他联络了附近国家伊特鲁里亚人的部队，一同攻击罗马。

那时，特韦雷河上架了一座木桥，桥的两边分别是伊特鲁里亚和罗马。为了防止伊特鲁里亚人过桥侵入罗马，罗马英雄贺雷修斯下令将这座桥毁掉，这位英雄在之前保卫罗马的战争中失去了一只眼睛。

当桥被摧毁的时候，贺雷修斯与他的两个同伴仍然在桥的尽头抵挡着全部的伊特鲁里亚军队的攻击。听到另一边罗马士兵就要把桥砍断的声音时，贺雷修斯下令让他的两个伙伴在桥倒塌之前跑回罗马那边。

之后，贺雷修斯一人抵抗敌人，直至桥全部倒塌在河中。桥倒下后，贺雷修斯就穿着沉重的铠甲跳进河中，全力向对岸游过去。纵使伊特鲁里亚人用弓箭密密层层地射向他，即使身上沉重的铠甲带着他下沉，贺雷修斯仍然平安抵达对岸。此时，连作为敌人的伊特鲁里亚人也对他的勇猛感到震惊，身不由己地为他欢呼雀跃。

《桥上的贺雷修斯》是一首很出名的诗歌，讲述的就是贺雷修斯的英雄气魄。

贺雷修斯去世后没几年，罗马又出现了一位优秀的人物，他叫辛辛纳图斯。他只是特韦雷河边的一个普通农夫，以几亩田地为生，但却聪颖过人，罗马人都很敬重和信任他。

有一次，敌人耍计谋妄想攻击罗

英雄贺雷修斯

马——那时，时常有敌人用各种各样的托词来攻击罗马——人们必须选择一名领导和将军。他们找到了辛辛纳图斯，邀请他担任独裁官。

独裁官，就是罗马人在生死关头推荐出来的人，此人在紧急的时候能够集结和指挥部队，千钧一发时，他也能指挥全国的民众。辛辛纳图斯搁下了耕田的犁，来到城里，集结了一支军队，去城外迎战并最终战胜了敌人，然后回到罗马。这一切从开始到结束没有超过24小时！

大家为辛辛纳图斯如此迅速、果决地拯救了罗马感到高兴，他们希望辛辛纳图斯能在安定的时期接着当他们的将军。纵然他们十分憎恨国王，可是假如辛辛纳图斯答应的话，他们也心甘情愿称他为王。

然而，辛辛纳图斯不愿意得到这样的头衔。在尽完职责后，他只希望回到妻子的身边，回到自己的小茅屋与田地中。大家都觉得这是一个百年不遇的机遇，但他仍然解甲归田，没有选择成为国王，而是继续当一名平凡的农民。

辛辛纳图斯生活在公元前500年前后，但他的名字却流传千古。为了缅怀这位古罗马人，美国俄亥俄州的辛辛那提市就是以他的名字命名的。

不想当国王的执政官——辛辛纳图斯

　　辛辛纳图斯是古罗马的英雄。公元前458年，古罗马遭到了敌人的围攻，在这紧急关头，正在田里干活的他接受命令，担任罗马独裁官保卫罗马。他带领民众在一天之内便打败了敌人，在罗马举行完胜利仪式后，他就辞去了职务回到农庄继续种田。

第**24**章

希腊对战波斯
Greece vs. Persia

"对"在这个故事里是什么意思呢？

你是否在足球比赛的门票上见到过它呢？在两支队伍比赛的时候，一般会用到这个词，例如：哈佛对耶鲁。

在这里，"对"这个字的全称是"对抗"。

很久以前，希腊和波斯进行过一次规模很大的比赛，但是，这次比赛事关生死，这是落后的希腊王国与强盛的波斯帝国之间的生死较量，而不是简单的运动会之类的比赛。

在之前的故事里，我曾讲述过一位卓越的波斯国王——居鲁士。他先后使巴比伦以及其他国家臣服于自己。他连续南征北战，终于，除了希腊和意大利以外，世界上的大部分西方国家已经在他的统治之下。

大概公元前 500 年，有位名叫**大流士**的人，他后来成为强大的波斯帝国的新任国王。一天，大流士没什么事情，就拿起了一张地图，看上面他现在所拥

铁血大帝大流士

大流士是波斯帝国君主，他在接任王位后不足一年的时间里，就对其他国家发动了 18 次大战，并取得了胜利，最终使波斯帝国归于统一。他被后人尊称为"铁血大帝"。

有的国土，虽然已经有很大一部分领土都在他的统治之下，但当他看到希腊的时候，却备感遗憾与惋惜。因为希腊疆土这么小，却仍然没有臣服于他。

大流士自己发过誓："我必须让希腊这块土地归我所有，让我的帝国更加强大，如虎添翼。"除了这个原因之外，希腊人总是给他添麻烦，他们曾帮助大流士的属国对抗他的治理。大流士说："我必须处罚希腊人，让他们为自己的一言一行负责任，将他们的国家划进我波斯帝国。"

他把他的女婿叫来，让他出征希腊。

他的女婿得令出征，带领一队士兵，乘着一艘战舰，就出发去希腊了。但是还没有到达希腊，他的战舰就被一场突如其来的暴风雨摧毁了，无奈之下，他只能选择返回波斯，这一次出征，他徒劳无功。

大流士很是震怒，他对女婿大肆咆哮，并且痛骂那个摧毁他战船的天神。那时，人们对自然现象不太了解，一直以为天神掌控天气的变化。他决定自己亲率大军，出征侵占希腊。

但是，他先差遣信使去希腊各个城邦，让每个城邦贡献一些泥土与水，假如他们同意这些条件，就表示他们主动臣服，变成他的属国，如此也就免得劳民伤财了。

希腊很多城邦十分害怕大流士的权势，再加上他的威胁，他们实

一艘战船

在惶恐，便立即按他说的那样把泥土和水送了过去。

但是也有不畏强权和威胁的，比如雅典和斯巴达，纵然它们的城邦很小，但却敢于对抗强大的波斯帝国。

得知大流士信使的来意，雅典人便将他扔到井里说："那便是送你的水和土，请你自便吧！"斯巴达人同样做了那些。所以这两个城邦结好，同时鼓励他们周围的城邦也一起加入，守卫自己的国土，抵御大流士与波斯。

大流士计划先让雅典臣服，再攻打斯巴达。

要想到达雅典，波斯大军不得不乘船穿越大海。但是那时蒸汽轮船还不存在，大概两千年之后轮船才被创造出来。

在那个古老的时代，人们只能用帆或桨作为船行进的动力。制造一艘使用许多桨前行的大船，就不得不需要许多的划桨手——三排人，一排在上面，船的两边再各设一排。

类似的船被称为三排桨战船，意思就是船上一共有三排桨。但大流士的军队要乘船到希腊的话，大概需要 600 艘类似的战船，除了划桨手与船员以外，一条船大概需要 200 名士兵。你能估算大流士带去了几万大军吗？总共是 600 艘船，一艘船上 200 名士兵。很好，这是个乘法题——总共是 12 万名士兵。

这回，波斯人没碰到暴风雨，他们越过大海，平安到达希腊海岸。所停留的地方是马拉松平原，距离雅典仅有 42 千米。你很快就会明白我为什么要突出这个数字——42。

雅典人知道波斯人马上要到达城下了，他们需要斯巴达的援救，因为斯巴达人以前做出过承诺。

但是，那时根本没有电报、电话或者铁路这样类似的东西，只能差遣人到斯巴达送信，别无他法。

最终，他们找到了一个十分出名的长跑运动员菲迪皮茨去传送信件。收到消息后，菲迪皮茨很快就动身出发了，从雅典跑去斯巴达，大概有 241 千米的路程。他没日没夜地飞奔，完全没有停留歇息，甚至没时间吃喝。第二天他便到达了斯巴达。

可是，斯巴达人回信道，由于月亮不够圆，他们不能马上出发，因为非月满之时出发是要遭受报应的。这样的思想就是一种迷信，类似于现在人们觉得星期五出门比较晦气一样。斯巴达人肯定会出发，可是必须月圆之时才能出发。

雅典人没有办法等待了，他们也等不了了。因为他们了解，以波斯大军极快的进军速度，他们肯定会在月圆前到达雅典，那就真的是十万火急了。

于是，全部雅典士兵奉命离开雅典城，去 42 千米外的马拉松平原抗敌。

雅典大军由米太亚得将军带领，他们仅有 1 万名士兵。另外，附近的一个小城邦一直与雅典交好，所以在此生死存亡之际，他们自愿对抗波斯，并派遣了 1000 多名士兵——如此一来总共有 1.1 万名士兵了。假如你计算一下，就明白波斯士兵基本上比雅典士兵的 10 倍还多，那么就是 1 个希腊兵要抵抗 10 个波斯兵。

不过，正如大家所知道的，希腊人都是训练有素的运动员，良好的生活方式让他们拥有非常强健的体魄，这一点波斯人可真比不上他们。所以，尽管希腊的士兵很少，但最终却战胜了人数众多的波斯人，而且让他们败得一塌糊涂。当然，相对于波斯人来说，虽然希腊人都是受过长期训练、英勇善战的士兵，但我认为更主要的原因是，他们是在为保卫自己的家园而战。

你可能听闻过猎狗追野兔的寓言故事。野兔跑了，而猎狗由于没有把兔子抓住而遭受讥讽。因此，猎狗说："我仅仅是为了晚饭奔跑，但野兔是为了性命而奔跑啊！"

对于波斯的勇士们来说，战争的输赢与他们无关，因为他们并非为了大海另一边遥远的家园而战，而是因为他们是被雇佣的士兵与奴隶，他们不得不听命于国王。

赢了战争，希腊人兴高采烈。

那个出名的长跑运动员菲迪皮茨，立即从马拉松平原出发，返回 42 千米外的雅典报喜。他没有休息，一下子跑完了 42 千米。前几天，他刚刚到斯巴达跑了个来回，没有休息便又跑到雅典，并且这次跑得十分快，他在到达雅典的时候就气喘不止，将捷报通知给了街道上的雅典人后，便立即倒地身亡了。

如今，奥林匹克运动会上的一个项目就是**马拉松比赛**，这是为了缅怀这次出名的长跑。在这个比赛里，运动员们一样需要跑同等的距离——42千米。公元前490年发生的马拉松战役，是历史上是最出名的战役之一，强盛的波斯军队被那么小的一个国家和它的邻居打败了，他们不得不丢盔弃甲地逃回自己国家。

你对马拉松比赛了解多少呢？

马拉松，是一项长跑比赛项目，全程大约长42.195千米。它分为全程、半程和四分之一马拉松。其中全程马拉松比赛最常见，一般说到马拉松，指的就是全程马拉松。这项运动考验的是运动员的耐力。据统计，每年在全世界举行的马拉松比赛达800多个，大型比赛的参赛者人数上万，不过大部分人参赛是为了健身休闲。

一个人数极少的自治国居然战胜了由杰出的国王领导的雇佣兵和奴隶构成的庞然大军，这次战争的含义不仅仅是以弱胜强那么简单。

而且，这并非希腊人与波斯人的最后一战。

第**25**章

战争狂
Fighting Mad

　　战争过后，大流士更加怒形于色，他决心一定要铲除这些倔强的希腊人，因为他们居然反抗他这样强盛的波斯国家！他立即开始为下次进攻做准备。这回他决心组织世界上最强悍的陆军和海军战队，郑重发誓要消灭希腊。大流士用了很长的时间建立军队和筹备物资，可是一件突发事情让他即便发了誓言也没能执行自己的计划。你可以推测一下究竟是什么原因——因为他去世了。

　　然而大流士的一个儿子薛西斯，有着与他父亲同样的战胜希腊人的决心和信心，于是他接管了父亲的筹备和计划。

　　不过希腊人也有着同样的

大流士之死

103

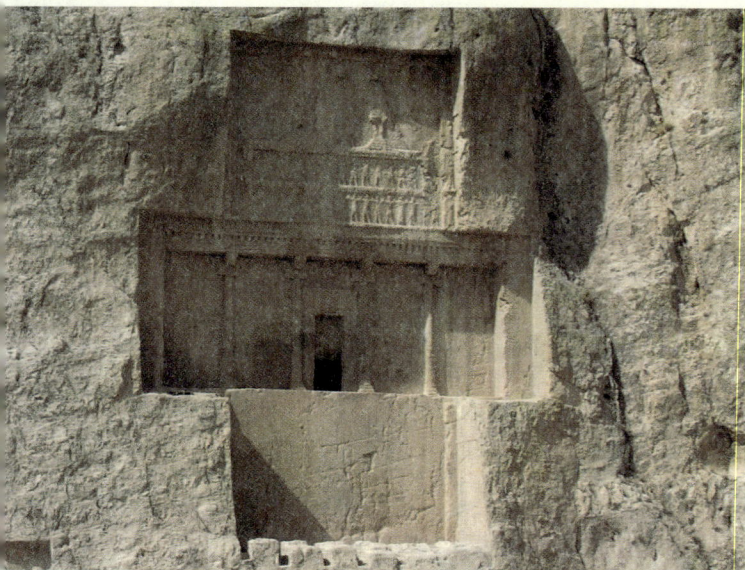

大流士墓

信念，那就是战胜波斯，他们知道波斯会重整旗鼓杀回来，于是他们也同样进入了备战状态。

此时雅典的两个首要人物均希望自己能成为领袖，他们分别是地米斯托克利和阿里斯蒂德斯。你是否留心，希腊人的名字中有"斯"的十分多啊？

地米斯托克利催促雅典人准备齐全，等待和波斯的下一次战争，他尤其坚定地希望雅典人筹建一支舰队，因为波斯人拥有很多战舰，而他们却没有。

但是阿里斯蒂德斯并不认同地米斯托克利筹建战舰的计划，因为他觉得这项花费是没有价值的。

阿里斯蒂德斯素来英明公道，因此人们称他为"正义的阿里斯蒂德斯"。但是即便这样，仍然有些人希望可以撵走他，原因就是他们觉得阿里斯蒂德斯在筹建战舰这件事上的想法是错误的，因此地米斯托克利自然就是正确的。于是他们就期待着投陶片的流放日的来临，你是否能想起这是谁定的风俗？在前面的故事里我提到过，克利斯梯尼在公元前500年左右建立了投陶片的流放日制度。

投票日来临的时候，有个不会写字、同样不认识阿里斯蒂德斯的人凑巧请阿里斯蒂德斯帮他投票。当阿里斯蒂德斯询问他要写哪个人的名字时，那人答道："阿里斯蒂德斯。"

阿里斯蒂德斯没有向对方透露自己是谁，仅仅问他：

"你为什么要把此人轰走呢？他做错了什么事吗？"

"噢，并非如此，"那人应答道，"他并非做了错事。"之后，他叹了口气说，"只不过我老听人说他公道公道的，我确实听腻了。"

阿里斯蒂德斯听见如此无理取闹的答案十分震惊，但是他仍然替这个人写了自己的姓名，最后合计票数，同意驱逐他的人是最多的，于是他被放逐出境了。

即使放逐阿里斯蒂德斯是不公平的，但是如此一来也是幸运的，因为这样地米斯托克利就可以达成自己的观点了，雅典人也能继续准备战争了。最后也证实，这是个十分正确的做法。

他们建立了三排桨战船队，并笼络了全希腊的城邦，人们意见一致，只要爆发战争，就全力抵挡。因为斯巴达是著名的战士之城，所以被选举为联军的首领。

在公元前 490 年发生的马拉松战役 10 年之后，强盛的波斯帝国又一次攻打希腊。这次，波斯联合了各个帝国的军队，战士的数量要多于上次的12 万人，在那时，这样数量的军队已经是很大规模的了。

听闻这次，波斯军队的士兵由多于 200 万名的战士组成——200 万人呢，你可以想象这是多么巨大的数字啊！可问题来了，如何将士兵运送到希腊呢？不可以使用船只，因为最大的三排桨只能装下几百人罢了，假使全部用船运送——如此，你可以计算 200 万战士需要多少船只运到希腊吗？可能那时世上全部的船加在一起也不够。所以薛西斯决心让大家步行到达希腊，虽然路途遥远，可这是仅有的能绕过大海的办法，于是他们出发了。

波斯大军在出征的路上碰到一条海峡，形状类似宽广的河流，这恰巧是波斯大军的必经之路。那时海峡名为赫勒斯滂，如今依然存在，在地图上便可以找到，现在名为达达尼尔海峡。达达尼尔海峡上是没有桥的，因为它有1600 米宽，而那时是没有如此长的桥的。薛西斯让战士将船连成一行，同时把木板铺在船上，建成一座桥，这样大军就可以在上边穿过海峡了。

他们刚刚把桥搭建好，突然狂风大作，暴雨倾盆，桥顿时毁于一旦。薛西斯很是震怒，他下令像鞭惩奴隶或者敌人一样鞭笞达达尼尔海峡的水，然

薛西斯鞭笞大海

薛西斯是波斯帝国的皇帝。本来他的父亲大流士有许多孩子，但因他的母亲是大流士的王后，也是波斯国王的女儿，所以在所有的王子中，薛西斯身份最高贵，他的继位也最顺理成章。另外，薛西斯的死属于宫廷政变，据说他是被宰相谋杀而死。

后他下达命令再建造一座新的桥，这回水面安静正常，战士们平安、顺利地穿越了海峡。

据说如此壮大的薛西斯军队被分成了两行，并且连续七天不停歇地行走，所有人才穿越了海峡到达对面的海岸。薛西斯的战舰同时也沿着海岸紧随军队前行，最终他们全部到了希腊北面的高原。他的军队从希腊北面向下冲去，声势浩大地杀进了希腊的中心地带，长驱直入，好像世上没有什么事物可以抵挡这样庞大的部队。

第 **26** 章

以一抗千
One Against A Thousand

　　波斯通往雅典的必经之路是一条非常狭窄的小道，这条道路的一侧是崇山峻岭，另一侧是湍急的河流。这条小道就是德摩比利（Thermopylae）。德摩比利与热水瓶（Thermos）的前半部分类似，如果你注意到这一点，你就能够猜出这个词的意思了。实际上，德摩比利又叫温泉关，因为在这条连接波斯和希腊的天然通道附近有许多温泉。

　　希腊人认为最好将波斯入侵者拦截在温泉关，也就是以温泉关为桥头堡，阻止波斯军队入侵雅典。此地易守难攻，少数希腊士兵就可以抵挡众多的波斯人。

　　同时，希腊人决定派出自己的精英部队对付波斯人。这支部队由全希腊最骁勇善战的士兵组成，带领这支部队的是他们最勇猛的将军。这个决定在当时似乎是相当明智的。

　　斯巴达国王列奥尼达（列奥尼达在希腊语中意为"像头雄狮"）被推举为领导**温泉关战役**的将领。他带领 7000 名士兵前往温泉关，这 7000 名士兵的使命是抵挡 200 万波斯人的入侵！这 7000 名士兵当中有 300 名斯巴达战士，而斯巴达人从小就被教育永不投降、永不放弃。一位斯巴达母亲通常这

样教育她的儿子：

　　"要么带着你的盾牌凯旋，要么就马革裹尸还。"

　　当薛西斯看到挡在自己前进道路上的居然是群少得可怜的士兵时，他感到非常好笑，就派使者去劝降。

　　你猜列奥尼达是如何回复他的呢？

　　我们可以想象得到一个斯巴达人会怎样回答他，简明扼要，直击要害，典型的拉可尼式说话风格。他简洁有力地说道：

　　"有种来抓我们！"

　　薛西斯没有其他选择了，他只能下令军队继续前进，与希腊人一决雌雄。

　　波斯人与希腊人鏖战了两天两夜，但是列奥尼达仍然牢牢地控制着这条要道，波斯人根本无法打通这个关口。

　　然而，不久有个懦弱的希腊士兵为了活命并得到薛西斯的奖赏做了可耻的叛徒，他将山上的一条秘密的小道泄露给了波斯人。这样，薛西斯带领军队绕过由希腊人把守的关口，从背后包抄列奥尼达及其所率部队。

　　第二天早上，列奥尼达知道了波斯人已经找到了秘道，正在从背后包抄他们。这时，他们还有机会逃离温泉关，列奥尼达下令想要逃走的人马上离开战场。而坚持留在战场的勇士都应明白，这场战争他们必败无疑，他们也将死在战场上。尽管如此，仍然有1000名战士决定与将军一起坚守阵地，其中就包括了所有的300名斯巴达勇士。他们声称：

"我们的使命就是坚守要道，无论发生何事，斯巴达人都将遵守命令，永不投降！"

萨拉米之战

于是,列奥尼达和他的1000名战士英勇奋战,直到生命的最后一刻。最后,仅剩一名幸存者。

通往雅典的大门就这样被打开了，形势对于希腊人变得极为严峻，因为再也没有办法能够阻挡波斯人，他们踏着列奥尼达和他的勇士们的尸体入侵雅典了。

惶惶不安的雅典人匆忙赶去德尔斐神庙那里祈求神谕。

神的启示是，命中注定雅典城自身将被毁灭，它在劫难逃，不过雅典城的民众可以通过木墙逃过一劫。

这个答案与以往的任何神谕一样，含混不清，难以理解。但是，地米斯托克利说他明白这条神谕。你是否还记得，就是这个人全力促成希腊舰队的组建的？地米斯托克利告诉大家，神谕提到的所谓木墙就是这些船。

雅典人决定遵照神谕，听从地米斯托克利的安排，离开雅典城，躲避到停泊在离城不远的萨拉米海湾里的舰船上。

波斯军队拥入雅典城，发现它已经空了。于是，他们一把火烧了雅典城，这正和神谕所说的相符。接着，他们向萨拉米海湾挺进，雅典的战舰就停泊在那里。薛西斯登上一个能够俯瞰整个海湾的山顶，并在其上搭建了宝座，以便他能坐在那里观看强大的波斯战舰是如何摧毁一艘艘装满雅典人的、较小的希腊舰船的，就像坐在剧院的包厢里面观赏戏剧一样。

彼时，地米斯托克利领导着希腊舰队。希腊舰队被困在狭窄的海面上，和列奥尼达与他的战士们被困在温泉关的狭窄山谷里的处境类似。

看着类似于温泉关通道的萨拉米海湾，地米斯托克利突然灵机一动。他假装叛变，就像温泉关战役的那个叛徒一样向薛西斯献计，他成功地让薛西斯相信并采纳了他的计策，那就是：如果波斯舰队一分为二，一部分留守在海湾的前头，另一部分则绕到海湾的另一头，就可以包抄希腊舰队，将其一网打尽了。

薛西斯觉得这个主意不错，于是下令波斯舰队按照地米斯托克利所建议的那样行事。然而，微笑着坐在宝座上的薛西斯，很快就遭遇了他人生中最大的"惊喜"。战斗的结果与事先计划的恰好相反。当波斯舰队分成两部分之后，被夹在中间的希腊战舰就可以分别与两头的敌舰战斗，而狭窄的海湾则导致波斯战舰互相撞击，许多波斯战舰因此沉没。

波斯入侵者被彻底打败了，骄傲而得意扬扬的薛西斯带领着剩下的军队和战舰，匆忙从原路逃回了波斯。

这是波斯人最后一次尝试占领希腊这个小国。

假如地米斯托克利没有获得领导权，没有建立一支这样强大的舰队，那你想一下雅典和希腊将会有怎样的命运啊！

薛西斯坐在他的宝座上观看萨拉米战役

第27章

黄金时代
The Golden Age

当我们讲到石器时代和青铜时代时，我曾告诉过大家，不久你们也将听到黄金时代的故事。

那么，我们现在就聊聊关于黄金时代的那些事儿吧。黄金时代并非指这个时期人们都使用黄金制作的物品，也不是指这个时代的人们有大量金币。黄金时代指的是——嗯，我们还是先一起来了解一下那个时代是什么样子的吧，这样你就可以知道黄金时代到底是什么意思了。

波斯人被彻底打败后，雅典人在胜利和喜悦的鼓舞下创造出了各种美好的事物。这场战争结束之后的 50 年，也就是从公元前 480 年到前 430 年间，是希腊历史上最鼎盛的时期，它可能也是欧洲历史上最辉煌的时期。

雅典城被薛西斯的军队放火烧毁了，这件事放在当时来说似乎是非常不幸的，但情况并不全是这样。战争结束后，雅典人马上开始重新建设家园，并将雅典城重建成一座比以往更加繁荣、更加美丽的城市。

雅典这时候的领导人是**伯里克利**。他既不是国王，也非实权人士，而是一位颇具智慧的演说家和广受欢迎的群众领袖。凡是他认为好的做法，雅典人就会照做无误。他就像一位备受欢迎的足球队或者橄榄球队队长，在本身就是

111

好球员的同时，还能带领其他队员发挥出最好的水平。当时的雅典就像是他的球队，他将这支队伍训练得极为出色，所有的队员都是本位置上的优秀选手。有些市民成了杰出的艺术家，有些则是优秀的作家，还有一些成为伟大的"哲人"。你知道什么样的人才被称为"哲人"吗？聪明、睿智、学富五车、热爱知识，具备这些品质的男女才可被称为"哲人"。

艺术家们建造了大量漂亮的房屋、剧院和寺庙，为希腊众神雕刻了精美绝伦的雕像，并将神像安置在城市的建筑上和城市的各个地方。

"哲人"则负责教民众如何变得聪明而善良。

作家们创作出大量优美动人的诗歌和戏剧。那时的戏剧与我们今天看到的戏剧不同，那时的戏剧讲述的都是希腊众神的事情。

那时的剧院与今天的剧院也不一样。当时的剧院都是露天剧院，通常坐落在山丘的一侧，这样剧院巨大的看台就可以正对着舞台。剧院里很少或者根本就没有舞台布景。剧院没有使用奏乐乐队，而是采用合唱团为演出伴奏。演员们戴着面具来展示人物角色的喜怒哀乐，例如想要表达滑稽可笑的角色时，就戴上咧着嘴笑的"滑稽"面具；想要表达悲伤情绪时，就戴上愁眉不展的"悲剧"面具。

也许你曾见过这种面具的图片，这种表达滑稽或者悲剧的面具现在有时

伯里克利

伯里克利是雅典最有名的政治家。他出身贵族家庭，却是平民领袖，一直主张维护平民的权利。人们非常爱戴他，甚至像尊重国王一样尊重他。他领导平民的那段时期，不仅是雅典的繁荣时期，也是整个希腊的鼎盛时期，被称为"伯里克利时代"。

也被用于装饰剧院。

雅典城是以女神雅典娜的名字命名的，雅典娜被认为是雅典城的守护女神。因此，雅典人认为应当特地为雅典娜建造一座庙宇。于是，

悲剧面具和滑稽面具

他们为她在阿克罗波利斯山顶建造了一座神庙。人们出于对雅典娜的尊崇，给这座神庙取名为帕提侬。"帕提侬"在希腊语里面的意思是"少女"，而少女也是人们对雅典娜的众多尊称之一。

有的人认为帕提侬神庙是世界上最美丽的建筑，尽管现在我们从照片中看到它已经被破坏得很严重了。帕提侬神庙的中心坐落着一座巨大的雅典娜雕像，它是用黄金和象牙制成的，作者是一位名叫菲狄亚斯的雕塑家。据说，这座雕像是世界上最美丽的雕像，正如帕提侬神庙是世界上最美丽的建筑一样。不过，现在这座雕像已经消失不见了，没有人知道这是怎么回事。一种说法是，雕像上的黄金和象牙引来了盗贼，盗贼将这些黄金和象牙一块块地搬走了。

帕提侬神庙

菲狄亚斯还制作了许多雕塑，安放在神庙的外面，但是这些雕塑中的绝大部分现在已经被搬走了，有的陈列在博物馆里，有的已经遗失了，还有的被毁坏了。

雅典娜神像和帕提侬神庙里的其他塑像使得菲狄亚斯声名大振。人们

慕名而来，请他雕刻众神之父宙斯的雕像，这座雕像后来被安放在奥林匹亚山上，那里就是古代奥林匹克运动会举办的地方。这座宙斯神像要比雅典娜神像更为精致，它非常壮观，被称为世界七大奇迹之一。你还记得埃及金字塔和巴比伦的空中花园也分别是世界七大奇迹之一吧？有意思的是，这三个世界奇迹各自位于不同的大陆上。你知道它们哪个在非洲、哪个在亚洲、哪个在欧洲吗？

人们称菲狄亚斯是历史上最伟大的雕刻家，但他做了一件被希腊人认为罪无可恕的事情。不过，以现代人的眼光来看，这件事也并非什么了不得的大错。但当时人们的是非观念与现代人大不相同。这件事就是：菲狄亚斯在雕刻雅典娜神像手持的盾牌时，在上面雕刻上了自己和朋友伯里克利的头像。那只是盾牌上的一小块点缀而已，不仔细看的话，人们几乎认不出来。但是，在当时希腊人的认知里，将人类的形象雕刻在一座女神像上面是对神的严重冒犯。雅典人发现这件事后，就把菲狄亚斯投入了监狱，并囚禁至死。

希腊人习惯于在建筑中采用各式各样的圆柱，现在的一些公共建筑和私人住宅也经常会使用这类圆柱。现在我来介绍一下各种圆柱的特点，看看你可以找出多少。

帕提侬神庙里使用的圆柱属于多利克式圆柱。

圆柱的顶部叫作柱头，多利克式圆柱的柱头像一个盖着正方体的碟子。这种圆柱的底部没有台基，而是直接建造在地面上。多利克柱式简洁平滑、刚劲雄健，因此又被称为男性柱。

第二种柱式是爱奥尼克式。

爱奥尼克柱式的柱顶有个方形的顶板，在顶板的下面有一些涡卷装饰。与多利克柱式不同，爱奥尼克柱式有台基。

这种柱式比多利克柱式更加纤细秀美、装饰精巧，所以被认为是女性柱。

第三种柱式是科林斯柱式。

这种柱式的特点是比上述两种圆柱都要高，而且装饰更为华丽复杂。据说，这种柱式的首创者是因为偶然看见一个小孩儿的坟墓上摆放着的装满玩具的篮子，从而产生了灵感，创造出了这种柱式。那个篮子上盖着一块板子，由于篮子放在一棵毛茛上，毛茛的茎叶越长越多，但是篮子上覆盖的板子又使得茎叶无法向中间生长，只能围着篮子生长。因此，这个篮子看上去非常美丽。于是，建筑师就想到用这种花篮做圆柱的柱头肯定很漂亮，于是他就这样做出了花篮一样的柱头。

我曾经让几个男孩儿试试看，谁能在周围找到最多这些类型的圆柱。第二天，一个男孩儿告诉我，他看到了两根爱奥尼克式圆柱，就在他家房子的两边分别矗立着。第二个男孩儿则告诉我，他在一家银行见到了10根多利克式柱子。但是第三个男孩儿则宣称他见到了138根科林斯式柱子。

我就问他：“你究竟是在哪里看到这么多柱子的？”

他回答我说：“我把从我家到学校的路上见到的柱子都数了一遍，而且发现它们都属于科林斯柱式。”

伯里克利有一个朋友叫作**希罗多德**。希罗多德用希腊文写了西方历史上的第一部史书，所以希罗多德被誉为“历史之父”。如果你将来要学习希腊语的话，你可能会读到希罗多德的这本希腊历史书。毫无疑问，那个时代可以记载下来的历史很少。在他写这本史书的时候，现在我们知道的一些过去的事情都还未发生呢。他在书中记述了埃及和古代一些其他地方的事情。他记述的一些地方距希腊非常遥远，大多数当时的希腊人终其一生都不曾到过。例如，其中有个地方叫库施，它位于非洲，在埃及的南边。希罗多德所著的史书主要记

希罗多德

希罗多德是古希腊的作家，在一次政变中遭到流放，流放期间他游历了古埃及、阿斯旺、美索不达米亚、克里米亚半岛等地，并把所见所闻写成了一本书——《历史》。这是西方历史上第一部比较完备的历史著作。

述了希波战争的经过和结果，也就是我们之前提到的那段历史。

当时，每过一段时期就会暴发一场恐怖的传染病，也就是瘟疫。每当瘟疫暴发时，就会有成千上万的人染上疾病，然后死去。因为当时的医生几乎对瘟疫一无所知，更不知道如何去治疗病人。伯里克利亲自照顾病人，并竭尽全力去帮助他们，但是最终他也不幸受到传染，亡故了。这场瘟疫就是黄金时代的终结，人们为了纪念这位伟人，也称这个时代为伯里克利时代。

第**28**章

当希腊人遇上希腊人
When Greek Meets Greek

黄金时代是雅典空前繁盛的时期，但它只存在了 50 年。

你猜，它为什么会终结呢？

答案是因为一场战争。

然而，这不是希腊与外敌之间的战争，比如它和波斯之间的战争，而是两个城市之间的战争——斯巴达和雅典的战争。之前，它们或多或少是友好邻邦，但大多数时间是不太友好的。这是一场希腊人民内部的家庭纷争。战争之所以打起来是因为其中一个城市——斯巴达，妒忌另一个城市——雅典。

众所周知，斯巴达人个个都是精壮的战士，而雅典的士兵们也不逊色。但是，自从地米斯托克利用自己建造的战舰在萨拉米打败了波斯人之后，雅典就有了一支精良的舰队，然而斯巴达没有。此外，当时的雅典还是世界上最漂亮、最文明的城市。

斯巴达对雅典漂亮的建筑以及教育、文明之类的事情并不感兴趣，它不是很在意这些。斯巴达真正嫉妒的是雅典的舰队。不同于临海的雅典，斯巴达地处内陆，所以没有必要建立舰队；然而它不想甘拜下风。因此，斯巴达借着各种理由，联合周边的城市向雅典宣战了。

　　斯巴达位于希腊的伯罗奔尼撒半岛，这个名字有点长，而且读起来比较拗口。但那时，人们并不觉得这个名字难读，因为他们对这个名字的熟悉程度，跟我们现在对马萨诸塞州一样熟悉；虽然名字复杂，但熟悉之后我们就不觉得难读了，马萨诸塞州这个名字对于古希腊人来说同样拗口，就像伯罗奔尼撒对你而言一样。雅典和斯巴达之间的战争之所以叫伯罗奔尼撒之战，是因为除了斯巴达，位于伯罗奔尼撒半岛的所有城市都参战了。

　　一般来讲，对于一场战争来说，四五年是很长的时间了，可是伯罗奔尼撒之战却持续了27年！俗语说"当希腊人遇到希腊人，必有一番激烈的较量"（势均力敌，必有激战），这句话是说，两个战斗力相仿的战士，像同为希腊人的雅典战士和斯巴达战士，他们实力相当，若在战场上兵戎相见，谁会猜到结果是什么样的呢？

　　我不打算讲这27年间大大小小的战争，但这场漫长而又血腥的战争让这两座城市都疲惫不堪、日渐衰败，雅典也繁华不再。虽然斯巴达略胜一筹，但它们最后都没有再次强大起来。伯罗奔尼撒之战把它们双方都推向了死亡之路，这即是战争所为。

　　在伯罗奔尼撒之战期间，雅典出现了一个叫苏格拉底的人，他被认为是古今最聪明、最高尚的人之一。苏格拉底被人们称为哲学家，他所到之处都会教导大家什么是对与错、什么能做什么不能做。然而，他并不是单纯地"告诉"人们他认为正确的事情，而是通过问答的方式，让人们自己去寻找答案。他用这种方式，让人们明白了他想让他们知道的事情。从那以后，这种提问方式的教育被叫作**苏格拉底式教育**。

苏格拉底问答法

　　苏格拉底在传授知识时，不直接讲答案，而是向学生提出问题，让他们自己寻找问题的答案，从而掌握知识。他之所以用提问的方法教育学生，是因为他认为知识本来就存在于人们的脑子里，就像已经怀了孕，只不过自己还不知道，他要像一个"助产婆"一样，帮别人把知识生产出来。因此，这种方法也被叫作"助产术"。

　　苏格拉底长着一个短而上翘的鼻子，还是秃顶，样子相当丑。尽管如此，雅典人还是很喜欢他。这对于喜欢俊俏脸蛋儿和健美体形的雅典人来说，似乎有点奇怪，因为俊美这两个字跟苏格拉底一点儿都沾不上边。由此看来，一定是苏格拉底内心非常优秀，这才让人们忘却了他其貌不扬的外表。据我所知，有的孩子觉得他们的女老师很漂亮，只是因为这个老师人很好，能够赢得学生的爱戴，纵然事实是她并不漂亮。

　　苏格拉底的妻子——赞西佩脾气非常火暴，还是个满腹牢骚的恶妇。她觉得苏格拉底是个游手好闲的人，整天在浪费时间，没有正经的工作，也挣不到钱。一天，她又开始对苏格拉底破口大骂，苏格拉底只能出门避避风头，然而他妻子不罢休，把一桶水浇在了他身上。苏格拉底从不顶嘴，即使这样，他也只对自己说了一句："雷鸣响，雨可期。"

苏格拉底和他的妻子。苏格拉底的妻子正提一桶水浇在他头上

　　　　布鲁姆芒达埃尔　作

　　苏格拉底不是希腊众神——宙斯、阿佛洛狄忒以及其他神灵的信奉者，但他很谨慎，从没跟别人说过这件事，因为希腊人非常计较别人对他们信奉的神灵不敬。你可能还记得菲狄亚斯被关进监狱的原因，仅仅是因为他将自己的画像放在了雅典娜女神的盾牌上。如果有人教唆年轻人不信众神，他面临的会是死刑。

　　苏格拉底一直担心他最后会因不信奉希腊众神，还到处宣传让众人也不信众神而受到处罚，最后他的担

苏格拉底之死

　　古希腊哲学家苏格拉底由于提倡无神论和言论自由，而以引诱青年和亵渎神灵的罪名，被判处服毒自杀。人们劝他逃走，他都拒绝了。最后，他当着弟子们的面从容不迫地服下毒药身亡。法国著名画家雅克·路易·大卫将这一动人时刻画了下来。临死前，苏格拉底说："大家应该对死亡充满希望，因为一个善良的人，不管他是活还是死，所有东西都不会伤害到他。在我眼里，死亡要比苟活好。因此，我一点儿也不记恨那些想要我命的人。永别了，我即将奔向死亡，而大家都愿求生。但生和死，究竟谁更好，答案只有神知道。"欧洲文化史中，苏格拉底一直以一个为追寻真理而死的圣人形象被大家所熟知。

心应验了。他确实因此被判处死刑。根据旨意，他要喝下一杯致命的毒芹汁。苏格拉底的学生，或者门徒这个称呼更符合那个时代，让他拒绝服毒，但他不想违反旨意；于是，70岁的苏格拉底在门徒的围绕下服毒而死。

虽然苏格拉底已去世千百年，他所信仰和传授的一些道理依然影响着现代人。

他所信奉的其中一条真理是：我们所有人的内心都存在"良知"。我们不需要通过书本或其他人传授才能知道对与错，因为良知就可以指导我们什么是对、什么是错。

他谆谆教导的另一条信则是：人死后生命还会以其他方式存在着；肉体死亡了，灵魂还继续存在于这个世界上。

怪不得他对死亡毫无畏惧！

第29章

智者和普通人
Wise Men and Otherwise

你是否有过这种经历：当你和玩伴在院子里玩得正欢的时候，发现某个陌生男孩儿一直从栅栏的另一面注视着你们，并要求跟你们一起玩，还要给你们展示怎么玩。你不希望他在你们周围观看，也不愿意跟他一起玩，但莫名其妙的是不知什么时候，他就参与你们了，并且不一会儿就开始对你们指手画脚了……

希腊北部有一个叫腓力的人，他也像那个陌生男孩儿一样在注视着斯巴达和雅典，只不过它们不是在玩耍，而是在打仗，而他也想参与这场战争游戏。腓力是马其顿这个小国的国王，但他并不满足于此，他觉得他还能当希腊的国王。斯巴达和雅典自伯罗奔尼撒之战以来开始衰退，这对他来说似乎是个良机，他要趁机插足并一举当上希腊的国王。虽然腓力骁勇善战，但除非必须，他也不希望跟希腊人开战。他想和平地当上希腊的国王，并且希望希腊人能心甘情愿让他当国王。为此，他搞了一个阴谋。

大约100年前，波斯人入侵希腊，后来被希腊人民赶出了希腊。所以正如你所知，腓力也很清楚希腊人有多恨波斯人。虽然希波战争已过去多年，希腊人一直铭记他们先辈的英勇行为和他们战胜波斯人的胜利故事。他们从

121

父母和祖父母那里听了一遍又一遍这些故事，他们自己也喜欢一遍遍地读希罗多德写的世界历史。

于是，腓力对希腊人说："你们的先辈的确把波斯人赶出了希腊，波斯人退回了他们的国家，你们的先辈应该乘胜追击给他们点颜色看看，可他们竟然连试都不试。你们为何现在不去征服波斯，让波斯人为他们对你们的残忍侵占付出代价？"

然后他又狡黠地补充道："让我来助你们一臂之力，我会带领你们去对抗他们的。"

除了一个人，没人识破腓力的诡计，这个人叫狄摩西尼，一个希腊人。

在狄摩西尼小时候，他就下定决心要当一名了不起的演说家或雄辩家，就像你小时候，可能也说过长大了要当医生、飞行员或老师之类的话。

狄摩西尼挑选了一个天生最不适合他的职业。首先，他声音孱弱，说话很难让人听清楚；其次，他还有严重的口吃，即使是一篇短诗，都背得磕磕巴巴，他总是遭到大家的嘲笑。所以，他决心要当一名了不起的演说家这件事看起来似乎很荒诞。

然而，狄摩西尼勤学苦练。他去海边练习演讲，他把捡来的鹅卵石放到嘴里让自己说话更困难。接下来，他开始对着汹涌的波浪演讲，假装自己面对

狄摩西尼在大海边练习演说

的是一群愤怒而力压他声音的群众，他不得不提高自己的音量以压过对面的声音。

在狄摩西尼坚持不懈的努力下，他终于变成了一个非常伟大的演说家。他的演说精彩绝伦，只要愿意，他可以随时让听众哭让听众笑，他还可以说服听众去做几乎任何事情。

此刻，狄摩西尼识破了腓力攻打波斯的诡计。他知道，当上希腊国王才是腓力的真正目的，他并不是真的想帮希腊复仇。为此，狄摩西尼开展了12 场演说来声讨腓力，这些演讲就是著名的抨击腓力的演说。狄摩西尼演说闻名遐迩，甚至今天这种严厉抨击他人的演说还被叫作"狄摩西尼演说"。

希腊民众在现场听狄摩西尼的演说时都会激烈抗议腓力，然而他们一旦听不到狄摩西尼的演说就又变回了以前冷漠的态度，也不再考虑为阻挠腓力的诡计做点什么。

尽管狄摩西尼磨破了嘴皮去激发民众的反抗热情，最终腓力还是如他所愿当上了希腊人民的国王。

腓力按诺言要去亲征波斯了。然而，就在他出征前夕，他被自己人杀死了，再也无法实施他的计划。

腓力的儿子亚历山大当时虽然只有 20 岁，但腓力死后亚历山大就变成了马其顿的国王，当然也是希腊的国王。

小时候，亚历山大看到大人们试图驯服一匹生性暴躁的小野马。人一靠近，马就惊退并仰天暴跳，没人能骑上去，最后都无果而终。这时亚历山大请求去试试骑上这匹野马。他的父亲以为他在开玩笑，大人都驯服不了，他一个小孩儿怎么能做到？但是他父亲最终还是同意了他的请求。

亚历山大留意到一个大人们没有注意到的小细节。这匹野马好像害怕自己的影子，小马很容易被黑暗和活动的东西吓着，就像有的小孩儿怕黑夜一样。

亚历山大让这匹马转身面对太阳，如此，它就看不到自己的影子了。然后他跨上这匹野马毫无困难地驰骋而去，这让所有人都惊诧不已。

亚历山大的父亲对他的聪明机智表示欣喜，因此把这匹马奖给了他。亚

123

历山大给这匹马取名为布西法尔。他对这匹马喜爱至极，以至于这匹马死后亚历山大为它建了一座纪念碑，还把几座城市也取名为布西法尔。

亚历山大小时候非常出众，那是因为他有一个非常优秀的老师——**亚里士多德**。有人认为亚历山大的成就多少归功于他这位老师。

亚历山大和他的战马

亚历山大和他的战马布西法尔。布西法尔参加了数十次战斗，它只服从亚历山大。

亚里士多德或许是迄今为止最伟大的老师了。如果多出现几位像亚里士

亚里士多德教亚历山大

你知道吗？我们在每个年龄段所接受的教育，和亚里士多德按年龄划分教育阶段的主张很相似。在他的主张中，0～7岁这一阶段孩子的活动以游戏为主，要多听一些健康有益的故事，多进行户外活动锻炼身体；7～14岁是孩子到学校接受系统教育的阶段；14～21岁是道德情感的教育阶段，包括体育锻炼、音乐和道德训练。

多德那样杰出的老师，可能也会多产生几位像亚历山大那样优秀的学生了。

亚里士多德的著作涉猎各个领域——有关于星象的、天文学的、动物学的，还有一些著作你可能都没听说过，比如心理学和政治学。

之后的数百年里，亚里士多德的著作一直是学生的教材，许多年里它们甚至是学校里的唯一教材。现在，学生的教材被编纂完成后通常用几年就更换了。由此看来，亚里士多德的著作曾经作为教材用了那么长时间，是多了不起的事啊！

亚里士多德曾经是**柏拉图**的学生，柏拉图也是一位伟大的老师和哲学家。柏拉图又曾是苏格拉底的学生，所以说亚里士多德可以称作是是苏格拉底的"徒孙"。你一定听说过不少东方的智者，而这三位是希

柏拉图

柏拉图是著名的古希腊哲学家，最大的哲学成就是他的著作《理想国》，阐述了老师苏格拉底的思想。他还建立了有名的柏拉图学园，向人们传授算术、几何、天文和声学等方面的知识。在学园的门口还有一句著名的话："不习几何者不得入内。"

腊的智者。他们是：

苏格拉底，

柏拉图，

亚里士多德。

某天你可能会读到他们两千多年前写过或说过的话。

第30章

少年王
A Boy King

在 20 岁的时候，你将会做什么？

在上大学吗？

还是在工作，或是做其他的什么事情？

亚历山大 20 岁的时候，已经当上了马其顿和希腊两国的国王。然而对这位出色的年轻人来说，马其顿和希腊太小了。他想当更大国家的统治者。事实上，他觉得他能统治整个世界，只能这么大了，没法更大了。

于是，亚历山大开始继续实施他父亲生前要攻克波斯的计划。波斯为它 150 年前最后一次侵略付出代价的时候到了。

亚历山大集结了一支军队，横穿达达尼尔海峡到达了亚洲，一次次击退了前线抗击的波斯军，连连取得胜利。

波斯是个辽阔的帝国，所以他要不断地前进进攻。

不久后，他带领军队打到了一个小镇，这个小镇上的一个寺庙里有根绳子，这根绳子闻名遐迩。因为它被打了一个非常复杂难解的结——戈尔迪之结，据神谕说打开这个结的人会征服波斯，但一直没人能解开它。

亚历山大听到这个事情后，马上来到寺庙亲眼查看那个绳结。他一眼就看

亚历山大斩断戈尔迪之结

出这是一个解不开的死结，所以他没像其他尝试解开绳结的人那样费心费力地去解，直接挥剑给砍成了两半。

现如今，当一个人面对难题能快速利落地解决而不纠结，我们会说他"斩断了戈尔迪之结"（快刀斩乱麻）。

从那以后，亚历山大攻下了一座座城市，从没在重要战场上战败过，直到整个波斯都被他征服。

然后，他又开始进军埃及。当时埃及是波斯的一部分。最终，埃及也被亚历山大攻克。他在尼罗河口兴建了一座小镇，并命名为亚历山大，来庆祝这次胜利。他还在那里修建了一个很雄伟的图书馆，图书馆发展得越来越大，据说里面有 50 万本藏书——也就是 100 万的一半，那算得上是古代最大的图书馆了。那里的书不同于亚述巴尼拔图书馆里的图书，也不同于我们现在的书，因为当时印刷术还没被发明出来。里面的每一本书都是手写的，还不是写成一页一页的，而是写到用棍子卷起来的长卷轴上的。

卷轴、钢笔和墨水

亚历山大城的港口有一座叫法罗斯的小岛。一些年后，这座岛上修建了一座有名的灯塔，这座灯塔也以这个岛的名字命名，叫法罗斯灯塔。这座灯塔在当时更像现在的一座摩天大楼。它有 30 多层楼那么高，灯塔上的灯光很远就能被看见，而那时的建筑大多只有一两层楼那么高，所以灯塔在当时非常受注目。亚历山大城的法罗斯灯塔还是世界七大奇迹之一。你已经知道了三个世界奇迹，这是第四个。

随着时间的推移，亚历山大城慢慢变成了古代世界上最大也是最重要的海港城市。然而，法罗斯灯塔、亚历山大图书馆以及其他的古建筑早已消失殆尽。

亚历山大在任何地方都待不久，他一直闲不下来，总是一直想着行进。他喜欢看到新地方，征服新的民族。他几乎快把他自己的小国家马其顿和希腊遗忘了。异于常人，他不想念自己的家乡，反而一直朝着离自己家越来越远的地方行进。这样的人，我们通常称之为冒险家或探险家。不仅如此，亚历山大还精于带兵打仗。抵达遥远的印度之前，亚历山大不断地攻取了一个又一个国家。

在印度，一路追随他的士兵开始想念家乡，想尽快回家。他们已经十多年没有回家了，现在离家这么遥远，他们担心再远征下去就再也回不了家了。

这时才 30 岁的亚历山大已被称作亚历山大大帝了，因为他统治了整个世界——对于多数希腊人来说，至少他们知道的大多数地方都已在他的统治之下了。只有意大利还没被征服，因为，那时的意大利还只是一些散落的又小又不值得一提的小镇。亚历山大发现再也没有国家可征服时，他竟然万分悲伤、痛哭不已！

最后，实在没有值得征服的地方了，他同意士兵们回家。他们开始了返回希腊的漫长之路。

巴比伦曾经也是座很广阔壮丽的城市，亚历山大途经那里时，在那里设宴庆祝胜利回归。然而他在纵享盛宴时突然去世，他再也回不到希腊了。

那年是公元前 323 年，他只有 33 岁。这些数字很好记，除了中间的数字，其他都是 3，中间的 2 也只比 3 少 1。

亚历山大大帝是征服国家最多的一个统治者，但这并不是他被称作"大帝"的唯一理由。

　　他不仅是一个了不起的统治者和将领，这或许让人很惊讶，而且他还是一位出色的老师。亚里士多德曾教过他如何当一名老师。

　　亚历山大教授他所征服的人们希腊语，让他们能读懂希腊书籍；他教他们希腊雕塑和绘画方面的知识；他还教给他们希腊哲学家的名言警句，有苏格拉底的，有柏拉图的，还有他的老师亚里士多德的；他还按照奥林匹克运动会的标准教他们竞技运动。

　　亚历山大娶了一位非常漂亮的妻子，她是波斯人，名叫罗克珊娜。亚历山大死后，他们唯一的孩子才出生。所以，这位伟大的国王去世时，没有一个继承者。他去世前曾嘱咐过他的将领们，让最强大的那个将领来当下一任统治者，而他们必须比武选贤。

　　他的将领们果真进行了比武，最后有四个人胜出了，但他们决定把这个大帝国分割掉，每人分一部分。

　　其中一个叫托勒密一世的将领分到了埃及并治理有方；但其他三位并没有什么作为，

亚历山大和罗克珊娜

　　公元前327年，大夏（巴克特利亚）的粟特岩山要塞被亚历山大征服，出身于贵族的罗克珊娜成了他的俘虏。可是，亚历山大却情不自禁地爱上了这位美丽的女子，并向她求婚，于是年仅16岁的罗克珊娜就嫁给了亚历山大。

没过多久，他们统治的领土就开始衰败，四分五裂。这就像吹玩具气球一样，你越吹它越大，亚历山大的帝国就是这样的，它越扩张越大，直到——"嘭"的一声，除了碎片，什么都没剩下。

第31章

挑起一场战争
Picking a Fight

风水轮流转。

网球或田径冠军打赢了上一届冠军，然后几年内他可能一直无可匹敌。然而，早晚会有更年轻更强大的运动员取代他，争得冠军宝座。

同样，各个国家也如此。一个国家打赢另一个国家，当了几年霸主，然后衰败了，新兴的强大国家也会取代它。

我们看到：

尼尼微当了一段时间霸主，然后——

巴比伦接替了它，然后——

波斯接替了巴比伦，然后——

希腊接替了波斯，最后的霸主是——

马其顿。

或许你会纳闷，亚历山大帝国被瓜分之后，谁会是下一个强大帝国——谁来接替它？

亚历山大远征世界时，一直向着太阳升起的东方和南方行进，他不太在意位于太阳落下方向的西方国家。我们有很长篇幅没有提到罗马这个国家了，那时它还是个街道狭窄、满是木屋的小城镇，这种地方根本不会让亚历山大留意。罗马除了想防守边疆、抵抗外敌外，它本身也没有其他的野心。

然而，罗马逐渐发展了起来，它不仅能守住自己的国土免于外敌侵扰，还能发动战争入侵其他国家。罗马攻打并赢取了意大利的大多数城镇，最后统治了整个"靴子"区域（意大利的版图像一只靴子）。接下来，罗马开始觊觎意大利以外的世界，看看它还有什么地方能征服。

估计你也注意到了，意大利这只"靴子"就像踢球一样，正踢向一个很小的小岛。这座岛叫西西里岛。穿过北非区域的地中海，正对着西西里岛有个城市叫迦太基。

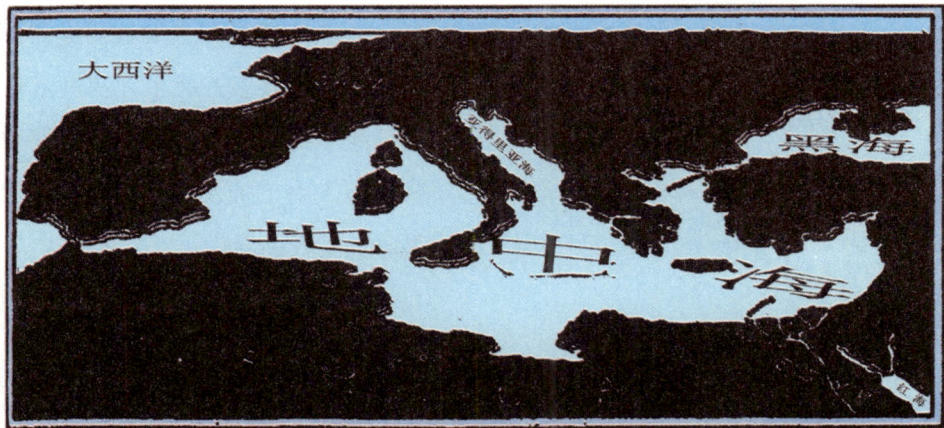

地中海地图，上面可以看到迦太基和西班牙等位置

腓尼基人多年前建立了迦太基，这座城市已经发展得非常富饶、强大。多年以来，腓尼基人和北非土著居民综合形成了一个叫柏柏尔人的民族，还产生了一种独特的文明。

他们开垦农场，种植果树和橄榄树。他们还养殖了一大群牛、羊和马。他们有富有的家庭，还有大片的田园。

由于迦太基临海，它建造了大量船只并和地中海沿岸的其他港口做生意，就像以前的腓尼基人在提尔和西顿城那样进行海上贸易。至此，迦太基掌控了整个地中海西海岸。

迦太基不想让罗马发展得如此壮大和强盛。换言之，迦太基感到罗马的强大威胁到了它的安危。

对罗马而言，它嫉妒迦太基的富有和繁荣的贸易。所以，罗马迫切地想找理由发动与海对岸对手的战争。

现在你应该知道，如果成心找碴儿，挑起争端和发动战争是多么容易的事。就像一个男孩儿吐了一下舌头，另一个男孩儿就踢了他一下，然后他们两个就打起来了。

两个国家有时就像两个小男孩儿，他们会因很小的借口而开战，这与其说是一场战争，还不如说是打架。只是没有父母来领他们回家罢了。

不久，罗马和迦太基就找到了借口，他们终于开战了。罗马人称这场战争为**布匿战争**，因为他们称腓尼基人为布匿人，而迦太基人就是腓尼基人的后代。

布匿战争对罗马的影响

布匿战争是罗马在地中海称霸过程中最重要的战争。通过这场战争，罗马不仅扩大了领地，也获得了许多奴隶和战利品，这使得罗马变得非常强大和繁荣。

迦太基在海对面，罗马人只能坐船过去。但是罗马不临海，所以没有船只，对如何造船一无所知，更不会驾船航海。

而迦太基人拥有大量船只，还都是老练的水手。

罗马人在岸边偶然间找到了一艘迦太基人废弃的帆船残骸，他们如获珍宝，马上仿照这艘船开始造自己的战船。他们用相当短的时间就造出了一艘船，之后很快又一艘接一艘地造出了很多船。接着，他们开始袭击迦太基的舰队，虽然他们还只是海战的新手。

罗马人不太了解如何操纵帆船，所以迦太基人应该很容易就能获胜。以前，海上作战都是直接冲到敌人舰队中，撞击和击沉敌方的船只。

罗马人知道，用这种作战方法他们打不过迦太基人。因而他们想出了一个新办法，这方法能让他们像在陆地上一样打仗。

　　为此，他们发明了一种叫作"乌鸦"的大钩子。用法是罗马船只靠近迦太基船只后，不去击沉它们，而是扔出大钩子钩住迦太基的船，将两条船拉到一起。然后罗马士兵翻过船舷进入敌方的船只，之后就能像陆战一样攻击他们了。

　　这个计谋确实有用。

　　这种新的作战方法令迦太基人很是吃惊，刚开始他们也确实不是罗马人的对手。

　　罗马人的这种方法也不是一直能奏效，这种作战方法很快让迦太基人学会了。所以罗马人不管在陆战还是海战中，都时败时胜。最终罗马人还是打赢了迦太基人，第一次布匿战争结束了。

第32章

"靴子"的反击与踩踏
The Boot Kicks and Stamps

迦太基人并没有就此偃旗息鼓，他们在等待合适的机会再扳回一局。之前他们从正面攻击意大利时遭到了失败，因此，他们决定从背后袭击。他们计划从西班牙绕过去，从北方南下攻打意大利。

为了达到这个目的，他们首先需要攻克西班牙。迦太基有一位叫汉尼拔

战略之父汉尼拔

汉尼拔是迦太基著名的将领和军事家。他从小就开始接受军事训练，这样的军事生活造就了汉尼拔长大后在军事和外交活动上的突出表现，他也因此被称为"战略之父"，直到现在还被许多军事学家研究。

的将领，他们很容易就攻克了西班牙。然而，从背后攻击意大利变得极其困难。

"靴子"的顶部，即意大利北部，坐落着阿尔卑斯山脉。这个山脉有数

大自然的宫殿——阿尔卑斯山

你去过阿尔卑斯山吗？这里是世界著名的风景区和旅游胜地。在这里，你不仅可以欣赏到山清水秀的怡人景色；还可以登山，体验一把"会当凌绝顶，一览众山小"的情怀；又可以滑雪，享受极地滑雪给你带来的感官刺激。另外，在这里还可以现场观看环法自行车赛，给运动员加油助威。

英里高，长年被冰雪覆盖。山上的悬崖峭壁随处可见，一不小心就会掉入万丈深渊，粉身碎骨。

因此，阿尔卑斯山脉形成了一道天然屏障，它比任何城市和国家的城墙都高大、坚固。所以，罗马人理所当然地认为，任何军队都翻越不了这样一道极度高耸、极度危险的城墙。

总有一些事情让人们声称不可能做成，但总会有人用实际行动来打破这种说法。

以前人们说人不能飞上天。

后来有人就飞上去了。

布匿战争中，汉尼拔在意大利

人们也说军队翻越阿尔卑斯山是不可能的事情。

然后，汉尼拔来挑战了，罗马人还没反应过来发生了什么事情，他就成功翻越过去了。他带着军队翻过阿尔卑斯山，来到了意大利的后门！汉尼拔还从非洲带来了大象，象群是古代战场上的"坦克"，很受珍视。你能想象到大批士兵和象群翻越阿尔卑斯山脉的场景吗？

罗马人阻止不了汉尼拔进攻他们的城市，只能眼看着他连连获胜。罗马人也阻止不了他横扫意大利，任其随心所欲地攻下众多城镇。

看来罗马要被打败了，意大利要失守了。

在一些比赛中，如果你不善于防守，那么就试着去主动攻击，这也许是个不错的方法。

罗马人也觉得这个办法可以试一试。在汉尼拔攻击罗马的时候，罗马也去攻打汉尼拔的国家迦太基。目前迦太基的将领都在外带兵打仗，所以他们没有强大的将军来防守自己的疆土。

罗马派遣了一个叫大西庇阿的年轻人，让他带领一支队伍去执行这个任务。然而，大西庇阿首先去西班牙切断了汉尼拔的退路。

然后，大西庇阿远征非洲，开始攻打迦太基。

迦太基人的将领和军队都远在意大利，迦太基受到攻击后，迦太基人害怕了，于是他们将汉尼拔速速召回。汉尼拔最终回到了迦太基，但是为时已晚。大西庇阿在迦太基附近的扎马和汉尼拔进行了一场非常著名的战役，迦太基人被打败了，又一次被罗马人打败了。这也结束了第二次布匿战争，这一年是公元前 202 年。这

扎马之战，来自非洲的大西庇阿将汉尼拔打败

又是一个很容易记的名字和时间：

扎马——公元前 202 年。

罗马人已经将迦太基打败两次了，你可能认为他们满足于此了。但事实却不是这样的。他们认为迦太基被打得还不够惨，害怕迦太基死灰复燃。如果没有彻底打垮迦太基，只要有一点残余势力，随时都可能死灰复燃，重新

强大起来。

记住，乘胜追击对手是很为人不齿的行为。迦太基已经被打得落花流水、体无完肤了。然而，几年后，罗马人又对迦太基进行了第三次，也是最后一次攻击。

迦太基已经无法防守住自己的国土了，最后被罗马一举攻下并摧毁。不过后来，这座城市又被罗马将领——尤利乌斯·恺撒重建起来了。再后来，罗马人在附近也修建了一些城市，并且还修建了四通八达的道路和水渠。如今，我们还能参观到这个叫突尼斯的罗马遗迹。

第 **33** 章

世界的新霸主
The New Champion of the World

    当时，罗马是世界的新霸主。你能想象得到那时的罗马人多么以自己是罗马人而骄傲吗？假如有一个人把头一甩，说"我是罗马公民"，人们就愿意为他效劳，以此来巴结他。没有人敢伤害他，担心得罪了他会有不好的后果。除了意大利，罗马还是西班牙和北非地区的统治者。像其他古代民族一样，罗马不断对外扩张。公元前 100 年，除了埃及之外，其他地中海周围的国家都被罗马统治着。

    当时刚刚登上霸主地位，并一直做了很多年世界霸主的罗马，做起事情来很讲求实际。

    希腊人喜爱有美感的东西，包括建筑、雕塑、诗歌。罗马人向他们学习，也跟着创造出不少具有美感的东西，但他们特别感兴趣的始终是实用的事物。比如说，罗马人统治着世界，他们想要把使者和军队方便快捷地派遣到帝国的任何地方，就要改善交通、畅通道路。当然，那时没有铁路，有的也只是简单清理了一下路面的道路，这种道路到了下雨天就成了泥塘，总是坑坑洼洼的，没有办法行走。

    于是，罗马人开始筹备修建道路。这些道路都是一层一层铺成的，最下面的地基是大石头，然后上面是稍小点的石头，最上面是大点的，平整的石头。修建的那些道路很长，长度足有千万千米，能通向帝国的各个地方，来自不同地方的人都可以通过这些道路到达罗马。如今我们还是有这样的说法，"条条大路通罗马"。这些路修建得很结实也很牢固，一些两千多年前修建的道路，到现在一直都还存在。

罗马人很重视实际，这一点可以从两项很重要的城市设施上看出来。你现在要是住在城里，想用干净的水，打开水龙头，就可以随意用水。但是在以前，城里人吃喝用的水都是从周围的井里或泉边打上来，然后提到家里去的。人们喝了被污染的脏水会经常生病。当时每隔上一些日子，人们就会因为喝了这些脏水的缘故，染上可怕的瘟疫。瘟疫是一种很厉害的传染性疾病，如同之前提到的雅典瘟疫，传染导致很多人陆陆续续死去，都顾不上去埋。

罗马人要想使用干净的水，就要寻找没有被污染的湖泊。一般情况下，这样的湖泊离城市都比较远，人们为了把水从各个地方引到城里，就修建了很多大的管道。那是用石头和混凝土做成的大管道，不是用钢铁或砖陶制的，我们叫这些大管道为"引水渠"。当大管道途经河流或山谷的时候，人们还

罗马人的引水渠

需要架起一座桥来支撑它。直到现在，罗马还保存着好多引水渠，有的甚至到现在还在使用。

到了这个时期，人们还是直接把用过的废水、废物以及垃圾倒在街道上，这使城市和乡镇看起来特别脏乱，很不干净，这些因素也导致了瘟疫的产生。

罗马人之所以建造了巨大的下水道系统，是为了把脏水引到城市外面，排到河塘里，或是放到他们觉得不会造成危害或是诱发恶疾的地方。如今我们知道，直接把废水排到河里是不正确的做法，因为那样不仅会污染河流，还会导致喝了污水的人生病。那时的罗马人只意识到不能让废水污染街道，却忽略了废水也会污染河流。如今，各个大城市都已经有水管和下水道了，但在欧洲，罗马人最先大范围地建造了它们。

罗马人做了一件很有意义的事，就是制定了每个人都要遵循的规则，如今我们称之为法律。那时的法律很正规也很合理，也是我们现在的一些法律的范本。

罗马是一座很富裕的城市，帝国的城市和乡镇几乎都要向它进贡或缴税。城市中的漂亮建筑物、供奉神灵的庙堂、统治者璀璨的宫殿、公共澡堂和供人们享乐的大型露天"竞技场"都是用上贡的钱财建造的。

竞技场里有双轮车比赛，还有男人之间或者人和野兽之间的殊死搏斗。竞技场不是踢足球或者打棒球的地方，尽管它同我们的足球场、棒球场或体育场有几分相似。你或许在马戏团看过这类马车比赛，驾车的人站在双轮车上面，尽管这种车有两个大轮子，但车厢比较小，被两匹马或四匹马拉着。

韦斯巴芗当上罗马皇帝后，建造了能容纳 5 万观众的罗马竞技场。尼禄的大多数奢侈物都被改造成了公共娱乐场所。公元 80 年，为庆祝竞技场工程竣工，古罗马统治者举办了持续 100 天的庆祝典礼，让 5000 头猛兽与 3000 名奴隶、战俘、罪犯上演人与兽、人与人的血腥大厮杀，直到它们同归于尽。很多人说，如果你在角斗台上随意抓把土，在手里捏一下，就会看见印在手上的鲜血。

角斗士的搏斗是罗马人最喜欢的运动项目。角斗士一般是战败的俘虏，

罗马竞技场

他们都是些强健的男人。为了取悦看台上的观众，他们之间要进行相互搏斗或者同野兽搏斗。这种搏斗非常血腥残酷，但是罗马人就喜欢看这种互相残杀的场面，他们觉得很有趣，看电影的趣味还不及这种搏斗的一半。通常情况下，人们只有看到角斗一方死亡的场面才会满意，大家都认为只有这样搏斗才算结束。

有时候，如果一个**角斗士**在搏斗过程中表现得很勇敢，也很优秀、有风度的话，即使他被打败了，观众们也会竖起他们的大拇指让获胜的角斗士饶他一命。所以，在搏斗快要结束的时候，获胜者还要等着看一下观众的要求，要是拇指朝下，他们就要杀死战败者来结束这场搏斗。

虽然罗马城市既漂亮、干净又先进，但帝国大多数的钱财都在富人的手里，这使得富人越来越有钱，而穷人什么都没有，越来越穷。战败的俘虏被罗马人带回来变成他们的奴

角斗士在竞技场角斗

角斗士的训练方式很严酷，还要控制饮食，他们只能吃高热量的食物。这种方式和现代训练运动员的方式很像。他们要学习使用匕首、剑、网以及锁链等武器。一般情况下胜利的角斗士要杀死失败的角斗士，他们的大腿会被失败者抓住，搏斗结束宣布胜利的时候，他们要将长剑插进失败者的喉咙。这个时候，现场的气氛会变得很活跃，观众会大喊喧闹。哲学家罗素认为，马可·奥勒留之前要求角斗士角斗时一定要用又粗又钝的剑。

隶，替他们干又重又累的活儿，没有一点回报。听说，罗马人还不及奴隶数目的一半，这说明一个罗马公民会有两个奴隶服侍。

有一个叫**西庇阿**的年轻将领，他在布匿战争中战胜了汉尼拔。他有一个叫科妮莉亚的女儿，生了两个很优秀的儿子，她为此感到很自豪。

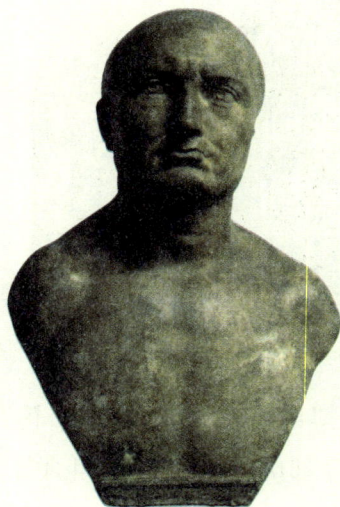

西庇阿

西庇阿的全名是普布利乌斯·科尔内利乌斯·西庇阿，人们尊称他为"征服非洲的"。他的弟弟卢基乌斯·科尔内利乌斯·西庇阿则被人们称为"征服亚洲的"。他们两人都出生于著名的西庇阿家族。

有一天，一个很有钱的罗马女人来到科妮莉亚家，炫耀她有很多戒指、项链和珠宝首饰，她很自豪自己有那么多的珠宝。

卖弄完她那些首饰后，她想看看让科妮莉亚感到自豪的宝贝。

科妮莉亚把在外边玩的两个儿子喊了回来，搂着他们说："我的宝贝在这里！"

孩子们小的时候是父母心里的宝，长大后就不一定了。你想了解科妮莉亚的宝贝后来发生了什么吗？

格拉古兄弟，长大后人们都这样叫他们。他们想改变贫富悬殊的局面，当看到穷人没有吃住的时候，他们认为很不公平。于是，为了能让穷人负担得起购买粮食的钱，他们想法降低了食物的价钱；还想办法让穷人在地里自己种菜。他们为穷人做了很多好事，最后，却惨遭杀害。有钱人不想把好处分给穷人，科妮莉亚的宝贝最后陆续被杀死了。

第**34**章

罗马人中地位最高贵的一员
The Noblest Roman of Them All

让我们先来猜个谜语吧。

有个人捡到了一枚刻着公元前 100 年的古老硬币。

那是肯定不可能的，你知道原因吗？先不要看后面的结果，你能猜出来吗？

你猜到了没？我们把耶稣基督出生的那年作为起点，称之为公元 1 年，在那之前的时间称为公元前。但是耶稣什么时候出生，在他之前的人也不知道，所以硬币上也不可能被刻上这样的时间。

公元前 100 年，有一个叫**尤利乌斯·恺撒**的小男孩儿在罗马出生了。

你要是问他出生的时间，他会说是在 653 年。

他为什么这么说呢？

公元前 753 年，罗马城建立。罗马的纪年就是从那年开始的，我们称之为第一年。恺撒是在公元前 653 年出生的，按着我们的纪年换算一下就是公元前 100 年，懂了吗？

那时，真正的海盗横行整个地中海地区。由于这个时期罗马统治着世界，帝国各个地区众多的金银珠宝会通过舣只送到罗马城，于是海盗们就在海岸

尤利乌斯 · 恺撒

恺撒（前102或前100—前44），出身于罗马贵族。历史上，无人能同他相比，他除了是一位伟大的演说家、文学家和政治家外，还是一名士兵。在战胜政敌庞培之后，他拥有了最高权力。公元前44年3月15日，他遭遇了一次暗杀，这缩短了他的政治生涯。他有两部笔法清晰的作品——《高卢战记》和《内战记》流传了下来，它们是历史著作的典范，被后世效仿。左图是恺撒的头像。为什么他会对所有认识他的人产生这么大的影响，我们能从他那细长的脖子、尖鼻子、结实的下巴，还有那双能看透人心的眼睛上看出来。他是一位很卓越的人物，既是军事天才，又是拥有多方面才能的政治家。

周围航行，埋伏起来，趁机抢劫珠宝。

恺撒长大后，出海去围剿海盗，却战败被俘虏了。恺撒被关了起来，海盗们派人捎信到罗马，要求用一大笔钱才能把人赎回去。恺撒明白要是钱送不过来，他一定会被海盗杀死；他也明白，其实不管钱能不能送过来，他都可能会被杀死。但是，他一点儿也不害怕，倒是对海盗说，假如有一天他回到了罗马，他一定会带着舰队回来复仇，不会饶过他们。之后赎金被送过来，恺撒就被海盗放了，他们以为恺撒说的那些话只是吹牛，他肯定不敢再回来。他们还觉得，无论怎样，恺撒都没有办法抓到他们。但是，恺撒这个人言出必行，后来他真的回来复仇了，还把海盗们抓到监狱关了起来。后来，他遵循了罗马处置海盗的方式，海盗们被钉死在了十字架上。

罗马统治的帝国远方的属国常常起来反抗罗马，想要挣脱束缚。为了平息叛乱，罗马需要一个骁勇善战的大将带领军队。由于恺撒曾经在与海盗的对战中表现十分英勇，这次他也作为军队将领去和两个远方的属国作战，一个是西班牙，另一个是高卢，位于西班牙北部（即现在的法国）。

这两个国家都被恺撒征服了，后来他用自己的母语——拉丁文记录了自己的战斗经历。如今，对于想要学习拉丁文的人来说，这本《高卢战记》已经成了入门首选书籍。

公元前55年，大不列颠岛（即现在的英国）的大部分地区都被乘船而来的恺撒征服了。公元前54年，也就是第二年，他再次率兵征讨大不列颠。

罗马帝国西部的广大地区被恺撒征服后，被管理得井井有条。恺撒不但变成了罗马帝国的名人，还备受战士们的敬爱和拥护。

在这个时期，罗马还有一个叫庞培的有名将领。他和恺撒一样，都是很优秀的将领，在战争中屡战屡胜。恺撒在率军征服帝国西部的同时，庞培在不断扩张罗马的东部。他们以前是至交，但后来庞培嫉妒恺撒，嫉妒他不仅战功无数，征服了很多土地，还获得了战士们的特别拥戴。你说说嫉妒引起了多少事端和战争啊！最起码你都听到两个这样的例子了，还有一个是之前说的罗马对迦太基的妒忌。

就在恺撒率军在外作战的时候，庞培跑到元老院，劝说议员们下令，让恺撒立即回到罗马并交出兵权。

恺撒接到命令后，思忖了一段时间。后来，他打算返回罗马，但不会把兵权交出来，倒是想带兵把罗马攻打下来，自己控制实权。

"卢比孔河"在恺撒管治地和罗马城之间，由于这条河是分界线，不管是哪个将领，罗马法律都严禁他带兵渡过这条河。罗马人也是担心将领们跨过这条河带兵直入罗马，自己称王。

由于恺撒打算不再听从元老院的指令，就带兵越过了卢比孔河，直入罗马。

如今，"卢比孔河"一般是指人们与危险分割开的界线，"渡过卢比孔河"说的是一些人使用果断手法，面对困难、险境背水一战的举动。

当庞培听说恺撒带兵挺进罗马城的时候，他逃到了希腊。没过几天，恺撒不仅成了罗马的领袖，还变成了全意大利的领袖。后来，为追击庞培，恺撒去了希腊，庞培在一次战役中遭到惨败。

赶走了碍事的庞培，整个罗马帝国的最高统治者就是恺撒了。

由于当时罗马还未统治埃及，恺撒决定攻下埃及并统治它。那时，一个名叫**克娄巴特拉**的美丽女王统治着埃及。她美极了，所有人都对她着迷。克娄巴特拉勾引恺撒，把他迷得神魂颠倒，忘记了周围的一切。尽管埃及被恺撒占领了，

克娄巴特拉——埃及艳后

克娄巴特拉是埃及托勒密王朝的末代女王，因貌美出众而闻名，被称为"埃及艳后"的就是她。著名的恺撒、安东尼、屋大维这三个人都和她有一定的关系。据传，当时许多重大历史事件就是她利用姣好的美貌和高贵的气质使恺撒和安东尼为她效劳而引发的。

他仍同意克娄巴特拉继续在那里做女王。

就在这时，罗马统治的东部地区发起了战争，那里的人们组织起来想脱离罗马的控制。于是恺撒离开了埃及，赶到叛乱的地方去攻打他们，很快罗马就收到了恺撒得胜的喜讯。他用极其简练的语言描述了这次胜战，用最拉科尼式（还知道这个词的意思吗？）的形式形容了战争结果。信里只有三个字，尽管3000字和3个字的信对信使来说都一样，但是即使是用发电报形式来传达恺撒获胜的消息，也已经是最简短的了。他就写了3个拉丁文"Veni,vidi,vici"，代表"我来，我见，我征服"。

当恺撒回到罗马以后，人们嘴上都说想要拥护他做国王。实际上，恺撒已经是整个罗马帝国的头脑，不单单是国王了。公元前509年，塔克文被逐出国境后，国王在罗马已经不复存在了，所以恺撒也没有自称为王。以前罗马人憎恨国王，即使现在没有了国王的称谓，人们还是对此心存憎恨。

一些人认为恺撒借助手上的兵权自称为王是很可怕的事。于是，为了避免这种事情发生，他们秘密谋划了一次刺杀行动。在密谋者当中有一个人是恺撒最要好的朋友，他叫布鲁图。

有一天，恺撒在去罗马元老院的路上遭到这些密谋者的埋伏，就好像孩子之间吵完架，放学后有些孩子藏在角落里等着另外一些人露面似的。

当毫不知情的恺撒正要走进元老院时，他被密谋者围了起来，无数刀剑向他刺来。

恺撒很吃惊，想要保护自己，但是他身上除了一支书写用的铁笔外什么都没有。尽管"笔杆子比剑更有杀伤力"是句至理名言，但此时，笔确实没有什么用。

最后，当恺撒看到他最好的朋友布鲁图刺向他的时候，他悲痛欲绝，就不反抗了。接着，他大声喊了一句拉丁语："布鲁图，你，你也要杀我吗？"之后就倒地毙命了。这一事件发生在公元前 44 年。

恺撒的真朋友安东尼在恺撒的尸体旁边发表了一篇激昂的言论，周围的人听了都义愤填膺，他们都想着如果抓住这些杀人犯，一定要把那些人撕得粉碎。

《尤利乌斯·恺撒》是莎士比亚写的一部戏剧，它是用来纪念恺撒大帝的。七月（July）这个月份也是来源于恺撒的名字（Julius）。

现在，你想想，谁会是安东尼口中说的"罗马人中最高贵的那个人"？

"难道是尤利乌斯·恺撒？"

不，当然不是。"罗马人中最高贵的人"是那个刺杀恺撒的好朋友布鲁图。

为什么会是他呢？

想要知道答案，就去读读莎士比亚的戏剧吧，谜底就在最后安东尼的演说中。

之后，"恺撒"就变成了德国统治者的统一称谓，代表着独裁者或者皇帝。"沙"或者"沙皇"指的是俄国的统治者，它的发音也是来源于恺撒的名字。

恺撒遇刺

恺撒，生于罗马，天资聪颖，爱好广泛。他喜欢古希腊文化；热爱体育运动，通晓骑马和剑术，这些运动锻炼了他强健的体格。恺撒在处理政务时态度认真严谨，在商量讨论事情时言谈得体，为人处世时具有包容仁慈之心，不过有时候他也会独断专行，这与他后来被害也有一定的联系。

第35章

被奉为神明的皇帝
An Emperor Who Was Made a God

如果一个人很有名望，城市或者街道就会用他的名字来命名。

你想不想在未来做些很有意义的大事，让你的名字也成为小巷的名字呢？

我们假设一下，如果你的名字是这一年中的某个月份的名字，那么在以后的日子里，你的名字就会被成千上万的人写下或者说出来。

有个人，他的名字不仅是一年中的某个月份的名字，他本人还被人们奉为神灵。接下来我要说的就是这个人。

恺撒遇害后，罗马帝国被三个人统治着。一个是曾在恺撒尸体旁发表演说的恺撒的好友安东尼；一个是恺撒的义子屋大维；另外一个人就没有必要了解了，因为他很快就被安东尼和屋大维除掉了。没过多长时间，安东尼和屋大维为了谋求对方的地盘，也各自打起了算盘。

罗马帝国的东部被安东尼统治着，他就住在这些地区的都城——埃及的亚历山大城。

在埃及，安东尼和恺撒一样，他也喜欢上了克娄巴特拉，最后娶她为妻。

屋大维统治着帝国的西部，之后他带兵去攻击安东尼和克娄巴特拉，最后取得了胜利。安东尼战败后，接受不了这样的事实，就自裁了。

寡妇克娄巴特拉希望屋大维能像恺撒和安东尼那样，迷恋上自己，于是她就故技重演，想要以这种方式占得上风。

但是，这种行为并没有起到什么作用。屋大维和安东尼、尤利乌斯·恺撒是两种人。他很冷血，也很精明。他没有太多心思谈情说爱，能够经得起女人的诱惑，更加不会让自己的计划被女人破坏，成为全世界最伟大的独裁者才是他的目标。

安东尼和克娄巴特拉

克娄巴特拉没有勾引到屋大维，她还听说自己会像那些战败后的俘虏一样，被带回罗马游街示众。她没有办法接受这种侮辱，于是决定不论怎样都不能回到罗马。

那会儿，在埃及有一种毒性很大的小毒蛇，名字叫"角蝰"。一天，克娄巴特拉解开胸前的衣服，让手中的毒蛇咬了她一下，然后就死了。

后来，屋大维统治了罗马的所有属地，他回到罗马城后，被人们高呼为"皇

克娄巴特拉之死

克娄巴特拉的祖先托勒密一世是亚历山大大帝的将领，所以托勒密王朝的整个王室成员是流淌着古希腊人的血。前文提到的罗塞达石碑就是在这个王朝诞生的，因为，他们拒绝学习埃及语也不懂埃及语，因此文件常常需要有多个语言版本。克娄巴特拉是整个王室中第一个学会埃及语的人，而且还信奉了埃及神灵，她的守护神是埃及的伊西丝女神。

奥古斯都大理石雕塑

帝"。公元前 27 年，他把自己"屋大维"的名字改为**奥古斯都·恺撒**，拉丁文的意思是"皇帝陛下"。公元前 509 年，罗马人废除了国王。但是在公元前 27 年，皇帝出现在罗马，他统治的国家数量极多，而国王只能统治一个国家，所以说皇帝的权力要远远大于国王。

屋大维，也就是奥古斯都·恺撒，他在 36 岁时成了罗马帝国独一无二的首领。巨大的罗马帝国的首都是罗马城，它在帝国中占有十分重要的地位。

奥古斯都慢慢把罗马改造成了漂亮的城市。他用宏伟豪华的大理石建筑代替了砖造的破旧建筑物。奥古斯都很爱侃侃而谈，经常说以前他得到的罗马是砖城，但以后存留下来的罗马会是大理石的城市。

万神殿是罗马最精致美丽的建筑之一，是所有神灵的庙宇。不要混淆万神殿和雅典的帕提侬神庙（他们的英文拼写和发音比较像——译者注），事实上这两个建筑有很大的区别。帕提侬神庙是用雅典娜·帕提侬女神的名字命名的，而万神殿得名于代表所有神灵的两个单词 Pan 和 theon。

万神殿有一个由砖和灰泥砌成的大圆屋顶。它的形状很像一个倒扣着的碗，正中还有一个叫"眼睛"的圆形孔。这个孔就是万神殿里独一无二的"窗户"，通过它，整个神殿宏伟豪华的内部景象都可以被看得很清晰，纵使在多云的阴天，也有足够的光照进来。

整个城市在这些璀璨建筑的衬托下，变得光彩闪耀，显示出长久兴盛不衰的模样。因此人们把它称为"永恒之城"，直到现在还是这样。

罗马的广场是一块方形的公共场地。人们聚集到这里，各种各样的东西都可以到这个大集市上来买。神灵的庙宇、法院和其他公共建筑物都建在广场的周围。罗马法院的外观和雅典建造的庙宇形状很相似，只是法院的圆柱

万神殿

　　万神殿，是奉献给全部神明的一座大神殿，是由哈德良主持建造的。在所有罗马建筑中，它是保存最完好、对后世产生影响最大的一座非凡建筑。米开朗琪罗称它体现了天才的设计手段。在一半高度的地方开始建造大圆顶的基座。殿的顶端向下延伸的圆形曲线，与地面相接形成一个完整的球体。有一个直径为9米的天窗开在圆形屋顶上，光线从这里透进来照到马赛克的地板上，气氛显得庄严肃穆。与此同时，它还有一个很实用的功能，那就是计时。

建在建筑里面，而雅典庙宇的圆柱建在外面。

　　罗马建造了很多凯旋门，用来庆贺重大的胜利。为了庆祝战士们的凯旋，远行的英雄和军队要通过拱门，进行一次盛大的游行。

　　以前罗马有一个能容纳20万人的半圆形露天竞技场，这座竞技场的名字叫马克西穆斯竞技场。据说它是迄今为止容量最大的建筑，它所容纳的人数比一些大城市的常住人口数还要多。但是后来，它被人们拆除了，因为要给其他建筑腾地方。

　　罗马斗兽场是另外一个竞技场，建于奥古斯都逝世后的一段日子。如今罗马最大的体育馆和它有同样的容纳量。这里常常举行角斗士之间以及角斗士和野兽之间的格斗，这个斗兽场现在还有，只不过已经变成废墟了。当你坐在古罗马皇帝曾坐过的位子上时，你可以看到一些小房子，那是关野兽用的，还有野兽进入竞技场的门，以及一些被杀死的角斗士和野兽留下来的血迹。

　　很多著名的作家都出现在奥古斯都在位时期，其中最知名的两位拉丁诗人是维吉尔和贺拉斯，这个时期被称为奥古斯都时代。维吉尔的《伊尼特》（又叫《埃涅阿斯纪》）讲述的是罗马城的开创者罗慕路斯和勒莫斯的曾曾曾祖父——埃涅阿斯在特洛伊失陷后四处漂流、最后定居意大利的故事。贺拉斯写了很多描述牧羊人和牧羊女爱情的短篇诗歌，还有写田园乡村生活的诗歌，

罗马广场

这些都被称为颂歌。他的诗歌很受人们欢迎，现在还有许多人用贺拉斯作为他们孩子的名字。

因为奥古斯都为罗马奉献了很多，所以他在死后被人们奉为神灵。人们给他建造了庙宇，像神一样供奉他，8月（August）这个月份就来源于他的名字（Augustus)。

国民诗人维吉尔

维吉尔是古罗马诗人，有"国民诗人"的美誉。他最出名的一部作品叫《埃涅阿斯纪》，这部作品也代表着罗马文学的最高成果，对后来许多诗人产生了深远影响。

第**36**章

"国度、权力和荣耀，都属于你"
"The Kingdom, the Power and the Glory, Blong to You"

奥古斯都·恺撒曾经统治着全世界。

他统治罗马的时候，罗马还是砖城，之后留给人们的却是大理石的城市。

有一个月份就是源自他的名字，人们还把他当作神灵供奉！

我们以为世界上应该没有像奥古斯都·恺撒这样伟大的人了，就连奥古斯都自己都不知道，还有一个比他更伟大的人和他生活在同一个时代。他叫**耶稣**，出生在罗马帝国东部，一个叫伯利恒的偏远村庄。

耶稣诞生

耶稣，又叫基督，基督的意思就是救赎，他被视为神的儿子，也是《圣经》中所预言的救世主。据说，世上的人都犯了死罪，神怜爱世人，于是将他的独生子耶稣赐给世人替世人死，用耶稣的血洗脱世人的罪。因此，世人只有借着耶稣才能到神的国度。

耶稣在山上讲道

耶稣在出生很久后，只有亲人和朋友知道他的存在，其他人对他的来历所知不详。

耶稣属于犹太族群，他的父亲是做木工活儿的。他比较年轻的时候，就去父亲的店里做木工活儿，过着很平静的生活。30岁以后，他开始到处传教布道，把现在我们掌握的基督教知识全部教给了人们。

他教导人们，世界上只有一个上帝。

他教导人们要互相关爱，像爱自己一样关爱邻居。

他教导人们："想要别人怎么对你，你就要怎样对别人。"（己所欲，施于人。）这是《圣经》中的黄金法则。

他教导人们，我们在地球上活这短暂的一生是为了死后到另外一个世界做准备，要在活着的时候多积德、做善事，这样才会"积攒钱财在天堂"。

一些犹太人听取耶稣的教导，并相信他教导的所有内容。他们认为耶稣能帮助自己摆脱罗马的控制，因为他们恨透了横行霸道的罗马人。一些教士看到有那么多人信奉耶稣的教导，担心会影响到他们的地位，就密谋想要把耶稣杀死。

但是，在当时的罗马，如果没有所属地长官——彼拉多的同意，这些教士是不能处死耶稣的。于是教士们找到彼拉多，说耶稣想要自称为王。实际上，耶稣对自己的定位不是世俗间的国王，而是主宰天国的王。教士们明白彼拉多根本就不在意耶稣宣传的宗教，因为在罗马帝国内部有很多宗教信仰，有人信奉虚无梦幻的邪神，有人信奉太阳、月亮以及各类实体的东西。对罗

马人来说，再多一个新的宗教信仰
也不会有别的影响。他们若是以这
个为由，是不能置耶稣于死地的。
但是，如果他们能让彼拉多相信耶
稣想要自称为王，耶稣肯定会被钉
死在十字架上。尽管这对彼拉多来
说只是小事一件，他也不太相信教
士们说的话，但是他需要借助教士
们来加强当地的管理，于是他答应
教士们会符合他们的心意，把耶稣
处死。就这样，耶稣被钉死在了十
字架上，成了牺牲品。

耶稣选了 12 个使徒同他一起
传教布道，这些使徒都是他的犹太

基督受难图

同伴。耶稣死后，使徒们仍然四处传播着他的教诲。基督（基督是希腊语，
意思是"弥赛亚"）的门徒或基督徒就是信奉追随耶稣教导的人。老师是使徒，
而学生是门徒。

耶稣和基督徒都不能向罗马的皇帝朝拜。基督徒绝对不会像大多数罗马
帝国的人那样，轻易信仰不同的神灵。罗马人觉得基督徒想要创建一个全新
的世界和帝国，来反对罗马和皇帝，所以要把他们关起来。于是，基督教徒
选择在隐蔽的地方集会，有时还会在地下，以免被抓起来。

就这样过了一些日子后，基督徒领导们的胆子变大了。他们不再选择在
隐蔽的地方集会，而是开始光明正大地传教。他们明白，罗马人迟早会把他
们抓进监狱，甚至还会处死他们。实际上，他们很相信耶稣的教导，愿意像
耶稣那样为了大众牺牲自己的生命。

在耶稣离开后的 100 年中，罗马人用叛徒的罪名处死了很多基督徒。"殉
道者"说的就是为基督而死的基督徒。公元 33 年，司提反成为第一个殉道者，

司提反殉道

他是被人们用石头活生生打死的。

有一个罗马公民叫扫罗，他也帮忙处死了司提反。他和其他的罗马人一样，都为自己是罗马人而感到骄傲。他认为国家的敌人是基督徒，于是想了各种方法来惩罚基督徒。后来也不知道怎么回事，扫罗就改变了想法，开始信仰他之前一直敌视的基督教了。扫罗一心一意地对待他做的事情和信仰，他成了基督徒中很重要的一名成员，尽管他并没有见过耶稣基督。"保罗"是他的罗马名，他成为使徒后，人们就这样叫他。

就像之前极力反对新宗教一样，保罗现在却是很用心地到处传播这种宗教。之后，罗马人宣判了他的死刑。不过，由于保罗是罗马公民，需要罗马的法官来处决他，而不能钉死在十字架上。

后来，保罗向罗马皇帝上诉，但还是被关进了罗马监狱，后来被杀死了。现在人们都称他为圣保罗。

彼得也是一个重要的使徒。耶稣之前对他说："我会把天国的钥匙给你。"后来，罗马人也把他抓进了监狱，要把他钉死在十字架上。由于耶稣也是这样死的，彼得觉得这种死法很光荣。他要求被钉的时候头朝下，以此表示自己对耶稣的尊敬。很长一段时间后，罗马在彼得被处死的地方修建了世界上最大的教堂——圣彼得大教堂。

圣保罗画像

公元前指的是耶稣出生之前，公元说的是他出生之后。你是不是认为耶稣是在 0 年出生的？

大概 500 年以后，人们用耶稣出生的时间作为标准来纪年。但是在初始纪年时，具体的时间被他们弄错了。之后，人们才知道耶稣本是在公元前 4 年出生的。但是，知道这个错误的时候，已经没有办法改正了。

圣彼得画像

第37章

鲜血和雷电
Blood and Thunder

我有一个最好的朋友，它是我曾经养过的一条很大的纽芬兰犬。我不清楚是谁给它取的名字，反正在我认识它之前，这个名字就伴随着它了。但是，起名字的这个人要不就是不了解历史，要不就是很不会起名字。他给这条纽芬兰犬起了一个"**尼禄**"的名字，狗狗要是知道之前谁叫过这个名字，它肯定会讨厌的。

一般来说，每个好玩儿的故事里都有一个坏蛋才有意思。尽管罗马的故

残暴的尼禄

尼禄（37—68），是一个很神秘的罗马皇帝。他在刚开始执政的时候施行仁政，但从公元59年起变得很残暴。自此以后，人类文明史的耻辱柱上就永远铭刻上了暴君尼禄的名字。他在各个领域留下的荒诞、残酷、淫乐的足迹，都被记载到了各种文献中。在一份拉丁文编年史中，有一篇简洁的总结，它这样说道："尼禄霸占了他的母亲，然后把她吃了；他把自己的妹妹强奸了；他把罗马的12个街区烧掉了；他把塞涅卡（他的老师，著名哲学家）处死了；他在拉特兰把青蛙呕吐出来；圣彼得被他钉死在十字架上；圣保罗的头被他砍了。罗马被他统治了13年零7个月，他最后的结果是被狼吃了。"

事里有好多坏人，但尼禄却是其中最坏的那个。他生活在耶稣出生后不久的那个时期，是统治者中最残忍、最恶毒的人之一。

他残忍地杀害了自己的妈妈和妻子，还处死了一个叫塞涅卡的老师，这个老师跟苏格拉底一样出色。

由于彼得和保罗都是在尼禄时期死的，我们认为是尼禄判了他们的死刑。

尼禄看到别人受罪或者受折磨的时候，会变得很高兴。他喜欢看野兽把人撕成碎片，这让他很开心。我还遇到过一些男孩儿，他们就喜欢向狗扔石头，然后听它们汪汪叫，再不然就是把蝴蝶的翅膀折掉。你不觉得这些男孩儿有些许的尼禄心肠吗？

尼禄会找理由狠狠地折磨基督徒，叫人把焦油和沥青淋到基督徒身上，把他们放在官殿花园的周围，然后点上火，像烧火炬一样烧。据传，尼禄因为想看火烧罗马城的乐子，就在罗马城中放了一把火。然后，他安坐在高塔上，边看火烧边弹琴。这就是那句谚语"罗马失火，尼禄奏乐"的情景。大火毁掉了大半个城市，烧了整整一周。后采，尼禄说是基督徒纵火，把罪责嫁祸给了他们。这种嫁祸人的事情你做过吗？

我们倒希望尼禄是个疯子，有些人是这样认为的，因为你无法想象这种疯狂的行为会是一个正常人做的。

尼禄用很多黄金和珍珠为自己建造了一个大型官殿——金官，这座官殿相当奢华。在金官正面的大门处，有一个 15 米高的大型青铜尼禄雕像。后来

尼禄残害女基督教徒

金宫和尼禄雕像都被毁掉了，几年后人们在尼禄雕像的位置上建造了一座大斗兽场。

尼禄很自负，觉得自己作诗和唱歌都不错。其实他这两样都不怎么样，但他却喜欢到处炫耀，没有人敢因此笑话他。因为如果有人在他作诗或者唱歌的时候笑一下，更别说放肆地嘲笑他，就会被他处死。

人们对尼禄的残暴统治极其不满，就连不是基督徒的罗马人也对他又恨又怕，于是军队开始起来反抗他。尼禄提前知道了人们的计划，为了保留自身的尊严，不受被国民处死的耻辱，他准备在人们还没来得及下手的时候自杀。不过，他有些胆怯，不敢把剑刺进自己的胸膛。最后，他的奴隶实在是等不下去了，就帮他把剑刺了进去。就这样，最糟的一个统治者被罗马人除掉了。

这就是"血和雷"故事的第一部分，下面的是第二部分：

耶路撒冷的犹太人从来不希望罗马是他们的统治者，也不会把皇帝当神一样去崇拜，这一点很像基督徒。但是，他们一直不敢反抗。后来，公元70年，他们做出了造反的举动，并宣称不再听从罗马的指令，也不会再向政府进贡。那时，罗马皇帝派他的儿子**提图斯**去狠狠教训犹太人，就像惩罚不听话的孩子一样，率兵把叛乱镇压下来。

犹太人没有与罗马大军相抗衡的实力，只好把最后的抵抗希望放在耶路撒冷城。但是，这座城市

提图斯攻克耶路撒冷

提图斯，生于罗马城的贵族家庭，从小在宫中接受教育。他身材并不高大，但体格强健，并且记忆力超强。年轻时的他相貌英俊、武艺精通，还会吹拉弹唱，可是因为他冷酷残暴，给人们留下的印象并不好。当他当上皇帝后，他一改往日的缺点，严于律己，使他的政府成为典范。此图描述的是提图斯攻克耶路撒冷。

很快就被提图斯彻底毁掉了，听说里面有 100 万犹太人都被杀害了。再后来，所罗门神殿被提图斯洗劫一空，里面值几个钱的装饰品也都被带回了罗马。这座大型的庙宇自此之后变成了平地。

　　为了庆贺耶路撒冷的战果，罗马在广场上修建了名叫凯旋门的拱门，提图斯和他的军队为了庆贺要穿过这道拱门游行。提图斯离开耶路撒冷时，拿着所罗门神殿的战利品，这情景被刻画在凯旋门的浮雕上。那座黄金制造的七臂大烛台是他从神殿中拿走的最有名的战利品。如今，我们看到很多七臂烛台的复制品都是用黄铜制的。

神殿中的七臂大烛台被罗马人抢走

　　尽管之后耶路撒冷城又被重新修建，但活下来的大部分犹太人流落到了全国各地。人们离开自己的国家，分散居住在外边，我们称这种情形为"流散"。

　　"雷"是故事的第三部分。

　　你还有印象吧？在意大利，有一座维苏威火山。火山起源于铁匠神伏尔甘的名字，铁匠神就是火神。人们认为火山喷发时的烟尘、火焰和灰烬都是火山中心的那个火神炼炉产生的。由于地球内部会爆发出热量，这座维苏威火山会时不时地发出轰鸣声，还会猛烈地震动，甚至喷出火焰，不断地飞溅出热气和石头，石头中有火山岩，就是那种通红、熔化了的石块。尽管这样，人们还是在火山周围建造屋子和城镇，并住在那里。过上一段时间，他们的家园就会被火山爆发时喷出的火焰毁掉。但在那之后，他们还是会回去，在之前住过的地方盖房子。

在提图斯时期维苏威火山的山脚下，有一个叫庞贝的小城镇，罗马的有钱人喜欢在夏天炎热时去那里避暑。公元 79 年，提图斯刚做皇帝没多久，维苏威火山就突然发威了，那时庞贝城的人已经来不及逃跑了。火山爆发时喷射出的气体很快让他们无法呼吸，顷刻之间就倒地了，他们永远被埋在了滚烫的岩浆下，留在了火山爆发时的地方。

在这漫长的两千多年的岁月中，火山灰下一直埋藏着一些人和他们的房子，人们都不记得之前世界上还有这样一个地方。人们回来了，却不记得重建家园的地方之前也是一座城市。后来的一天，一个人在庞贝城挖井的时候挖到了一只手，确切地说是一只手骨，不是真正的手。他转告了别人，于是他们开始不停地向下挖，想看看会有什么东西被挖出来，最后发现了整个庞贝城。如今，庞贝古城的遗址还保留着公元 79 年没被摧毁的样子，人们能够去那里观赏它。

那里有很多房子，它们都是去庞贝度假的罗马人修建的。另外还建造有铺面、庙宇、宫殿、戏剧院、公用澡堂、市场和广场，用火山岩石块铺成的街道上面有车轮印，那是罗马人经常使用的二轮马车轧出来的。一些踏脚石被放在十字路口，这样在到处都是积水的下雨天，人们就可以踏着石头穿街过巷。如今，踏脚石仍被保存在原地，每家每户都是用彩色石块拼起来的地板，有好多种图案。这种马赛克式的装饰手法也留存了下来。在一家房屋的门厅地板上，有一只用彩色石头拼起来的狗的马赛克图案，下面还有一句拉丁文："Cavecanem"。你能猜到这是什么意思吗？它就是：注意狗啊！

人们还在那里发现了深埋在火山灰下的人的骨头，女人佩戴的青铜饰物，装饰房屋用的花瓶，厨房用的锅、罐子以及碗盘，另外还有些照明用的灯具。被发现的床和椅子和被埋之前也是一样的。更奇妙的是，蛋糕、吃剩下一半的面包、做菜要用的肉还放在桌子上，水壶也在火上，火下面是柴火灰，那里面有蚕豆、豌豆和一个也许是最古老的完整鸡蛋。

第**38**章

贤君和他的坏儿子
A Good Emperor and a Bad Son

年轻时的马可·奥勒留雕像

　　坚定的理性和刻骨铭心的忧郁都是他身上生来就有的哲学气质。听说他在小的时候就模仿哲学家的生活方式，穿着一件粗糙简陋的袍子。马可对哲学有着"永恒的尊重"。他认为："一切躯体上的东西如同向东流的水，一切灵魂上的东西如同做了一场梦，生命好比一场战争、一个用来容纳匆匆过客的旅舍，死后的名声也将不复存在。那么人生最后的慰藉是什么？只有哲学。"

　　有一个名叫**马可·奥勒留**的新皇帝，在万恶的尼禄死了100年后登上了皇位。他很善良，刚好与尼禄的邪恶相反，很多人觉得他是历史上最高贵、最伟大的人。

　　那时，大部分罗马人都不信奉任何宗教。他们并非基督徒，对本国供奉的朱庇特、朱诺和其他神灵也都不怎么虔诚。罗马人从小就被家里教导要供奉神灵，他们觉得要是不敬奉这些神，就会有大霉运。所以，为了保险起见，他们供着神灵，但这仅仅只是不想冒险罢了。

尽管罗马人根本就不信奉神灵，但他们很愿意听从某位智者或者哲学家的教导，尽可能地遵从他们修订的规则。

大概公元前300年，一种"斯多亚主义"哲学思想慢慢流行了起来，这是希腊哲学家芝诺传道讲授的，一个世纪后被传到罗马。斯多亚主义用良好的品德修行、智慧和承受困苦的力量教导人们，所以很多罗马人都很喜欢它。塞涅卡——被尼禄杀死的老师，就是斯多亚主义的信奉者，他自己还写有一些关于斯多亚主义的作品。

100年后，一个信奉斯多亚主义的皇帝——马可·奥勒留诞生了。因为他之前有过一段很艰苦的生活，所以他对斯多亚主义的信奉也就成为必然。现在有一本著作叫《沉思录》，它是马可创作的，里面主要记录了他的思想。他原本是想用书中的内容来指导自己的思考和行动，并没有想过将自己的观点出版发行。

马可·奥勒留信奉的一些思想如下：

● 对于痛苦和伤害，我一定要静静地承受。

● 不管事情看起来有多么糟，我都一定要忍。上帝是善良的，是他安排发生这所有的事情。所以，一切的事情也都是善的。

● 对于自己的职责我要恪尽职守。

● 对于享乐我不能一味地追求。

● 生活中最好的事就是行为端正。

● 对于上帝的法则我一定要遵从。

● 我的兄弟姐妹是所有人，我要像对待自己的兄弟姐妹一样对待所有人。

马可·奥勒留做事有自己的原则，他始终坚守着自己应该尽到的职责，是一个很优秀的斯多亚主义者。他待人十分和善，也很照顾穷人，他还尝试去掉角斗士表演中残忍冷酷以及蛮横的东西。

直到现在，马可·奥勒留的《沉思录》还被好多人读着。书中的一些言论和《圣经》很相似。现在，很多人还认为斯多亚主义者指的就是能承受住苦难而没有怨言的人。

"宽恕你的敌人"是马可·奥勒留的原则之一。虽然马可·奥勒留并非基督徒，但他的行事为人要比后来的基督徒皇帝出色得多。

马可·奥勒留和很多人一样严于律己，但却没有把自己的儿子教育好，没把他培养成一个好人。马可·奥勒留特别好，但是他的儿子却坏得没话说。这个孩子长大成人后，把享乐作为首要目标，而且是最堕落的享乐。他完全忘记了要履行职责，做到行为端正，遵循上帝的法则。他只想着怎么才能让自己过得舒服，父亲教导他待人要像亲兄弟般友善，他一点儿都不记得了。

作为运动健将的康茂德，对自己坚实的肌肉和俊朗的外表感到很自豪。他还专门为自己做了一个雕像，用来展示他发达的肌肉和同大力神赫拉克勒斯一样强壮的身体。作为一个皇帝，他去参加摔跤比赛是为了炫耀他那健美和富有力量的肌肉，他还要求人们供奉他，好像自己是神一样。如果某人指出他的错误或者责备他，就会被他毒死或者杀死。他的生活野性放荡，最后的结局也是罪有应得。尽管好多杀死他的行动都没达到目的，但在最后，一个摔跤手还是把他勒死了。

快乐对于康茂德来说，就是尽情地吃喝玩乐，参与彻夜不归、放

刻有康茂德的货币

承载父亲希望的康茂德

康茂德是罗马帝国的皇帝，从小生活在宫中，因为他是马可·奥勒留的独生子，所以奥勒留非常看重他。在康茂德17岁时，奥勒留便让他与自己一起治理国家。奥勒留为了更好地培养他，为他寻求名师，又带他参与战争以提高他在军中的威望。但是，当他当上皇帝后却没有继承父亲的遗志，他的父亲如果知道的话，该有多愤怒啊！

荡的聚会。他对高尚的乐趣，也就是不同的快乐，没有一点儿兴趣。

大概和芝诺是同一时期，有一个名叫**伊壁鸠鲁**的希腊智者，他也是个哲学家。他的思想在罗马很流行，他的理念被千万人遵从着。有些人信奉伊壁鸠鲁的思想，认为"正确的"

伊壁鸠鲁

伊壁鸠鲁（前341—前270），古希腊哲学家，创建伊壁鸠鲁学派。能达到免受干扰的安静状态是他学说的中心思想。伊壁鸠鲁出生在萨莫斯，由于父母都是雅典人，18岁时他就搬到了雅典，之后他又去了小亚细亚。公元前307年，他在自己的雅典住处和庭院内，创立了一个学派。那里与外面的世界已经隔离开了，你能看见一块告示牌挂在门口，上面写着："陌生人，在此处你可以过上舒适的生活，在此处享乐是最善良的事。"

快乐是最高的善，这些人被称作伊壁鸠鲁主义者。

就像下面所说的，伊壁鸠鲁主义者觉得这些是快乐的善：

- 做人诚实、耿直
- 公正对待他人
- 与好人做朋友
- 过简单质朴的日子
- 不盲从他人，不迷信
- 不害怕恐惧
- 以沉静的心态来学习
- 保持镇定安静

伊壁鸠鲁主义者觉得，真正的快乐是那种没有导致任何痛苦的快乐。试想一下，如果康茂德不是抱着那种放任、自私的观点，而是遵守伊壁鸠鲁的快乐理念，那他会多么幸福！

第**39**章

I–H--S----V-----

到最后，我们再说这个标题的含义。你如果不听完这个故事，先看了题目也没有用，你不会明白这到底是在说什么。

耶稣去世很多年后，基督徒遭到了残害，也就是所谓的"宗教迫害"。因为他们信仰基督，所以人们用鞭子抽打他们、用石头砸他们、用铁钩撕扯他们，还用火烧他们，有的基督徒甚至还被人活活烧死。但是，很奇怪，虽然基督徒遭到了如此的迫害，但他们的人数却一天比一天多。他们相信死后的世界是存在的，并对此深信不疑，他们认为如果自己是为了基督而牺牲，死后的生活也是幸福的。所以，他们都很愿意承受折磨，当面对被杀的命运时也很淡然。不过，到后来的时候，罗马皇帝阻止了宗教迫害。这件事的来龙去脉是这样的：

大概公元300年，罗马有个叫君士坦丁的皇帝，他不信奉基督。但他却做出对古罗马神灵很敬畏的姿态，或许，

君士坦丁大帝
在中世纪的时候有人觉得他的大脑袋象征着太阳神

君士坦丁大帝接受洗礼

他也不是很信奉神。

有一次，君士坦丁率兵打仗，他晚上梦到一个像火焰一样的十字架悬在空中，在十字架下面还有一行字，是拉丁文——"In hoc signo vinces"，中文的含义是"以此为记，必将得胜"。君士坦丁觉得，如果按照梦中的意思，在作战的时候戴上十字架，他就一定能打败敌人。他想了想，这样做反正也没什么坏处，还能够看看基督徒的神灵不灵，可以试试。于是，他和战士们都戴上了标有十字架印记的盾牌去战场上杀敌，果不其然，他们打胜了这场仗。为了祝贺胜利，罗马人在广场上建起一座名叫君士坦丁的凯旋门，这座凯旋门有三个圆拱，它是由罗马元老院主持建造的。后来，君士坦丁颁布了相关法律，基督教在罗马帝国正式合法化。据传，君士坦丁在临死的时候，接受相关仪式，成了一名真正的基督徒。自他之后，所有的罗马皇帝中，除了一个人，其他人都是基督徒。

君士坦丁的母亲海伦娜也是一名基督徒。她为基督教的事业付出了一生，还修建了好多教堂，这些教堂就在伯利恒和橄榄山上。相传，她在巴勒斯坦找到了300年前耶稣遇难时的十字架，并把其中的一部分带回了罗马。她死后成了基督圣徒，如今，她的名字是圣海伦娜，人们都这样称呼她。

君士坦丁建了一座教堂，这座教堂就在圣彼得遇难的地方。很多年后，这座旧教堂被人们拆了，但为了纪念圣彼得，人们又在原地建了一座更加雄伟巨大的教堂。

君士坦丁不太喜欢罗马城，他更想住在罗马东部一个叫拜占庭的城市。

于是，他把那里当作都城，从罗马搬到了拜占庭。拜占庭之前叫新罗马，后来又改为君士坦丁城。在希腊语中，polis（读波利斯，是城邦的意思）表示城市，当表达某个城市时，就把这个词和地名拼起来的，例如，Annapolis（美国的安纳波利斯）和 Indianapolis（美国的印第安纳波利斯）。于是，Constantinepolis 就是君士坦丁（Constantine）城，之后简化成了 Constantinople，也就是如今的君士坦丁堡。

基督教被罗马帝国接受后不久，它的内部就闹起了争端，辩论双方各执己见。耶稣基督和圣父上帝是否为同一人是他们争论的主要焦点。为了解决这个问题，君士坦丁把两派人召集到了尼西亚，让双方讨论。经过一番激烈的论辩，最终的结果是，在基督教会中要坚定地相信圣父和圣子是同一人。之后，他们用文字记录下了双方达成的共识，这就是《信经》，它的含义就是信奉。由于是在尼西亚制定的《信经》，所以它也叫《尼西亚信经》。如今在每个礼拜日，它还会被好多基督徒诵读。

在君士坦丁时代之前，罗马帝国的星期天和平时的日子都一样，人们该做什么就做什么，也没有假日的说

《信经》

《信经》是天主教总结的权威的信仰纲要。古代人认可的大公教会《信经》一共有四个，分别是《使徒信经》《尼西亚信经》《阿塔拿修信经》和《迦克墩信经》。现代基督教new的"三大《信经》"则是《使徒信经》《尼西亚信经》和《阿塔拿修信经》。

法。君士坦丁觉得，每周抽出一天时间向上帝做礼拜是基督徒应该做的，这一天很神圣，英文是 holyday，后来简称为 holiday，也就是现在我们说的假日。因此，基督教徒的休息日就被定在星期天，这是他们不用工作的日子，是用来专门礼拜上帝的日子，就跟犹太人的圣日和穆斯林的主麻日一样，前者是周六，后者是周五。

整个罗马帝国的首脑是君士坦丁，而世界上所有基督徒的精神领袖是另一个人，他就是罗马主教——Papa，这个拉丁文的意思就相当于英语中的"父亲"，在基督教里指教皇（后来变成 Pope)。于是，教皇也就成了罗马主教的别称，第一任教皇是圣彼得，这是全体基督徒公认的。几千年来，无论基督徒生活在哪里，他们的精神领袖一直都是教皇。

说到这里，你应该知道这个故事名字的意思了吧，我就写在这儿吧：

In Hoc Signo Vinces(以此为记，必将胜利)。

第40章

野蛮的入侵者
Barbarian Invaders

当一个帝国的繁荣达到顶峰的时候，它也就快衰落了，罗马城和罗马帝国也是这样，最后也被别的国家统治了。但是你一定猜不到是什么人统治了罗马，变成了另一个世界霸主。

日耳曼部落在罗马帝国的北部边界生活了几千年。他们经常越过边界闯入罗马境内，罗马人想要把他们赶回到他们自己的领土上，就频繁地和他们交战。尤利乌斯·恺撒、马可·奥勒留和君士坦丁这些伟大帝王都和他们交过战。日耳曼人被罗马人称为野蛮人，事实上除了罗马人之外，其他人都被称为野蛮人。罗马人认为所有的野蛮人都好争斗，还很凶猛。

大多数**日耳曼人**都是金发碧眼——蓝色的眼睛，浅色头发。我们现在说的黑发黑眼，是指深色头发和黑色眼睛的人。日耳曼人生活在希腊、罗马以及地中海的周围。

日耳曼人之中，只有一小部分迁移到了罗马帝国，生活在城市里，其余的人还一直生

日耳曼人的长相

日耳曼人属于白色人种，虽然长相各有差异，但还是有一些共同的特点。比如：在体形上，一般都是高大强壮的；肤色上，属于白色的皮肤；五官上，最明显的是蓝色的眼睛，而且眼窝较深，鼻子直挺，嘴唇扁长且薄，唇红齿白；头发是金黄色的直发。

活在人烟稀少的地方。他们住的小屋有的是用木头做的，有的是用简单的树枝编的，从外观上看很像个大篮子。种菜、饲养牛马是女人的活儿，打猎、作战、打铁则是男人的活儿。打铁的重要性在于制作作战用的剑和长矛，还有各种生产工具，这都是铁匠们的活儿，所以叫作史密斯（铁匠的音译）的人在他们当中很受尊敬。

为了看上去更凶狠，让敌人胆怯，男人们每次出去作战时都会戴着他们杀死的兽头，大部分都是公牛的头、角，或者是狼、熊和狐狸等野兽的头。

日耳曼男人最看重的事情就是"勇敢"。勇敢的战士可以被称作好人，他们可以撒谎、偷窃甚至杀人，这些都无所谓，没有人会看重。日耳曼部落的首领都是通过选举产生的，他们没有国王的称谓。首领是最英勇和强壮的人，他在部落中的位置不像是国王，反倒更像是总统，他无权将自己的位子交给自己的儿子。

北方民族信奉的神灵不同于希腊人、罗马人信奉的神灵。你或许可以想到，他们的主神是叫作**沃登**的战神。沃登也兼职天神，相当于希腊天神宙斯和战神阿瑞斯的结合之物。相传，沃登在天上住的

日耳曼人战士

那个美丽宫殿叫瓦尔哈拉。沃登的精彩故事和冒险经历流传下来，形成了很多神话。星期三（英文是 Wednesday）源于沃登（Woden）的名字，曾经被写成 Wodnesday。正因如此，单词里虽然不发 d 的音，还是有一个 d 的字母。

另一个重要的神灵是雷电之神托尔。他用随身带着的铁锤战斗，战斗对象是生活在遥远寒冷地带的冰巨人。星期四（Thursday）的英文名称 Thorsday，即源于托尔（英文是 Thor）的名字。

星期二（英文 Tuesday）源于一个叫蒂乌（英文是 Tiu）的神，星期五（英文 Friday）是以一个叫弗蕾亚（英文是 Freya）的神灵名字命名的。尽管这些神灵我

北欧神话中的诸神

沃登（又名奥丁）和托尔以及弗蕾亚都是北欧神话中的神灵，北欧神话是非常精彩的古老神话，这个神话体系中有霜巨人、山巨人、精灵、矮人和英灵战士。这里的神灵还会衰老和死去，很多神灵在诸神的黄昏中死去。这是一个非常吸引人的神话体系，是很多文学影视作品的素材。

们一点儿也不信奉，但是我们一周的四天都是源于这些日耳曼神灵的名字。

一周里还剩下三天，其中星期天（Sunday）和星期一（Monday）源于日（Sun）月（Moon），而星期六（Saturday）是以一个罗马神灵萨图恩（Saturn）的名字命名的。

大概公元 400 年，最让罗马人烦心的就是北方的邻居。他们已经闯入罗马的北部地区，并在那里居住了几年，罗马人也没有办法把他们赶出去。两支日耳曼部族闯入了不列颠区域，那里的罗马人觉得既然大势已去，离开这里才是比较明智的选择。于是他们放弃了那块土地，舍弃了当地的原住民，回到了罗马。

有两支部落——盎格鲁人和撒克逊人，他们居住在不列颠，因此这个地方也叫盎格鲁人的土地，简单地说，就是"盎格兰"。经过很多年的变音后，这个词就变成我们现在说的"英格兰"，也就是英国。盎格鲁－撒克逊人现在仍然是英格兰人的全称，那些生活在公元 400 年、定居在不列颠的盎格鲁人和撒克逊人的后代也都属于盎格鲁 – 撒克逊人。

现在的法国就是高卢，当时有一支叫汪达尔的部落进入那里。后来，他们又向南来到西班牙，在当地四处杀人抢劫。再后来，他们又坐着船来到了北非，总之他们无论走到哪里，都会肆意破坏到哪里。所以，现在我们一说"汪达尔人"，就是指恶意破坏钱财物品的人。现在的一些人也可以被称作汪达尔人，因为他们用刀子刻画书桌，把一些课本撕坏或者随意在墙上和围墙上写画。

汪达尔部落劫掠过后，高卢又迎来了一支法克兰的部落。他们后来在那里定居了，把国家的名字改成了法国。

哥特人是意大利北部的民族，他们有一个叫阿拉里克的领袖。他带着哥特人跋山涉水入侵意大利，洗劫并毁坏了那里所有有价值的东西。后来，他们又闯入罗马肆意掠夺，罗马人拿他们一点办法都没有。但这并不是最糟的，后面还有更糟的！

第41章

野蛮人遇到世界霸主
Barbarians Meet the Champions of the World

匈奴是位于遥远东北地区的一个部落，罗马人和日耳曼部落的人都认为他们很凶猛，也很可怕。匈奴人住在很远的东部，那里是森林地带，当时人们对那里知之甚少。

虽然日耳曼人自身都是很英勇的战士，但匈奴人还是让他们感到很害怕。正是由于他们畏惧匈奴人，所以想离匈奴人远些，于是，日耳曼人就跨越边境，入侵罗马帝国。他们认为，与匈奴人相比，罗马人要好对付得多。

以前有一个匈奴头领叫**阿提拉**，他有一句大话，说凡是他的马蹄经过的地方，就不会长草。阿提拉率领

匈奴王阿提拉

阿提拉年轻时作战勇敢威猛，当了匈奴王后，凭借自己聪明的头脑，使北方都臣服于他。但是，他的言行显示出一种傲居世人之上的自负。据传，他曾自夸拥有战神之剑，如果别人正面看他，眼睛就会被烧坏。

175

他的军队从很远的东方一直向外扩张，军队几乎进入了巴黎，他们将一路过来占领的土地都变成了荒废之地。之后，罗马和日耳曼人组成了联盟，一起反抗匈奴人，双方军队在离巴黎很近的沙隆开始了激烈作战，这就是史上有名的"沙隆之战（卡塔隆尼之战）"。

日耳曼人奋勇作战，拼死一搏，双方都死了很多人，鲜血遍地，最终联军打败了匈奴人。幸亏当时日耳曼人和罗马人胜利了，如果获胜方是匈奴人，全世界可能都会被疯狂的野蛮人征服。因此，公元451年的沙隆之战在历史上具有重大意义，对于此战，书中也都做了不一样的标记——451，沙隆之战。

战败后的阿提拉和匈奴人，想要回去攻打罗马人。于是，匈奴的大部队就掉转了矛头，开始攻打南方的意大利，势不可当。他们沿途劫掠杀人，竟没有人敢抵抗。人们认为匈奴人是恐怖的怪兽，闻风丧胆。就这样，匈奴人杀到了罗马城下。

利奥一世是当时的罗马教皇，利奥（Leo)代表狮子（Lion）。但利奥一世不是军人也不是战士，他没有狮子般的勇猛。但他和他的红衣主教团还有一些其他的主教，身穿艳丽的长袍和彩色的外套，没有穿戴盔甲，更

利奥一世雕像

没有拿任何作战的武器，就离开罗马去见阿提拉了。这让人感觉他们如同闯进了狼群的羊，只能任人宰杀。

当利奥一世教皇见到阿提拉的时候，意想不到的事情发生了，当时到底发生了什么人们并不清楚。但是不管怎样，最后的结果是阿提拉没有伤害他们，也不再侵犯罗马了，而是选择回到自己的领地，彻底离开了意大利。对于当时的情况，人们众说纷纭，有人说当他们相遇时，基督徒的气势和光芒震撼

了阿提拉；也有人说，阿提拉害怕杀死这些好像是来自天国的圣人会被上帝惩罚。就这样，阿提拉和匈奴人回到了他们那鲜为人知的北方老家，罗马也毫发无损地躲过了这次劫难。

可怕的阿提拉走了，给了非洲汪达尔人进攻罗马的机会。阿提拉刚走不久，汪达尔人就迅速行动，他们从非洲出发，渡过特韦雷河，抵达了罗马。他们毫不费力就攻下了罗马，他们在那里想做什么就做什么，罗马被洗劫得什么都没剩下。

古罗马真可怜！曾经称霸世界多年的强国——"永恒之城"被打败了，而且是被彻彻底底地打垮了。现在的罗马没有一点儿实力，根本无法自保。"罗慕路斯·奥古斯都"是罗马的最后一个皇帝，他这响亮的名字和罗马第一任国王的名字一样，这个名字和姓合在一起，就是小奥古斯都的意思。皇帝虽然拥有一个很出众的名字，但是他却无法改变罗马帝国败落的命运。

公元 476 年，罗马城沦陷。自此，日耳曼部落中不同的部族统治着罗马帝国西部支离破碎的地区，罗马就像蛋形人（来自儿歌，蛋状的人是它的主角——译者注）似的，绊了很大一跤，即使是集合全部的马力和人力，也没有将王国拼凑到一块儿的方法了。现在只有都城君士坦丁堡所控制的东部地区还一直存在，保存了差不多 1000 年，当时野蛮人并没有占领这部分土地。但是后来情况就变了——我们讲到那会儿的时候再说它吧。

古代历史结束于公元 476 年，准确的日期人们很容易记忆，他们喜欢准确的时间。当然，古代历史不会在这一年立刻结束，它不同于我们说的，每年 12 月 31 日过完后，新的一年就开始了。我们之所以说公元 476 年，是因为公元 476 年记起来比较简单，另外，古代历史渐渐衰退是在公元 476 年之前。公元 476 年之后，一个完全崭新的时代开始慢慢展露出来。

中世纪或中古时期是从公元 476 年到 1453 年。你以后会知道 1453 年到底发生了什么。

从公元 476 年到公元 1000 年前后是中世纪的早期阶段，这一阶段欧洲人口的主要群体是日耳曼人。被他们征服的罗马人教给他们很多东西，他们中的很多人甚至在罗马还没被日耳曼征服之前，就变成了基督徒，并学会了拉丁文。

没有了统一的罗马帝国，人们就不能远行或是经常去旅游了。西班牙、意大利和高卢这些不同地区的人们互相交流的机会越来越少。很多年后，他们表达意思的词语不一样了，字的发音也改变了。又过了千百年，西班牙、意大利和法国的老百姓都开始使用自己的新语言，不再说那些破旧、传统的拉丁语。这些语言和拉丁语有所不同，但是，由于它们都起源于拉丁语，很多词语都是很相似的。

在不列颠，盎格鲁－撒克逊人一直使用着他们自己的语言，因为和罗马人没有一点儿关系，他们也不用罗马语。后来，英语就成为他们语言的名称。罗马帝国破灭后，盎格鲁－撒克逊人一直保存着自己的宗教传统，持续了差不多 100 年，直到公元 600 年前后。

那时，一些长相俊朗、风度翩翩的英国奴隶会在罗马的奴隶市场上被出售。罗马教皇看到后，问他们来自哪里。

"他们来自大不列颠，是盎格鲁人。"有人回答。

"盎格鲁！"他喊道，"像他们这么俊朗的人，应该是'天使'〔这样说的原因一方面是盎格鲁（Angle）和天使（angel）的英文单词很相似，另一方面天使代表基督教，教皇期望能有更多的民族信仰它——译者注〕才好。他们应该信仰基督教啊。"

之后，罗马让一些传教士到英格兰传播基督教，盎格鲁人终于成为教皇期望的"天使"。于是，英国人最后也变成了基督徒。

第**42**章

新世界——新英雄
New World—New Heroes

查士丁尼

查士丁尼大帝除了重建圣索非亚大教堂和引进蚕以外，还编纂了《查士丁尼法典》，收复了大量失地，是东罗马帝国的一位重要君主。他还关闭了有将近1000年历史的柏拉图学园，并亲自写了多部神学著作，推动了基督教的传播。

西罗马帝国的土地被日耳曼国王们分割占据，但在君士坦丁堡，东罗马帝国依然被一个叫**查士丁尼**的罗马人统治着。那时，罗马人要遵循一大堆繁多混杂的法律准则，因此常常出现这样的情景：一条法律允许你这么做，但是另外一条却不允许你这么做，就好像你妈让你晚上9点休息，但你爸却要求你8点一定要卧床睡觉。所以，人们也分不清该做什么、不该做什么。

查士丁尼特意颁布了一套规范，方便管理人民，改变这种混乱的局面。

一些很公正完善的法律规范一直使用到现在，查士丁尼制定了这套公平公正的法律，你要记住他的名字。

查士丁尼在君士坦丁堡修建了一座富丽堂皇的圣索非亚大教堂，这件事一直影响到了现在。虽然经过漫长的岁月，那里已经不是教堂了，但它依然是一处漂亮的名胜古迹，而且一直矗立在那里。查士丁尼还做了一件和战争、法律或建筑都没有联系的事情，你可能想都想不到。

那会儿，一些出行者从很远的东方，就是如今的中国，带来了有关奇怪毛毛虫的奇妙传闻。相传这种毛毛虫能把自己缠起来，所用工具是超过自身1千米长的精致、细长的线。他们还说这种长线会被中国人理顺理清，然后织成润滑轻柔的布料。你或许已经知道这种线就是蚕丝，蚕就是上面所说的毛毛虫。这种漂亮的真丝布料，欧洲人见过，但是他们不知道蚕丝是怎么弄成布料的，这对他们而言是个谜。由于这种布料精巧美妙到了极点，他们觉得它是仙女或者精灵编织成的，又或许来自天堂。查士丁尼后来知道了其中的奥妙，就派人去东方找蚕，蚕就这样被带到了欧洲。他创建了欧洲的丝绸织造业，这样一来，他的国民也可以织出真丝的布料、丝绸带和华丽漂亮的丝绸衣服了。

大概和查士丁尼同一个时期,克洛维是法国的国王。他是法兰克部族的人，该部族属于日耳曼部落，这个分支闯入高卢地区并把它定名为法国。克洛维和法兰克部族其他人一样，都将托尔神和沃登神视作自己的信仰。他特别溺爱他的妻子克洛蒂尔德。克洛蒂尔德认为，人们总是喜欢战争和其他残忍行为，这是错误的。她听闻基督教反对矛盾和战争，就想信奉基督教。后来，她接受了基督教的洗礼，变成了基督徒。之后，她想尽办法说服他的丈夫克洛维也改信基督教。

当时，**克洛维**正打算打仗，基督徒不支持这样的事情发生。但是，为了能令妻子开心，他承诺要是打赢了这场仗，他也去做一名基督徒。最后，这场仗真的赢了，他兑现了承诺，和士兵们一起接受了洗礼，做了基督徒。克洛维把都城设在了巴黎，现在那里仍是法国的首都。

创立法兰克王国的克洛维

克洛维是法兰克王国的创立者。中世纪早期，他曾统领欧洲西部的大片土地。克洛维一生的最大影响有三：第一，合并了法兰克，掌控了更宽广的领土；第二，制伏了高卢，夯实了法国的基础；第三，归顺罗马天主教，与教皇联盟保护天主教会。

就在这个时期，亚瑟统治着英格兰。很多诗歌描绘了亚瑟王的生平事迹，不过它们大都是神话或虚假编造的。尽管我们明白这些都不是真实的历史事件，但这就如同特洛伊战争中的英雄故事，很有意义，也很有意思。

相传，有一把王者之剑叫艾克斯盖莱勒。这剑被牢牢卡在石头中，传闻中谁能拔出这把剑，谁就是国王，他将统治整个英格兰。所有贵族都去尝试拔剑，但没有人能拔出来。后来，有一天，剑被一个叫亚瑟的年轻男孩儿轻易地拔了出来，他做英格兰国王这件事就变得理所应当。

亚瑟王挑选了一些圆桌骑士（坐在圆桌前一同商量国家大事的贵族伙伴）共同

亚瑟王之剑

治理国家。一位很有名的英国诗人丁尼生写了一首押韵的长诗——《国王叙事诗》，讲述的是亚瑟王和他的圆桌骑士的故事。我们还要接着讲一下后面的故事，这首诗等你有时间了自己去读读吧。

第 **43** 章

向善
Being Good

你觉得"善"是什么？

日耳曼人认为善是勇敢。

雅典人认为善是全部漂亮的事物。

斯多亚主义者认为善是尽自己的职责，淡定地承受苦难。

伊壁鸠鲁主义者认为善就是恰如其分的快乐。

殉道者认为，为耶稣基督承受苦难甚至牺牲就代表善。

殉道盛行后，有些基督徒想做出更出众的善举，他们去没有人的地方，一个人过着孤单的生活。他们觉得只有远离俗尘，才能把更多的精力放在祷告和思索神的意旨上，这样才能称之为善。

有一个叫圣西蒙·斯泰莱特的人特别怪。为了远离人群，他把自己住的小房子建在了一个 15 米多高的柱子上。那里只能坐，没有办法躺。他在上面居住了好多年，度过了白昼夜晚和四季，不管是烈日炎炎还是大雨瓢泼，他从来没有下来过。他的朋友给他送食物吃，只有搭着梯子才可以到他那儿。他觉得善的理念就是清高、远离人群，这样的生活才是神圣的。但我们会认为他这样是疯了。

然而，这时，一些想要过神圣生活的男人和女人选择群居在一块儿，一起建造他们的家园，而不是像之前那样孤单地生活。修道士是指那些男人，修女或圣女是指那些女人，修道院是他们生活居住的房子。修道院院长是修道士的领导，如同父亲管孩子那样管理着其他的修道士，给他们拟定了一些规则，有必要时还要责罚他们的过失。女修道院长也这样管理修女。

苦苦修行的圣徒西蒙，36 年都生活在柱子上，不为金银动容

大约公元 500 年，一个意大利的修道士极力建议，工作是神圣生活中很重要的一部分，人们要享受神圣生活，就一定要认真工作，这个人就是本尼迪克特。由于耶稣之前在《圣经》里说过，"你若愿意作完全人，可去变卖你所有的，分给穷人"（《新约·马太福音》第 19 章：21 节——译者注）。因此，本尼迪克特认为修道士手里不能有钱。他为支持他的基督徒创建了一个修会，并拟定了三条规范：

1. 一定要恪守承诺，自己不能有钱。
2. 不能嫁娶。
3. 遵从修道院院长的吩咐。

这个修会就是本笃修道会。

如今，你会觉得几乎没有人会答应用一生来遵循这三条规范：自己不能有钱，无条件服从修道院院长的要求，不允许结婚。尽管这样，在欧洲国家还是有很多人加入本笃修道会。

一般情况下，修道士和修女住的小屋像牢房一样简陋，他们在修道会的食堂吃饭，都坐在桌子旁，吃的都是粗糙的饭食。他们在清晨傍晚都要唱赞美诗，不仅这样，他们还要在一天之内唱四回；甚至半夜醒来的时候，他们也要唱祈祷诗。他们最核心的工作就是唱赞美诗，但这不是所有的工作，他们还要做各种不一样的工作，无论是擦地板还是挖公园里的土，他们都干得很高兴。无论他们之前贫穷还是富有，都要遵循同样的规则。

有时，修道院会建在不肥沃的或湿润的土地上，也正是因为这些地方不是很好，也可以说比不好还要糟，不干净或不安全，所以才让修道士住这样的地方。然而，修道士根本不在乎这些东西，他们会即刻清理此处，排干湿地的水，在穷乡僻壤耕种土地，让荒无人烟的土地绽放出如同玫瑰一般生命的光芒。吃的蔬菜和喂给马、牛、羊的草料都是他们自己种的，他们自己创造吃用所需要的全部。

修道士正在抄写文字

修道士和修女除了做这些粗活儿外，还要做一些精细的工作。那时，还没有活字印刷术，欧洲人也不懂印刷术，都是手抄书籍。会读书写字的修道士和修女就给人抄写拉丁文和希腊文的古书。有时候，为了一次做几份抄本，就会让一个修道士慢读要抄写的书籍，其他几个修道士就根据他读出来的内容一块儿抄写。

那时的书都是用小牛皮或者羊皮做的，而不是纸质的，我们把它们称为牛皮纸或羊皮纸。与真正的纸比起来，这种纸更坚固耐用。

"手稿"或"手写本"是指修道士抄写的古书。博物馆和图书馆中如今还保留着其中的一部分。有的手稿做得精致漂亮，有手绘的心形，首字母和边框还点缀着很多图案，有花朵、藤蔓、小鸟等。图案色彩也很亮丽，红的、金的或其他的都有。如果没有修道士和修女做书籍的抄写工作，恐怕很多古书都会消失在历史的长河中，现在我们也就不会看到它们了。

写日记是修道士的习惯，他们一天天、一年年地记下发生的重要事情。我们称这些陈旧的日记为编年纪，它主要讲述那个时期的历史。由于那时没报纸，如果修道士不写这些编年纪，我们根本就不会知道当时发生了什么事情。

当时的修道士都接受过良好的教育，他们会把自己知道的东西全部教给别人，男女老幼都在他们的教导范围之内。对于出门远行的人来说，修道院还是一个暂时的旅店，如果有人请求在那里留宿一晚，他肯定会被收留，而且无论他们有没有钱，那里都会提供他们吃住。

穷人和所有需要帮助的人常常会受到修道士和修女的救助。有时候修道院如同医院，病人会跑去那里求医和寻求照料。修道院会收到很多珍贵的礼物，都是曾经受到过帮助和照料的人送的。所以，尽管修道士和修女没有一个自己的汤匙，但修道院却变得越来越有钱了。

听了上面的故事，你就知道修道士和修女不单单是神圣的信徒，他们还给了人们希望，尽管那个时代很黑暗也很危险，但他们就像光芒一样照亮了夜空。这是希望的光芒。除此之外，那个时代还有别的光芒，至于那是什么，你会在书的后面部分读到。

第44章

非洲的基督教王国
Christian Kingdom in Africa

圣奥古斯丁

　　圣奥古斯丁是古罗马时期重要的基督教思想家。他一生辗转了好几个地方：在北非出生，在罗马求学，后来又在米兰归顺教会。世界闻名的《忏悔录》就是他写的。

　　在罗马皇帝还是君士坦丁的时候，整个罗马帝国都在传播基督教：像位于欧洲南部的意大利和希腊、中东地区的叙利亚和土耳其、北非地区的埃及和利比亚等。圣奥古斯丁是北非希波城中的主教，他不但是很有名的老师和作家，还是基督教发展前期最主要的一位基督徒。在埃及有一批最早的非洲修道士，他们一般住在离人群很远的沙漠中。渐渐地，亚历山大大帝很久之前建的那座亚历山大城，对基督教的作用变得越发重要。基督教发展前期，教堂的带头人物都是亚历山大城的主教。

传教士游览了罗马帝国的各个地方，北到欧洲，南下非洲，传播教义。一些传教士到达了埃及南部的努比亚（今为苏丹）和东南方的阿克苏姆（今埃塞俄比亚的一部分）。前面我们知道，努比亚和埃及一样有着悠远的历史，阿克苏姆同它们一样，历史也很久远，接下来我就把它的历史讲给你听。

阿克苏姆的位置在红海沿岸，距离对岸的阿拉伯很近。公元前1000年前，阿克苏姆来了一些人，他们是沙巴地区的人，沙巴位于阿拉伯北部，他们和当地人混住在一起，慢慢安居了下来。之后，沙巴被阿克苏姆打败，阿克苏姆的国王统治了沙巴。你或许猜到了，阿克苏姆和沙巴这些年一定发生了很多故事。

相传，示巴（沙巴的另外一种表达方式）的一位女王曾经被犹太国王所罗门邀请去耶路撒冷，她或许是所罗门妻子中的一个。无论真实的情况怎样，埃塞俄比亚都有一个广为流传的传闻，那就是所罗门王和示巴女王的后代都是当地的国王。1974年，海尔·塞拉西是统治埃塞俄比亚的末代国王，他也宣称他的曾曾曾曾……祖父母就是《圣经》中最有名的所罗门王和示巴女王。

由于阿克苏姆的四周有特别长的海岸线，那里变成了贸易中心。阿克苏姆的船只沿着红海北至埃及，南进印度洋，顺着非洲的东海岸，越过大洋能一直航行到印度。这些船只装满了黄金、象牙和香料等珍贵的东西。阿克苏姆大篷车穿过沙漠，和不通水路的地方进行交易来往。阿克苏姆的商人去罗马帝国做生意，罗马和希腊的商人也来这边居住经商。繁荣的商业活动使阿克苏姆变成了一个很有钱的国家。国王们都穿着华丽的长袍，坐在大象拉的马车上。大约公元330年，埃扎纳做了阿克苏姆的国王，他很有名，大概和罗马皇帝君士坦丁是同一个时期的人。

埃扎纳和大多数古代统治者一样，是一位军事头领。他不停地占领周边的国家，拓展自己的疆土。然而，他最广为人知的事是他皈依了基督教。他信奉基督教，这缘于两个年轻的叙利亚基督徒。相传，这两个年轻人来这里是因为遭遇了海难，也有人说是红海的海盗俘获了他们，把他们卖到了这儿。

由于他们认识字，便在王宫做了记录员。他们当中的一个年轻人很有心，他试尽所有办法改变埃扎纳的信仰，最后他做到了，埃扎纳王不仅自己信奉基督教，还将国家的官方宗教定为了基督教。阿克苏姆和埃及亚历山大城的基督徒之间来往很频繁。刚开始，埃及和阿克苏姆的基督徒举办宗教仪式的时候都是用希腊语。之后，他们都改变了礼拜时所用的语言，换成了自己的语言，埃及人使用科普特语，而阿克苏姆人用吉兹语来朝拜上帝。《圣经》中的内容后来还被阿克苏姆国王派人译成了吉兹语。

阿克苏姆将基督教作为国家的信仰，这个过程持续了好几百年。之后的章节我们还会提到。中世纪时，欧洲的基督教国家建造了很多雄伟的大教堂。阿克苏姆的国王们慢慢地也建起了一些大教堂，其中的一些和你之前见过的教堂一点儿都不一样，最有名的要数**拉利贝拉岩石教堂**了。

12世纪时，国王拉利贝拉统治着阿克苏姆，他派遣了很多石匠去埃塞俄比亚北部的高原修建岩石教堂。他在很大的深土坑中修建了11座岩石教堂。要修建这样的岩石教堂，石匠们首先要把地下庞大的石块分成很多小部分，然后分下来的硬石头要被工人们打磨刻

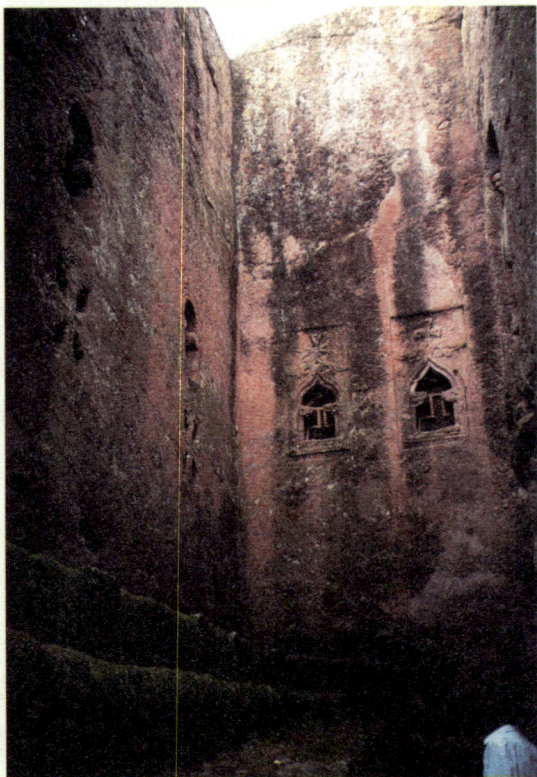

非洲奇迹——拉利贝拉岩石教堂

拉利贝拉岩石教堂，建于12世纪后期，因教堂底部建在一个深坑中，而精雕细刻的教堂外观却要从坚硬的岩石上着手开凿，所以工程非常大，当时光人工就用了5000人，花费了30年的时间才凿出了11座教堂。教堂的外观样式让人叹为观止，里面装饰别出心裁，因此有着"非洲奇迹"的美誉。

画成实实在在的教堂形状。有的教堂是十字架的形状；还有一个超过 30 米高的教堂，它是最大的教堂。在教堂里面，工匠们会用鲜亮的颜色画出漂亮的图案，墙壁和祭坛用金叶子装饰着。如果你到埃塞俄比亚去游玩，还有机会看到这些教堂。

埃扎纳王时期后又过了几百年,阿克苏姆从基督教的世界中分裂了出来。其中的原因是什么呢？下个章节你就会明白，整个北非被阿拉伯统治着，他们在那里创建了全新的宗教——伊斯兰教。尽管还有一些埃及人仍然信奉基督教，但大部分的埃及人和努比亚人都变成了伊斯兰教教徒(也就是穆斯林)。就在此时，之前的贸易路线也被阿克苏姆中止了，这导致它由强盛一步步走向衰败。北非的一些国家之前还尝试着依然保持独立，不改变自己的宗教信仰，但由于它们离欧洲太远，欧洲人最后还是和埃塞俄比亚基督徒断了联系。但有一些基督徒还是留在了那里，如今他们的历史再一次被我们发现了。

第 45 章

穆罕默德和早期伊斯兰教
Muhammad and the Early Years of Islam

　　我们知道犹太教和基督教是在中东地区产生的两大宗教。在接下来的故事中，我们会讲到伊斯兰教，它是在这个地区产生的第三种宗教。

　　一个世纪是 100 年，你或许会因此产生有点怪的感觉，6 世纪是指 500 年—600 年的这 100 年。而这 100 年不能说成是 5 世纪，同理，7 世纪是 600 年—700 年，而这 100 年也不能说成是 6 世纪，以此类推。一切的时间都是以这种方式计算的。既然现在我们提到了 7 世纪，也就是公元 600 年—700 年，我们要了解这个时期出现的一个人，他改变了整个世界。

　　在当时的阿拉伯，有一个出身贫寒的人叫穆罕默德。由于父母死得早，他是被伯父养大成人的。他的伯父筹办了一个能运载旅客和货物的骆驼商队，骆驼商队就如同现在的火车或卡车运输业。穆罕默德住在麦加城，那里是阿拉伯商队交易货物的中心点。骆驼商队要想到达北非和地中海沿岸东端的陆地，就要穿过阿拉伯沙漠。虽然穆罕默德受到的正规教育很少，但他跟随商队去过很多著名的地方，也见识过各种各样的人。他在商队工作时，遇见了赫蒂彻，她是一个很有钱的阿拉伯女人。不久，穆罕默德就娶了赫蒂彻，他们养育了四个女儿，一家人幸福快乐地在一起生活。

伊斯兰世界

穆罕默德大概 40 岁时，遭遇了一件很特别的事。据穆斯林之间的传闻，穆罕默德常常在沙漠里的一座山中学习和思考。有一天，天使加百利出现在他的面前，还带来了安拉的指示。穆罕默德听从了安拉的意旨，并将其传达给了其他人。在阿拉伯，还有一些人信奉其他的神灵。人们常常因为信奉的宗教不同而发生争执，穆罕默德期望能通过他的教导让他们达成互相理解。

当穆罕默德看到身边发生着很多不公平和罪恶的事情时，他就教育人们改变只为自己着想的生活态度，更多关注生活不幸的人。很明显，你不可能让每个人都改变。但在遵从穆罕默德教导的人中，出现了一个新的宗教——伊斯兰教，伊斯兰就是"顺服"的意思。它的信徒被叫作穆斯林。

穆罕默德传教的第一对象是妻子赫蒂彻，之后不久，麦加城中的很多人也变成了穆罕默德的信徒，但是也有一些人反对他。公元 622 年，穆罕默德和他的信徒开始了第一次迁移，从麦加城转移到了麦地那城。这次迁移行动被称为"希吉来"（这个词的本身意思是迁徙）。

公元 622 年，是希吉来开始的年份。穆斯林是从那一年开始纪年的，并把它作为第一年。这很像基督徒从耶稣出生的那年开始纪元，以及罗马人从建立罗马城那年开始纪元。你有没有注意到？基督徒、罗马人和穆斯林，他们的第一年是不一样的。

公元 632 年，也就是希吉来之后的 10 年，穆罕默德去世了。"哈里发"的意思是"继承者"。艾卜·伯克尔是第一任哈里发，欧麦尔是第二任。《古兰经》（也叫《可兰经》）是伊斯兰教最高和根本的经典，穆斯林从小就开始学习诵读《古兰经》，"古兰"一词的意思就是"诵读"。

如果没有特别情况，穆斯林每天要做五次祈祷，而且如果没有很特殊的情况，不论在什么地方，他们都要坚持祈祷。穆安津是穆斯林祈祷时的宣礼人，他召集大家一起来做祈祷。每当到了该祷告的时候，穆安津便会去尖塔、高楼或清真寺的阳台上，大喊："阿拉是真主，他只有一个，我们来祈祷吧，我们来祈祷吧。"

每当做礼拜时，穆斯林都是面向麦加城坐落的方向，他们觉得麦加的克尔白是穆斯林的圣地。在穆斯林的一生中，他们最少要去圣地麦加做一次礼拜。

伊斯兰教在前期很辉煌，在一任又一任哈里发的统治下，穆斯林在原本罗马帝国的大多数领土上，创建了一个很大的帝国。穆斯林的军队顺着地中海周围一直前进，越过中东，一路顺风地抵达了君士坦丁堡。

然而，穆斯林在通往欧洲大门的君士坦丁堡打了败仗，城里的基督徒从城墙上面泼下滚热的焦油，阻碍了他们前进，因此，穆斯林就返回了自己的领地。后来，穆斯林又去攻打了君士坦丁堡好几次，不过都失败了。另外，穆斯林的军队穿过了西面的北非，驶过直布罗陀海峡闯进了西班牙，还踏过比利牛斯山脉直入法国南部。公元 732 年，即穆罕默德去世 100 年之后，他们在法国挨着图尔城的地方遭遇了很厉害的对手。

查理是法国国王的得力助手，号称**铁锤查理**，这个外号缘于他在打击对手时像铁锤一样有力。查理是法国的官相，这个职位只有国王信任的人才能做。穆斯林被铁锤查理和他的战友们打败了，于是他们向欧洲扩张的计划被打断了。

刚过了一个世纪，伊斯兰教就大范围地传播到了各地。地中海沿岸的很多国家，从君士坦丁堡开始，一直到北非南边的地方，向北穿过西班牙直到法国，很多老百姓都开始信奉伊斯兰教。一直到现在，中东和北非地区的主要宗教还是伊斯兰教。

铁锤查理

　　铁锤查理，原名叫查理·马特，由于在732年的图尔战役中击败了穆斯林军队，因此被认为是欧洲基督教的拯救者。他的孙子是一位非常有名的皇帝，扑克牌上的那个红桃K——查理大帝——就是他的孙子。

第46章

阿拉伯时代
Arabian Days

　　你也许读过《一千零一夜》（ *The Arabian Nights* ），书名直译过来是《阿拉伯之夜》。我们来讲讲阿拉伯时代的故事。

　　在穆罕默德去世后的 100 年里，穆斯林攻陷了中东地区和北非地区。不久后，他们又攻占了东部更远地方的岛屿和波斯，他们的帝国很快就比罗马帝国更强大了。对于中东地区和北非地区来说，接下来的一个世纪，都是阿拉伯的世界了。尽管穆斯林没有成功攻占欧洲大部分地区，但几年之后，那里的人们还是学到了很多穆斯林传来的东西。

　　腓尼基人发明了我们的字母表，阿拉伯人发明了数字，而且我们今天的数学运算还在运用这些数字。1、2、3、4 等，它们叫作阿拉伯数字。罗马人用字母代替了数字：V 表示 5，X 表示 10，C 表示 100，M 表示 1000，等等。试想一下罗马的孩子想要算出这个式子，得有多麻烦，看看这个算式：

IV

VII

+MC

XCII

VII

－－－

罗马人不能像我们一样把数字排成一列进行相加。用罗马数字做乘除法几乎是不可能的，来看例子：

MCVII

×XIX

－－－

偶尔，你可能看到某些地方还在运用罗马数字，例如在表盘上，但你几乎每天都在运用的数学运算都使用阿拉伯数字。

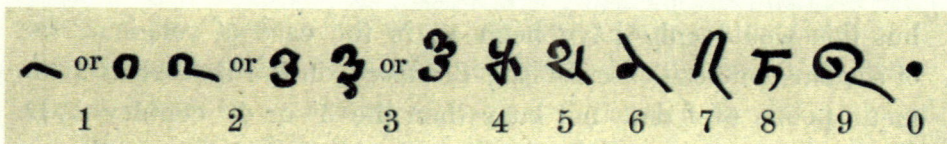

公元 3 世纪，巴赫沙里用的阿拉伯数字

另外一件事：

阿拉伯人修建了许多美丽的建筑物，这些建筑物与希腊、罗马或基督徒的建筑都不一样。阿拉伯建筑中的门窗是敞开式的，它们不是方形或圆形的，通常是马蹄形的。对于清真寺的顶部，他们喜欢做成圆形的，就好像洋葱的形状。在转角处，他们会建造尖顶或尖塔的造型，祷告的人们会在那里大声祈祷。他们会在墙上装饰美丽的马赛克和一些其他图案。穆斯林很用心，因为图案不能复制任何自然界的景物，他们从来不画任何有生命的东西，无论是植物还是动物。他们认为如果画了，就会违背他们的戒律。所以他们用线条和曲线来创造图案，从不仿制自然界的任何生物。这些图案被叫作"阿拉伯花纹"，尽管它们不像自然界的任何生物，却依然非常美丽。

还有另外的一件事：

在阿拉伯生长着一种小灌木，它结很小的浆果，浆果里面有种子。羊很爱吃这种小浆果，当它们吃起来时，就会变得活蹦乱跳，十分高兴。阿拉伯人也试吃这种浆果的种子，结果跟羊吃了后的效果一样。他们把浆果的种子烘焙揉碎，然后用水煮开，做成饮品喝。这就是咖啡，阿拉伯人发现了咖啡，现在全世界的人都在喝咖啡饮品。

另一种饮料也是用果实做成的，通常用葡萄制作，它就是酒。穆斯林不喜欢人们在喝酒后被酒精左右，所以他们禁止每一个穆斯林喝含有酒精的饮料，例如，葡萄酒、啤酒或是威士忌。

还有另外一件事：

羊毛布，人们用它来做衣服，这羊毛是从绵羊或山羊身上收集的。因为要用许多只羊的毛，才能做成一块布，所以羊毛布非常昂贵。阿拉伯人发现了另一种可以用来织布的植物，它就是棉花，这个当然就便宜多了。为了装饰布料，让布变得美丽、吸引人，他们就用木纹在普通的布料上，印上不同的形状、图案和颜色。这种阿拉伯人发明的印制布叫作"印花布"。

还有另外一件事：

阿拉伯人的刀和剑是用质量上乘的钢制成的，这种钢就算对折也不会折断。用这种钢制成的刀非常锋利，它能把漂浮在水面上的、韧性最好的头发丝切断，这是最锋利的剃须刀才能办到的。这种刀还非常有力量，它能把一根铁棒砍断。这种刀是东部的大马士革和西部的托莱多制造出来的，被称为大马士革剑或托莱多剑。大马士革属于叙利亚，托莱多是西班牙的属地。不幸的是，没有人知道阿拉伯人制作这种刀的秘密，这被叫作遗失的技艺。

阿拉伯人在古巴比伦附近建造了一座城市，叫作巴格达。如果你读过《一千零一夜》这本书，你一定听说过这个地方，因为里面大多数的故事都讲到过巴格达。巴格达是穆斯林东部的都城。阿拉伯人在巴格达建立了一所很大的学校，很多年后，这所学校还很出名。西班牙的科尔多瓦是穆斯林西部的都城，在那里，阿拉伯人建立了另一所很好的学校。之后，当伊斯兰教从撒哈拉沙漠的南部传到非洲西部，穆斯林又在非洲西部的城市——廷巴克图城建立了另一所著名学校。

我还可以给你们讲许多阿拉伯人的事——他们制作了钟表，用钟摆来计时，人们之前没有真正的钟表；他们是怎么开始建立图书馆的；等等。但现在这些已经足够展示给你们，阿拉伯人是多么聪明的人了。

阿拉伯人属于闪米特族，闪米特族同样也是腓尼基人和犹太人的种族。阿拉伯人和他们的同族人腓尼基人一样，都非常聪明，你还记得腓尼基人吗？我们前面提到过，他们很聪明，他们也跟他们的同族犹太人一样，有着虔诚的宗教信仰。犹太人，你记得的，非常虔诚。

穆斯林对于女性的看法跟我们不同。大部分人认为女性对男性展露面部是不庄重的表现，所以每个阿拉伯女人都必须戴上面纱，遮住她们的脸，仅露出眼睛。因为无论何时，只要她们出去，就会遇到男人们。戴着面纱，她们可以看，但是不用被看了。穆斯林认为这样可以保护他们的女人。穆斯林允许一个男人娶四个老婆，只要他能保护她们，能平等地对待她们。

还有另一件事，穆斯林需要抄写、保存希腊诗歌和哲学家亚里士多德的作品。罗马陷落后，这些作品很多都在西欧遗失了。你以后会读到，穆斯林的学者保存了这些作品，并把它们带去了欧洲，以供学习和研究。

第47章

两个帝国，两个帝王
Two Empires, Two Emperors

　　欧洲在黑暗中度过了300年。你知道我说的"黑暗"是什么意思吧？那时候一直没有富有智慧的人给欧洲带来光明。

　　阿拉伯人是聪明的，但他们没在欧洲。

　　公元800年，有一个人，他是一个国王，曾经依靠自己的能力和权力，一度把分裂的欧洲统一了起来，组成了一个新的罗马帝国。他不是罗马人，而是法国人。你记得吗？法国人是日耳曼部落的分支，曾在罗马帝国完结后

欧洲之父——查理大帝

　　查理大帝，罗马帝国的奠基人和法兰克王国的国王，他身材高大，生活简朴。他统治时期多次发动战争，使领土面积扩大了将近一倍。公元800年，罗马教皇为他加冕为"罗马人的皇帝"。他对国家的贡献不仅在行政、司法、军事制度、经济生产和文化教育事业上，他还把欧洲文明引入国内，被后人誉为"欧洲之父"。

统治了欧洲。这个法国国王的名字叫查理，他是铁锤查理的孙子，铁锤查理曾经在图尔阻止了穆斯林的攻击，他的法语名字叫查理曼，就是**查理大帝**的意思。

查理曼起初只是法国的国王，但他并不满足于当一个国家的国王。很快，他进攻了他周围的每一个国家，包括西班牙的一部分和德国。他在德国的一个地方建立了他的首都，那个地方叫亚琛，在法语里叫埃拉莎贝尔。埃拉莎贝尔有许多温暖的喷泉，可以舒适地沐浴，查理曼很喜欢沐浴，而且他还是一个游泳高手。

意大利大部分地区都是教皇统治的，但是教皇和意大利北部一些部落的矛盾很深，他让查理曼来制伏他们。查理曼做好准备来帮助教皇，他来到意大利，轻松地解决了这些部落。教皇很感激查理曼，想要回报他对自己的帮助。

查理曼的半身像

各地的基督徒都想去罗马，去那且伟大的圣彼得教堂祈祷，那是圣彼得被钉上十字架的地方。公元 800 年，查理曼去罗马旅行。圣诞节那天，他去了圣彼得大教堂，在那里祈祷，教皇出现了，给他戴上了王冠。教皇加冕他为"皇帝"，在那个时代，教皇有权力任免国王和王后，查理曼成为意大利

查理曼大帝与教皇见面

和其他被他统治国家的皇帝。查理曼王国现在更像一个新的、小的罗马帝国，但最大的区别是，它不是罗马人统治的，而是一个法国人。

那个时候，受过教育的人不多，几乎没有人能读书和写字。查理曼想接受教育，他非常渴望知道所有应该知道的事，他想有能力做任何事，学会每个人会做的事。但在他自己的国家，还没有如此博学的人能够教他。英格兰有个学识渊博的教士，叫阿尔昆。他知道的事比其他任何北欧人都要多，所以查理曼邀请阿尔昆从英格兰来到这里，教他和他的人民。阿尔昆教他们宗教文学，也教一些拉丁文学和希腊文学，这些都是在欧洲战争中幸存下来的作品。

查理曼很快就学会了所有的东西，但在开始学写字的时候遇到了困难。他已经学会了阅读，但就是学不会写字。有种说法是，他睡觉时都会把写字本放在枕头下，只要醒了就练习写字。但除了他的名字，他别的都不会写。他在成人后还没开始学习，但却在他以后的人生中一直坚持学习。为了让别人不再错过他曾错失的机会，查理曼命令他的国家里每一个修道院都要开设学校。他还在自己的宫殿里开立了学校。你认为他为什么要这么做呢？

虽然，查理曼的女儿是公主，但是他还要教她们如何做一个合格的妻子，他教她们缝纫、制作衣服、烹饪，教她们自己积攒生活所需。尽管查理曼大权在握，而且如此富有，拥有他想有的一切，但他还是吃普通的饭、穿普通的衣服，他不喜欢华丽的衣服。一天，他为了让贵族们意识到他们穿着绫罗绸缎是多么可笑，就带他们去森林里打猎，那时暴风雨已经来了，这样他就可以嘲笑他们。你能想象绫罗绸缎在沾了雨水后，沾满泥、被荆棘划破的样子。

尽管查理曼在穿着方面很简朴，他的家却是个富丽堂皇的宫殿。他用金银做桌子、椅子和其他奢华的家具。他还修建了豪华的游泳池、奇妙的图书馆和一个剧院，宫殿四周还环绕着美丽的花园。

在这个时代以及整个"黑暗时代"，人们用一种奇怪的方式抓小偷、判定谋杀或其他犯罪。嫌疑犯不是被送到法院，通过审判来判定他们有没有犯罪，而是被要求背着烧红的铁块走十步，或者把他的胳膊伸入开水中，或是赤脚走过烧红的煤炭。如果没有犯罪，他就不会受到伤害，即使被伤到了，也会很快自己痊愈。这被称为"神断法"。这种做法来自《圣经》中关于沙得拉、米煞、亚伯尼哥的故事。在尼布甲尼撒时代，他们曾经走过滚烫的熔炉，却完好无伤，因为他们没有做错事。查理曼算是很聪明了，但他却相信这种神断法。现在我们已经不用这么荒谬和不公平的办法来判定某个人有没有犯罪了。不过，如果我们说有人正在饱受人生的挫折与考验的时候，我们会形容，"他正在经历神断法"。

查理曼在世时，在遥远的巴格达有一个哈里发，名叫哈伦，阿拉伯人拼读这个名字叫艾伦。如果你读过《阿拉伯之夜》，你也许听过他的名字，正是这个时期，《阿拉伯之夜》里的所有故事都完成了，关于哈伦的描述就在这些故事中。哈伦不是基督徒，而是穆斯林。他

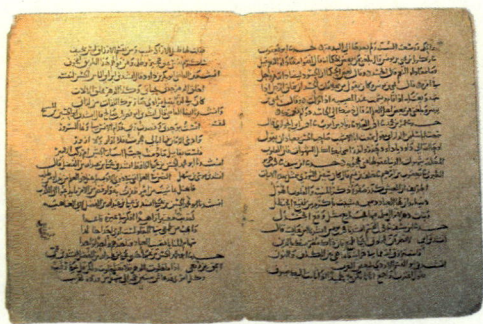

《阿拉伯之夜》的手稿

还作为领袖，带领穆斯林与基督徒进行对抗。他非常崇拜查理曼，为了表示他对查理曼的敬仰，他送给查理曼许多昂贵的礼物，其中有一个计时的钟表。钟表你还有印象吗？是阿拉伯人的发明。这是一个罕有之物，因为那时候欧洲还没有钟表。人们都是通过太阳打在地上的影子长短来判断时间，或者用沙子和水从一只罐子倒到另一只罐子的方法来计算时间。他还送给查理曼一头大象，当大象走过法兰克国王的院子时，人们都大开眼界。

哈伦是个聪明而优秀的穆斯林统治者，这也是他被称作"指引正途的人"的原因，意味着"公正的人"。你还记得希腊被叫作公正者的人吗？哈伦曾经乔装成工人，走进他的人民，他去街道上、市场里，和那里的人交流，去了解他们是怎么看待政府统治的，去了解平民所想。他发现如果他穿上老旧的衣服，人们跟他说话就非常自由，畅所欲言，因为那样人们就不知道他是谁，只以为他是个穷工人。通过这种方式，哈伦了解到了人民的疾苦，以及他们

对统治者满意的部分和不满意的部分。然后他回到宫殿里,下达命令更正错误的或不公正的法律。

　　查理曼去世后,没有人能强大到可以维持新罗马帝国,所以罗马帝国再次四分五裂了,"所有国王的马和所有国家的人民,都不能把它再团结到一起了"。

第**48**章

步入启蒙时代
Getting a Start

英格兰只是个小岛。

在公元 900 年的时候，英格兰还只是个不起眼儿的小岛。不久之后，英格兰就变得日益富有和强大，同时，在全世界建立了自己的帝国。

英格兰仍然只是个小岛而已。

但它现在是世界上最重要的岛国了。

在查理曼时代后的 100 年左右，约公元 900 年的时候，有个英格兰国王，名叫阿尔弗雷德。当阿尔弗雷德还小的时候，他对于学习认读非常吃力，因为他不喜欢学习。那个时期，许多手写书都是修道士抄写的，他们用非常明快的色彩画上美丽的图案，有时甚至会用金子作画。一天，阿尔弗雷德的母亲拿给她的孩子们一本这样的书，并承诺谁能第一个认读，就把书送给谁。这是个游戏，阿尔弗雷德想要获胜得到这本书，所以他生平第一次那么努力。他非常用功地学习，在很短的时间内就学会了认读，比他的兄弟们学得都快，阿尔弗雷德胜出了，他得到了这本书。

阿尔弗雷德长大后，英格兰被海盗闹得不堪其扰。海盗是英国的同族，他们属于日耳曼部落，叫作丹麦。英国在很久以前就信奉了基督教，成为文明的国家,但是丹麦人还依旧粗鲁、野蛮。他们从自己的国家漂洋过海来到英格兰海岸着陆,抢劫城镇和村庄,然后把掠夺来的东西带回自己的家,他们抢走了所有能拿走的东西,就像个坏孩子翻过农户的篱笆,从果园里偷走苹果一样。到了后来,丹麦人愈发放肆了,他们掠夺后并不急于离开,就像是坏孩子偷了苹果之后,还对着追赶来的农户吐舌头、扔石头一样。国王出动军队,来惩罚海盗。但是,非但没有打败海盗,反而被海盗打败了。丹麦人看起来好像可以肆意做他们想做的事情了,只要他们愿意,没准儿还能统治英格兰,甚至整个英国。

情势看起来对英格兰非常不利,有一次,国王**阿尔弗雷德**的军队几乎全军覆没,只剩下他一个人了,他毫无力气,衣衫不整,饥饿难忍,于是来到一个牧羊人的小木屋,乞讨一些可以吃的东西。牧羊人的妻子在火上烤了一些蛋糕给他吃,然后她对阿尔弗雷德说,如果阿尔弗雷德能够在她挤羊奶的时候,帮忙照看火上的蛋糕,她会再给他吃一个。阿尔弗雷德坐在火炉旁,一直在思考如何击退丹麦人,以致忘记了火上的蛋糕。当牧羊人的妻子回来时,蛋糕都被烤焦了。她大声训斥了阿尔弗雷德,把他赶走了,她并不知道赶走的正是他们的国王,因为阿尔弗雷德从

阿尔弗雷德被训斥

阿尔弗雷德大帝是欧洲封建社会时期最优秀的君主之一,被后人称为"英国国父"。他对英格兰的发展做出了不可磨灭的贡献,其中最主要的是他成功地抗击了丹麦人。后来,公元918年,他的继承人儿子爱德华把丹麦人完全驱逐出了英格兰。

来没告诉过她。

阿尔弗雷德得出结论，击退海盗的最好地方是在水上，而不是在陆地上。他开始建造更大更好的轮船，比丹麦人的船都要好。很快他就有了一支舰队，舰队中的船比丹麦人的船都要大，但这些船太大了，以至于一到水浅的地方，船就搁浅了。丹麦人的船虽然小，但是能安全地靠近岸边。一旦到了深水处，阿尔弗雷德的舰队战斗力就会变得很强，这也是英格兰的第一支海军。后来，英格兰的海军成了世界上最大的海军战队，这正是阿尔弗雷德在1000年前打下的基础。

经过与丹麦人多年的作战，阿尔弗雷德最终得出，最好的方式就是制订协议，给丹麦人一部分英格兰的领土，让他们生活在这里，只要他们承诺停止偷窃，就可以过和平的生活。丹麦人同意了，然后他们在阿尔弗雷德给他们的一部分领地上安居乐业，后来他们也成了基督徒。过了很多年，丹麦人和英国人结婚，共组家庭。最终他们成了一个国家，没有人知道他们的祖先是丹麦人还是英国人。

阿尔弗雷德制定了严格的法律，犯错误的人都会被严厉惩罚。所以，英格兰人都很谨慎地遵守着法律，服从他的统治，就算有人在路边遗失了金子，也没有人敢去偷拿。

阿尔弗雷德不仅建立了海军和严明的法律，他还像查理大帝一样，在宫廷里开办了学校，教育孩子和成年人，因为许多成年人就像孩子一样无知。他还做了许多其他有益处有意义的事情。

他致力于发明创造，例如，用燃烧的蜡烛计时。在前面的故事中，你已经看到过钟表了，在当时，钟表是多么不可思议的一件东西！那还是在100年前，哈伦送给查理曼大帝的。我们现在看来，钟表已经是一件很普通的东西了，但当时整个英格兰没有钟表或手表，所以这个发明看起来很不寻常。阿尔弗雷德记录蜡烛燃烧的速度，然后在上面画线，标记不同的高度，两个标注之间的距离，就代表蜡烛燃烧了一小时，这被叫作"蜡烛表"。

蜡烛也被用作照明，但把它们拿到户外的话，蜡烛很容易被风吹灭。所以阿尔弗雷德把蜡烛放到了一个小盒子里，亮光能够透过盒子照出来，他用非常薄的牛角片做盒子，因为在那个时候，玻璃还是非常罕有的。

如果你拿这些小发明，和几千年后我们无与伦比的机器做比较的话，这些小发明看起来不足称道。阿尔弗雷德的发明也不过是一些家庭小妙招，不过是现在杂志花几美元就可以征集到的。但我之前讲到过，英国人曾经是多么愚昧无知，就像欧洲其他的日耳曼部落一样。在那个时期，阿尔弗雷德发明的计时方法就显得非常卓越，因为那时英国才开始起步。

世界的终结
The End of the World

如果你知道，世界下一周就灭亡了，或明年就消失了，你想要做些什么？

10 世纪的人们认为，《圣经》说过，在公元 1000 年的时候，世界将会灭亡，这被叫作"千禧年"，这个单词是拉丁文，意思是千年之后。

世界就要灭亡了，一些人很高兴，这是因为他们太穷了，生活潦倒，过得并不幸福，他们迫不及待地想去见上帝，天堂里的一切都是美好的——如果他们没在人间做坏事的话。在世界即将灭亡之际，他们会尽可能多做善事，以便天堂能有他们的一席之地。

另外一些人并不急于让世界灭亡。但他们认为，如果不久后世界就要终结，他们就尽可能地享受余下的时光，因为现在还有机会。

当公元 1000 年来临的时候，什么事情也没发生。起初人们只是简单认为他们可能算错了时间，这可能不是距耶稣诞辰 1000 年的时间。一年过去了，人们还在等待终结的时刻。他们重新阅读了《圣经》，觉得可能世界灭亡是指耶稣死后的 1000 年，而不是他诞生的日子。时光飞逝，没有任何改变，开始时，他们认为可能是终结日推迟了，因为一些未知的原因。千禧年过去没几年，人们最终意识到，世界可能并不会终结。

每过一段时间，就有一些人自认为自己比别人知道得更多。他们**会说世界末日**不远了，但我们确定的是，世界会一直运转，当我们长大，然后死去，然后我们的孩子们同样地生老病死。

这一时期，人们寻找着世界末日的确切时间。但在欧洲北部，那

里的人并不信奉基督教，也不相信《圣经》里提到的地球会在千禧年灭亡的事。他们和丹麦人是一个家族，在阿尔弗雷德时期来到英格兰，被叫作**维京人**。他们是英勇的航海者，就像腓尼基的海员一样坚强，无所畏惧。他们的船被涂成黑色，船头雕刻着海怪或者龙的图案。他们向北方远航，到达了西方很远的、接近太阳落下的地方，他们比我们知道的任何海员航行得都远。他们发现了冰岛和格陵兰，最终，他们在其首领的带领下，到达了美国海岸。他们的首领叫雷夫·埃里克森。就在同一年，欧洲的基督徒们正在期待世界末日的到来，千禧之年，维京人的到来让一些人认为这就是世界末日。

乘船的维京人

维京人过着家族的生活，一个家族就是一家人，他们关系和睦融洽。男子出外耕作种植黑麦和大麦、打猎捕鱼或制造工具，女子在家纺线织布、做奶酪和黄油。

　　维京人把这个新地方叫作文兰，因为他们发现了葡萄，这里生长着可以做葡萄酒的葡萄。他们讲述他们的故事——冒险故事，关于他们来到文兰的旅途中的故事，我们现在仍能读到这些故事。在这些冒险故事里，文兰被描述成一个富有魅力的国家，到处都长满了小草、树丛和野生小麦，还有大量的动物，冬天也很温暖。维京人见到了居住在那里的人们，我们叫他们印第安人。

　　我们并不是很确定勇敢的维京人都去过哪些地方，我们只知道他们到达了纽芬兰岛、加拿大，可能还到达了南部马萨诸塞州的科德角。维京人在美国并没有待很长时间，他们继续航海，到达了大西洋的北部。我只是好奇，哥伦布知道维京人的文兰萨迦和他们穿过大西洋、到达了欧洲西部的故事吗？

第50章

真正的城堡
Real Castles

欧洲为什么会建造城堡？

城堡的出现是由当时的社会情况决定的，当时欧洲的贵族之间为了争夺土地、粮食、牲畜和人口，接连不断地发生战争，无论是胜利方还是失败者，为了守卫自己的领地不被侵犯，就开始修建坚固的城堡。因为当时正处于封建社会时期，所以它是封建社会时期的产物。

你可能会认为城堡只属于童话故事里的王子和公主。

但在公元1000年的时候，欧洲几乎到处都是城堡，它们并不是童话里的城堡，而是真实存在的，人们确实住在里面。

公元476年，罗马沦陷后，罗马帝国分裂四散，就像被剪成碎片的宝藏地图。人们在这些碎片上建造城堡，一直到14世纪，他们一直在修建城堡。我们接下来会讲到，他们为什么以及怎么修建城堡，和最终停止修建城堡的原因。

任何统治者，不管他是国王还是王子，当他打败了其他统治者，就要给曾与他一起作战的将军赏赐，奖励他们一些打仗赢得的土地，而不是赏赐金钱。将军同样也要给曾为他们效劳的统帅们一些土地，作为嘉奖。被赠予土地的人们叫作领地主或贵族，每个领地主，都是赐予他土地人的封臣。每个封臣都要承诺，无论何时他都要追随他的领主，并为之战斗。当然，他们不能只是轻易地说出承诺，还需要一个正式的仪式，使他们的承诺变得有约束力。封臣要向他们的领主下跪，宣誓只要有命令，就会无条件参加战斗，这叫作"效忠宣誓"。宣誓之后，他需要每年做出同样的宣誓，最少每年一次。这种赐予土地的管理形式叫作封建专制。

这样，每个封臣和贵族都开始建造他们自己的城堡。在被赐予的土地上，他们就像国王一样，有为他们工作的人。城堡不仅是他们的家，还是防止其他封臣抢夺走其城堡的堡垒。通常，他们会把城堡建在山顶或悬崖上，这样敌人就不能轻易靠近了。城堡都建有坚硬的石墙，石墙通常都会加厚到 10 英尺多厚。通常，石墙四周围绕有深沟，叫作"护城河"。护城河里蓄有水，这样敌人来袭时，就会困难重重。

城堡、吊桥、护城河和骑士

在和平时期，没有战争，人们都在城堡外种地。一旦两个封臣之间发生战争，所有人都会带上他们的食物、牲畜以及其他全部家当，进入城堡的石墙里面。这样，他们就能在城堡里住上几个月，如果战争持续的话，甚至可以住上几年。正因为如此，城堡要修建得足够大，才能保证如此多的人和动物能够长期居住。通常看来，城堡更像是个被石墙围住的小镇。

在中世纪，女人主要负责城堡里的内务，做饭、纺线、监督仆人、照看牲畜等。男人们外出打仗会走好几个月，甚至好几年，女人们就要负责打理农田，做好家庭理财。因为那时候战争频发，许多女人都成了寡妇，她们不得不担负起家庭的重担。

在城堡的石墙里面，有许多小的建筑。还有许多房屋供人们和牲畜生活，有做饭的屋子，也有储存食物的屋子，有时还有教堂或礼堂。但最重要的建筑，当然，肯定是领主自己的房子，叫作"要塞之地"。

在领主的建筑里，核心是大厅，它就像一个大的起居室，也有用餐的功能。这里的饭桌是用一些东西垫起来的又大又宽的木板。吃过饭后，这些木板会被取走，所以才会有"移动木板房子"这个名字。那里没有叉子、勺子、盘子和碟子，也没有餐巾。每个人都是用手吃饭，吃完饭他们舔舔手指，在衣服上抹一抹。这时候他们一点儿餐桌礼仪都不讲。骨头和饭渣被扔到地上喂狗，狗可以随意进出房间。真是脏、乱、差，一片混乱！用餐结束后，仆人会端来水，想洗手的人可以用水洗手。你猜一下会有人清理地板吗？

晚饭过后，每个家庭都聚在一起，度过晚上的时光，他们在一起听一些人唱歌、讲故事，这些人被他们叫作"游吟诗人"，他们专门靠唱歌取悦别人来生存。

住在这种石头墙的城堡里，领主和他的人民看起来似乎十分安全，因为它能抵御敌人的侵袭。首先，任何敌人如果想来侵袭，第一步就要想办法渡过护城河，它环绕着城堡；穿过护城河，那里会有一座吊桥，走过吊桥才能通过城堡的入口，进入城堡内。在城堡的入口处，有个铁门叫作吊闸，它就像是一扇窗户，总是敞开着供人进出。但在战争时期，吊闸门会被放下。如果敌人突然靠近，吊闸门没有被放下，就要尽快放下吊闸。当吊桥被吊起来的时候，就没有去往城堡的路了，除非渡过护城河。如果有人偷渡护城河，城堡里就会有人扔石头，或者射箭。城堡是没有窗户的，只有一些长缝，这样可以从缝里向敌人射箭。同时，这也是为了防止敌人从缝外面向里面射箭。

攻击城堡的战事不断。有时敌人会建造一个大木头塔，在下面安上轮子。这样他们就能利用木塔，移动到靠近城墙的地方，然后在塔顶上向里面射箭。

有时候，他们会在城堡外的地下挖通道，一直挖到护城河下面，然后钻到城堡的城墙下，进入城堡。

有时，他们建造巨大的机器——破城锤，用这种大锤来撞击城墙。

有时，他们用一种巨大的投放石头的机器往墙内扔石头。那时候还没有大炮、炮弹、枪或是火药。

领主及其家庭都很富有，但其他人却还不如奴隶。在和平时期，普通人都住在城堡外的土地上，叫作"庄园"。对于人民，领主只会尽可能少地给予，却尽可能多地剥削他们，领主认为那样能使人民永远为他效劳，就好像他喂养照看他的马，只是为了骑上它去打仗，养牛只是为了喝奶和吃肉。但他对待自己的人民，还不如对待牲畜。为了能给领主献上大量的收获的庄稼，人民忙得根本没有自己的时间。他们自己住在破败的小木屋里，与其说是木屋，不如说是一个房间而已，房间的地上很脏。房间上面有个隔间，他们踩着梯子去上面睡觉。所谓的床也只是一堆稻草而已，他们睡觉也要穿着白天劳作时穿的衣服。

劳作的人民叫作"农奴"。有时，农奴会因忍受不了这种生活逃走。如果在一年零一天后，逃走的农奴没被抓回，他们就获得了自由。如果他们在一年零一天之内被抓回，领主就会鞭打他，拿烧红的烙铁烫他，或是直接砍断他的双手。领主可以对他的农奴做任何事情，除了杀死或卖掉。

对这种封建专制的制度，你怎么看待呢？

挂毯上的城堡图，展现了人们在用火进攻城堡

第51章

骑士和骑士制度时代
Knights and Days of Chivalry

　　我给你们讲过的那段时期叫作骑士时代,意味着那个时期,有很多淑女和绅士。领主及其家庭都是绅士和淑女,而其他的更多人则是普通人。

　　那时候没有学校供普通人上学,他们的权利太少,只会被叫去工作,不会有任何别的事。一个城堡领主的儿子则被教育得非常好,虽然他们被教导的只有两件事,如何成为绅士和怎么去打仗;读书和写字被认为是无关紧要的事,事实上,那被认为是浪费时间的事情。

　　就是以这种方式,领主的儿子被教育长大。他会跟着他的母亲,一直到他7岁。7岁的时候,他会被叫作侍童或者跟班;再过7年,直到14岁的时候,他一直都是侍童。在他当侍童期间,他的主要事情就是服侍城堡里的淑女们,他得给她们跑腿儿、为她们传信、在桌边伺候等。他还得学会骑马,变得勇敢和懂礼数。

　　在14岁的时候,他成为一个侍从,然后一直当侍从直到下一个7年,这意味着,他要一直当到21岁。在这一阶段,他需要服侍的是男士们,就像他在侍童阶段服侍女士一样。他要骑着马,跟随成年男士去战场,但只负责照看男士们的马匹，而不是作战，还要带一些枪和矛，以防不时之需。

当他长到21岁时，如果他已经是一个好的侍从，也已经学会了被教导的课程，他就能成为一名骑士。成为骑士会有一个重要的仪式，就像现在的毕业典礼一样，这时这个长大的男孩儿就像成年人一样了。

为了准备这个仪式，他首先要沐浴。虽然这看起来不值一提，但那个时候人们很少洗澡，甚至好几年也不洗一次。然后换上新的衣服，洗漱穿戴完毕后，他要在教堂彻夜祈祷。当白天到来时，他会来到所有人面前，宣誓永远奉行这些事情：

勇敢正直

为了基督教而战斗

保护弱小

尊重女性

宣誓完毕之后，领主会给他系上一条白色皮质腰带，并在他的靴子上系上金色的马刺。做完这些事情后，他要下跪，他的领主会用剑拍打着他的后背，一边拍打一边说道："现在，我封你为骑士。"

骑士去打仗的时候，都要佩戴全套的盔甲，盔甲是用铁和钢制成的，看起来像鱼鳞一样。这套装备能保护他不被剑和矛所伤。当然，如果他被枪射击的话，这身盔甲也无法抵挡，当然，那时候还没有枪。

骑士们被这身盔甲武装得非常严实，当发生混战的时候，骑士们会厮打在一起，打到不可开交时，基本分不清谁

头戴羽毛状的头盔、手持护盾的骑士

一名合格的骑士，要具有八大美德，具体有：一、谦卑；二、荣誉；三、牺牲；四、英勇；五、怜悯；六、诚实；七、公正；八、精神。

是敌人谁是战友。

　　所以，骑士们要在他们的盔甲外的战袍上做标记。标记可以是一种动物，例如狮子；或是一种植物，例如玫瑰；或是十字架和其他的图案，这样就能与敌人区分开来。

　　一个骑士，正如我给你们讲的，他首先被教育成为一个绅士。所以，有时我们说一个人懂礼数、有礼貌，特别是对待女士，就像骑士一样。如果一个骑士来到一位女士面前，他会摘下头盔，这意味着"我们是朋友，所以我不再需要我

戴头盔的法国骑士

的头盔了"。这就是现在的绅士见到女士摘帽子的原因。

　　身为骑士，最重要的事是学会战斗。他们的游戏也是打仗游戏。

　　每个国家，在每个时期都有自己的游戏和运动，人们从中获得别样的乐趣。例如，希腊人有他们的奥林匹克运动，罗马人有他们的战车和角斗士比赛，我们现在有足球和棒球赛，等等。但骑士的主要运动是一种战斗演练，叫"马上比武"。

　　马上比武大会在我们现在知道的"竞技场"里举行。大量围观的人观看比赛时会挥舞旗子、吹响喇叭，就像我们今天看足球比赛时，观众挥舞着小旗子一样。骑士们坐在马背上，在各自的位置上对峙着。他们拿着长矛，长矛的尖端会被包住，以免造成伤害。开始的信号发出后，他们就会冲向赛场的中间，用手中的长矛刺向对方的马匹。谁能把对方从马上挑下来，谁就算获胜。获胜者会赢得女士们为他们准备的缎带或其他纪念品，骑士们认为赢得这些东西是至高的荣耀，就像我们看网球锦标赛时获胜者赢得奖杯一样。

　　骑士们非常热衷于带着狗去狩猎，他们也常会带着一只受过训练的鸟去

狩猎，这种鸟叫作猎鹰。所有的领主和淑女都喜欢这项运动。猎鹰被驯得像猎狗一样，可以捉到其他的鸟类，例如野鸭子和鸽子，还有其他小动物。猎鹰被链子拴在领主或女士们的手腕上，它的头上遮着一个罩子，当主人发现一只鸟时，会摘下罩子，然后猎鹰就会非常敏锐地冲过去，抓住猎物。狩猎的人赶过去，拿起被抓住的动物后会再给猎鹰戴上罩子。人们更喜欢猎杀野猪，野猪是一种长着獠牙的猪，这种野猪非常危险，所以猎杀野猪被认为是更适合男人的运动。

带着猎鹰的女性贵族

1000 A.D.

第52章

一个伟大的海盗后裔
A Pirate's Great Grandson

国王阿尔弗雷德在位的时候，丹麦人总是入侵英格兰。

与此同时，他们的同族人维京人入侵了法国的海岸。

阿尔弗雷德国王最终赠给了丹麦人一部分英国领土，让他们定居下来。后来，丹麦人都开始信奉基督教。

法国的国王也做了同样的事情。为了保护法国人免受维京人的侵扰，他赠给了维京人一部分法国海岸的领土。维京人和丹麦人一样定居下来，开始信奉基督教。

罗洛是入侵法国的维京人首领，他非常勇猛。为了答谢国王馈赠给他们土地，罗洛应该亲吻国王的脚来表达谢意。但是罗洛认为跪下去亲吻国王的脚很丢脸，于是他派下属替他做这件事情。尽管很不愿意，他的下属还是替他亲吻了国王的脚。只是，他在亲吻国王的脚时，因为将国王的脚抬得太高了，导致国王连人带椅子整个翻了过去。

欧洲最优乳仓——诺曼底

诺曼底处于北纬49度，气候温度适宜，土壤含有丰富的矿物质和微量元素，适于饲养动物，是良好的天然牧区。当地的牛所产奶的蛋白质含量非常高，其他地区都远远比不上这里。再加上严苛的科学管理，所以诺曼底有"欧洲最优乳仓"的美誉。

法国赠给维京人的这部分领土叫作诺曼底，这个名字一直沿用至今，生活在那里的人就叫作诺曼底人。

1066 年，威廉——一个非常有实力的公爵统治了诺曼底，他是海盗家族罗洛的孙子。可能你的名字也叫威廉，如果你有任何英国或法国的祖先，你也许是威廉的后代。

威廉不仅身强体壮，而且性格坚韧，他以强有力的手段统治着他的人民。他精于箭术，射出去的箭又远又准，比任何骑士的射杀力都强。没有人强壮到能拉开他的弓。

法国国王连人带椅子翻了个跟头

威廉和他的人民都信奉基督教。在他们看来，基督徒信奉的上帝更像他们过去的神沃登，只不过换了个名字而已。威廉相信"力量创造权力"，因为出身于海盗家族，他的言谈举止也非常像海盗。尽管他已经信奉了基督教，但只要他想拥有的，他还是会去抢、去夺。

当威廉还是个公爵时，他就想成为国王。事实上，成为英格兰国王是他的目标。英格兰和他的公爵府邸只隔着一道运河。英国国王爱德华和威廉是表兄弟，这也给了他一个很好的借口去夺取王位。

当时一个名叫哈罗德的年轻英国王子船只失事，被人在诺曼底的海岸救起，并带到了威廉面前。这看起来正是一个可以得到英格兰的好机会。在哈罗德离开之前，他要求这位年轻的王子许下承诺，如果他将来继承英国国王的王位，就要把王位让给威廉，就好像这国家是一匹马或是一副盔甲，能够被赠送出去。为了让这个承诺更加有约束力，威廉让哈罗德把手放在神坛上发誓，就像现代人把手放在《圣经》上发誓一样。在哈罗德发誓之后，威廉掀开神坛，神坛里面是一些基督圣徒的骨架。对着圣徒的骸骨发的誓言是最为神圣不可违背的，因为害怕受到上帝的处罚。

然后哈罗德返回了英格兰。当他要登上王位的时候，英格兰人自然反对他把英格兰送给威廉。而且，哈罗德说他面对神坛发的誓约并不是他的意愿，而是威廉利用神坛欺骗了他，所以根本不算数。于是哈罗德当上了国王。

听说哈罗德已经当上了国王，威廉十分愤怒，他怒喊着自己被欺骗了，哈罗德违反了誓约。他立刻组织了军队，要去抢夺哈罗德的王位。

威廉在船靠岸时，不小心绊倒了，头撞到了岸边。他的士兵们都很震惊，对此忧心忡忡，认为这预示着坏运气——希腊人认为这是不祥的预兆。但是威廉迅速应变，他很快站起来，然后双手举向天，手里还握着摔倒时抓到的泥土，告诉士兵们他是故意这么做的，而且这预示英格兰的土地很快就会归他所有。就这样，他把凶兆变成了好运气。

战争打响，英国人全力奋战，保卫自己的领土不受外国人的侵犯。就在他们几乎快要赢得战争的时候，威廉下达命令，让士兵们佯装逃跑。

认为自己一定会胜利的英国人果然乘胜而追，他们太骄傲了，于是分散追击诺曼底人。当英国人的军队散开、没有秩序的时候，威廉发出了集结军队的信号，他的士兵们立刻转头回来。英国人非常吃惊，诺曼底人在他们还没反应过来时就击败了他们。国王哈罗德也因眼睛被一支箭射穿而死。这便是**哈斯丁之战**，它是英国历史上最著名的战役之一。

哈罗德打了一场勇猛的战役，但是命运似乎与他作对。就在几天前，他不得不与自己的亲兄弟开战，他的兄弟纠集了一支军队反抗他。我们很同情哈罗德，但没准儿事情会有转机，对英格兰有利，谁又知道呢？

威廉紧接着进军伦敦，他在1066年圣诞节当天成为国王。就是从那时起，他被叫作征服者威廉，这场战事被叫作诺曼底征服。在那之后，英格兰的国

哈斯丁之战，国王哈罗德被击穿眼睛

　　哈斯丁战役是诺曼底征服过程中的决定性战役。因为威廉率领的弓兵的弓威力不够，无法穿透英军的盾牌，因此诺曼底军一次次地诈败诱使英军追赶，扰乱英军阵形，最终突破了英军盾牌兵的防线。威廉摔倒沙滩的情节也和恺撒征服不列颠时的反应一样。

　　王谱系里多了一个新的谱系，一个诺曼底海盗家族统治了英格兰。

　　沿袭了封建专制的模式，就像是分享一个派，威廉把英格兰分割赠予他的贵族们。贵族们需要对他宣誓，永远听从他的指挥，为他效力，随时参加战斗。每个贵族都在被赠予的土地上建造城堡，威廉也在伦敦的泰晤士河边为自己修建了城堡。尤利乌斯·恺撒大帝和阿尔弗雷德大帝都曾经在此处修建过城堡，但都已经消失了。至今屹立在那里的就只有威廉城堡了，也就是我们现在熟知的"伦敦塔"。

　　威廉是杰出的领袖，他非常有头脑。他派人去绘制了一份清单，上面列有英格兰所有的领土、所有的人民及其财产。这些记录被叫作《英国土地志》，这就像有的国家每十年进行一次人口调查。这份清单记录了英格兰所有人的名字和每个人拥有的一切，甚至记录了他们所拥有的牛和猪的数量。如果你的祖先曾经在英格兰居住，你可以看一看这本土地志，试着找找他们的名字，看看他们曾经拥有多少土地，看看他们曾经养了多少牛和猪。

为了避免夜间发生伤害事件，威廉制订了所谓的"宵禁"制度。钟声会在晚上固定的时间响起，这时所有的灯都要熄灭，每个人都要进屋睡觉。

威廉做了一件事，令英国人很气愤。威廉非常热衷狩猎，但伦敦附近实在没有适合狩猎的好地方。为了能有一个狩猎的好去处，他毁掉了大量村落、房屋、农田，然后在这些地方种上树，使之成为森林，人们称这里为"新森林"。尽管距离现在已经有 900 年的时间了，那里已经很古老了，但人们仍称它为"新"森林。

总而言之，尽管威廉出身于海盗家族，但英国在他的管理下井井有条，变成了一个安全的适合居住的地方。从那以后，没有别国敢来侵犯英格兰。所以，1066 年就像英国的第一年一样。

第 **53** 章

一次伟大的历险
A Great Adventure

　　你曾经玩过这种游戏吗？游戏的名字叫"去耶路撒冷"，在这个游戏里，每个人都要在音乐停止的瞬间，给自己找到一个座位。

　　在整个中世纪时期，也就是在古代与现代交接的那段时间，"去耶路撒冷"不是游戏而是一段真正的旅行。那时候整个欧洲的基督徒都想去耶路撒冷，他们想去基督受难的地方看一看，他们想去那里祈祷，带回来一片棕榈叶作为纪念品，那样就能把这纪念品展示给朋友们，或是挂在墙上，在余下的一生中都一直谈论这件事情。

　　基督徒中有些是心善的，也有些是心恶的，他们都想去耶路撒冷。有时候他们独自上路，更多的时候他们结伴上路。因为那时候还没有火车之类的事物，从法国、英国、西班牙或是德国出发的穷人们需要步行好几个月甚至是好几年才能到达耶路撒冷。这些旅客被叫作"朝圣者"，他们的旅途被叫作"朝圣之旅"。

　　当时，土耳其人统治着耶路撒冷，但土耳其人都是穆斯林。他们并不乐见基督徒来朝拜耶稣的坟墓，所以对朝圣者并不友好。一些朝圣者回去后，会讲述土耳其人是如何虐待他们以及摧戕耶路撒冷圣地的。

1100 年前，有一位罗马教皇名叫**乌尔班**。他在听说了朝圣者的故事后，感到非常惊讶。他认为这是件很严重的事情，他不能接受圣城耶路撒

乌尔班教皇

　　乌尔班是罗马教皇，也是中世纪四大拉丁神父之一。当时，他顶着罗马帝国皇帝的重重压力，重新开辟战地，发起了十字军东征，使教皇的威望得以重振。在教会改革和教权政策上，他按照上一任教皇的策略继续实施，结果与上一任教皇相比，他取得的成功更大。

冷处于不信奉基督教的穆斯林的统治之下。所以乌尔班发表了演讲，然后他聚集了欧洲各地善良的基督徒们前去圣城耶路撒冷朝圣，但其真正目的是为了击败土耳其人，从他们手中夺回耶路撒冷。耶路撒冷既是基督徒的圣城，同时也是穆斯林和犹太人的圣城，所以抢夺这座城市的战争就这样开始了。

　　同一时期，那里住着一个修道士叫隐修士彼得。隐修士的意思是远离人群，完全自己一个人生活，他们通常以山洞或是木屋为居，在那里既没有人能找到他们，也没人会去看他们，在那里他们用一整天来祈祷。隐修士彼得觉得这样的生活有利于他净化灵魂，饥饿和不适的艰难环境能让他成为更好的人。

乌尔班号召众基督徒夺回耶路撒冷

　　隐修士彼得曾经去过耶路撒冷朝圣，在那里看到的一切令他非常气愤。于是，他告诉他去过的所有地方的人们，穆斯林是如何令耶稣的墓地蒙羞的，他鼓

动所有人跟随他开启朝圣之旅，去拯救耶路撒冷。他游说教堂里的人、街道
角落里的人、市场中的人以及路边的人。他的游说很有说服力，但凡听到他
说这些的人们都痛哭，请求和他同去。

　　没过多久，数以万计的人，包括老人、年轻人、男人、女人以及一些孩子，
都加入到了朝圣的队伍里，他们要把耶路撒冷从穆斯林那里抢回来。因为耶
稣是在十字架上被钉死的，他们拿一些红布剪成十字架的形状，缝在衣服的
前面作为一种标志，代表他们是为了十字架而战的战士。朝圣的人被叫作"十
字军战士"，这个单词来自拉丁文。他们知道他们可能要去很久，也可能一
去不回。一些人卖光了所有的东西离开了家，一些人把妻子留下来负责照看
家里。不仅是穷人，土地主贵族甚至王子们也都加入了十字军，十字军中除
了步行的人，还有很多骑马的人。

　　他们计划在1096年的夏天起程，即1100年的前四年，但太多人都等不
及了，他们等不到原定计划的实施日了，迫不及待地想要出发。隐修士彼得
和另外一个外号叫"穷光蛋沃尔特"的人被推选为十字军的统帅，在一切还
没完全准备好之前，他们就出发了。

　　他们其实并不知道耶路撒冷到
底有多远，他们没有研究过地理或
地图。他们也不知道需要多长时间
才能到达、旅途中要带多少食物、
晚上在哪儿休息睡觉，他们只是单
纯地信任隐修士彼得，相信主会保
佑他们，给他们提供一切所需，为
他们指明道路。

　　他们一直向前行军，"向前，
基督教的士兵们"，数以万计的
人向着东方遥远的耶路撒冷前进，
一路上死于疾病和饥饿的人不计其

彼得带领朝圣者前往圣地

225

数。每当他们到达一个城市，就会问："这是耶路撒冷吗？"他们中没有人知道，要想到达耶路撒冷还有很远的路要走。

耶路撒冷的穆斯林军队听说了十字军要来的消息，他们也做好了迎战的准备，保卫他们的城市不受欧洲侵略者的掠夺。穆斯林几乎杀光了彼得领导的基督徒先头部队，而剩下的按原定计划出发的朝圣者们现在还在来耶路撒冷的路上。

等到四年之后到达圣城**耶路撒冷**城墙外的时候，曾经规模壮大的十字军队伍只剩下了一小队。当他们终于看到耶路撒冷时，个个都喜不自禁。他们跪在地上，哭泣着，祷告着，唱着圣歌，感谢上帝保佑他们来到了旅途的终点。然后他们向圣城发起了猛烈的进攻，基督徒们奋力作战，最终他们攻下了耶路撒冷。进入大门后，他们杀死了城内几千人，据说圣城的街道上鲜血成河。这对于基督信徒来说是多么残忍的举动，他们原本反对战争和强取，"收起刀，因为举起刀子的，都会死于刀下"。

十字军推举了他们的领袖，一个名叫戈佛雷的人来统治这座城市。其他的朝圣者离开了这里

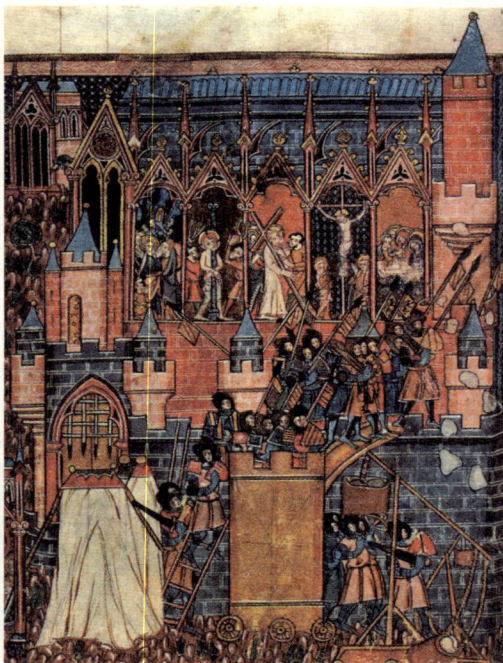

十字军攻占耶路撒冷

历史上的十字军东征总共持续了将近200年，除了主要的十字军东征外，还有北方十字军东征和其他十字军东征。虽然东征促进了东西方文化的交流，但带来的更多是伤害。比如在第四次东征中，十字军就掠夺了同样信奉基督的东正教国家拜占庭的首都君士坦丁堡。

返回家中。一些人留了下来，因为他们知道留下来可以比在欧洲得到更多的土地和财富。

第54章

井字游戏：三个国王排成行
Tick-Tack-Toe;Three Kings in a Row

这里有三个国王：

英格兰的理查国王，

法国的腓力国王，

德国的腓特烈·巴巴罗萨国王。

如果你多读几遍他们的名字，这些人名就会在你脑海里打转，就算你想停下来，它们也会一直萦绕脑海不能散去。

耶路撒冷回到了基督徒的手中。但没过多久，穆斯林又发起进攻把它夺了回去。

基督徒再一次发起了十字军东征。在那之后，百年难得一见的情景发生了。在接下来两百年的时间里，十字军一次又一次地进攻，一共进攻了八九次。有时十字军夺回了耶路撒冷，但仅仅是一段时间；有些时候，他们完全落败。

第三次十字军东征大约发生在第一次进军的100年后，那是在1200年，这三个国王，英格兰的理查国王、法国的腓力国王、德国的腓特烈·巴巴罗萨国王结成联盟，发动了第三次十字军东征。但他们没能完成战役。我来给你们讲讲关于他们的故事，我将以从后往前的次序来介绍。

红胡子皇帝巴巴罗萨

腓特烈·巴巴罗萨是一个满脸大胡子的人，由于他的胡子颜色为红色，所以有了"红胡子"这个绰号。据说，他为人残暴，他的胡子是被人类的鲜血染红的。他发起了第三次十字军东征，因为在过河时没有卸下沉重的盔甲而被淹死。死后，他的尸体被装在盛醋的木桶里运到了耶路撒冷，所以他又被称为"装在木桶里的皇帝"。

腓特烈是姓，名字是**巴巴罗萨**，意思是红色的胡子，那个时代有给国王起绰号的传统。国王腓特烈国家的首都在亚琛，统治很多国家的查理曼大帝也曾经在那里居住，但是腓特烈只是德国的国王。他在年轻的时候也曾想像查理曼大帝建造罗马帝国那样，把自己的国家变强大。但他不像查理曼大帝那样英明睿智，所以也完成不了查理曼大帝的雄伟霸业。发动第三次十字军东征的时候，腓特烈已然很老了。他从没去过耶路撒冷，所以在路上渡河的时候，他不小心掉进了河里。这就是关于我们第三个国王腓特烈的故事。

第二个国王是法国国王腓力，他很嫉妒第一个国王理查，因为理查深受十字军的拥护爱戴。走到一半的时候，腓力就停止行军，返回了法国。

英国国王理查是唯一剩下的国王，他独自统领十字军。也许他也返回自己的国家更好，而不是去统领十字军。但他认为，统领十字军比回到自己国家处理复杂的国家政务要好得多。

理查非常善良而且绅士，同时也非常强壮和勇敢。理查被称为"狮心王"。他对犯错的人非常严厉，但是也非常公平。人们既爱戴他又敬畏他，因为他在惩处坏人的时候毫不手软。

理查的敌人也都非常敬仰他。那时穆斯林的国王叫萨拉丁。萨拉丁被理查攻打，但是仍非常崇拜他，还和他成了朋友。所以萨拉丁没有再和理查对战，最终他们达成了协议，协议约定友好对待前来朝圣的人，保护耶稣墓地。

这个协议让每个人都很满意。理查把耶路撒冷交给了萨拉丁，然后开始踏上了返家的路。

返回途中，理查被抓住并关进了监狱，是腓特烈·巴巴罗萨的儿子干的。他向英国索要大笔赎金。理查的朋友们很是担忧，却并不知道他在哪儿，也不知道如何找到他。

幸运的是，理查对一个叫布隆德尔的乐师宠爱有加。布隆德尔曾经写过一首理查非常喜爱的歌。理查被关进了监狱后，布隆德尔走遍了这个国家所有的地方，希望理查可以听到他最爱的歌，以便找到他。一天，他刚巧在理查被关押的塔附近唱歌，听到了他的歌声的理查就接着他的歌唱完了后面的部分。

这样，理查的朋友们找到了他被关押的地方，并支付了赎金，理查这才被放出来，重获自由。

最终理查回到了英格兰，他还有很多的冒险故事。就在这个时期，有个专门抢劫旅行者的人，名叫罗宾汉。理查打算扮成旅行者的样子让罗宾汉抓住自己，这样他就能抓到罗宾汉，对他进行审判。理查的计划很奏效，他被罗宾汉抓住了，但他发现罗宾汉是个不错的家伙，就宽恕了罗宾汉和他的手下。

理查的外套胳膊的位置有三个狮子的图案，一个在一个之上；现在同样的三只狮子的标志被用在了英国的盾牌上。

在理查统领的十字军东征之后，又开始了第四次的十字军东征，那是在1212年，这个年份很好记，因为它是数字12的简单重复，1、2，1、2。这次组成十字军的士兵都是孩子，因此被叫作"童子军"。一个法国男孩儿统领了童子军，这个男孩儿12岁，名字叫史蒂芬，这跟第一个基督教殉难者的名字一样。

法国各地的孩子们离开了他们的家，离开了他们的爸爸妈妈，他们的父母竟然同意他们开始这样的旅途，这听起来很不可思议，他们向南边的地中海前进。他们希望海水会自动流到两边去，那样他们就可以走在干的地面上到达耶路撒冷，因为他们曾经在《圣经》中读到过，红海的海水曾经自动分开过，让以色列人离开埃及。但是这回海水并没有自动分开给他们让路。

一些水手主动说让孩子们坐上船，把他们送去耶路撒冷。他们说这么做并不是为了什么，而是为了见证上帝的爱。但是这些水手其实是海盗，孩子们一上船，海盗就把他们的船直接开往他们敌人那儿——穆斯林的土地。海盗在那儿把孩子们当奴隶卖了，所以我不能给大家一个喜剧结尾了，因为确实不是喜剧。

路易国王

第八次十字军东征是国王路易为报第七次东征失败的仇而发动的。当时的欧洲人对十字军已经没了信心，但是国王路易一意孤行，不听劝阻，执意带兵进攻，结果在战争中军队士兵很多人染了病，包括国王路易也在这次疾病中病死了。这样一来，第八次东征也以失败而告终。

最后一次也就是第八次，十字军由法国的**国王路易**统领。他对上帝非常虔诚和拥护，他成了圣徒，所以又被叫作"圣路易"。这次十字军也失败了，从那以后耶路撒冷就一直处于穆斯林的统治之下，直到1918年英国攻下了耶路撒冷。

并不是所有的十字军都是好的基督徒。就像如今的一些人，很大一部分只是名义上的基督徒。事实上很多十字军都是无赖之徒，他们只是为了寻求刺激和冒险，喜欢抢夺和杀戮才加入十字军的。

十字军并没有实现他们的目标，耶路撒冷最终也没有回到基督徒的手中。尽管如此，十字军东征也有好的方面。十字军在第一次进军时，他们在另一块土地上学到了那里的风俗习

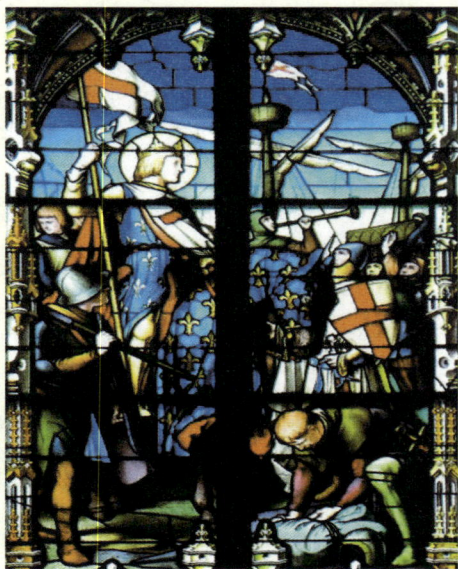

路易国王率领十字军东征

惯、语言文字、历史和艺术。

　　那个时期公立学校还未建立。受过教育的人零星可数。征战归来的十字军起到了学校教育的作用，他们把学到的东西传授给当地的欧洲人，教授他们文化和知识，并向他们展示了一个崭新的世界。

第55章

西非的三个王国
Three Kingdoms in West Africa

在中世纪时期，法国和英格兰在欧洲的地位举足轻重。同一时期，西非的三个国家加纳、马里和桑海也变得强大和富有，这三个王国地处撒哈拉大沙漠的南边、尼日尔河的沿岸地带。在你的地图上，这三个王国都被不同的线画出来了。

因为有金矿可以开采，虽然地处非洲，这几个王国却都非常有钱。几百年来，西非的人们一直在售卖他们的金子，邻近的国家以及撒哈拉沙漠北部的柏柏尔人都从他们这里购买金子，甚至罗马帝国也从这里买过金子。

有许多的好故事，讲的都是关于挖金子的矿工和买金商人的故事。每当出售金子的时候，矿工总是会带着金子去很远的地方卖，他们可不想让陌生人找到金矿的具体所在地。矿工会在双方约定的地方等着，商人来了后，将用来购买金子的物品放下，然后离开，等到商人走到矿工看不见的地方，矿工会留下一些金子，然后自己躲起来。他们可不想见到商人，因为也许有商人会强令他们说出金矿的所在地。商人稍后会返回来，查看矿工留下金子的数量。若是他们觉得这个交易还算公平，就会带上金子回家；如果他们认为矿工留下的金子太少，就会再次走开，直到矿工留下更多的金子。最终双方都对交易满意了，他们就会各自回家。这同交换棒球卡片有点类似。每一方都要满意，否则达不成交易。

盐是西非人需要用交易换取的。你知道为什么吗？这是因为西非异常炎热，而在那个时代，冰箱还没有被发明出来，人们只能用盐来保存食物。你一定尝过牛肉干，它就是将肉晒干后，再用盐腌制出来的。现在，你有很多方式来保存我们的食物，以防变质。但在中世纪时，人们只能用盐来保存食物，所以盐又缺又贵。即使是今天，盐也被用来做防腐剂，当一个人工作十分出色的时候，我们称赞他是 worth his salt，意思是称职的。

刚好撒哈拉沙漠的北部就有很多的盐。尼罗河区域的人就用盐来交换北非柏柏尔人的金子。对于西非人和柏柏尔人来说，盐非常珍贵，所以他们用同等数量的金子换取同等数量的盐——一斤金子换取一斤的盐。从这里，我们就知道盐有多么可贵了！你今天还愿意做这样的交易吗？

正是因为金子，西非多国都过着富裕的生活。加纳最先通过攻占了许多邻国变得强大起来，而这得益于加纳有训练有素的军队、战术精妙的骑兵和充足的金子。当加纳国王出现在众人面前时，无处不在彰显他的富有与权力：高举盾牌的部下、黄金打造的剑柄、金子打造的马具，国王自己的马拴在 54 斤重的金块上！尽管拥有这么多的财富，加纳最终还是衰落了。对于所有的帝国来说，衰落都是必然的，只是时间的早晚不同而已。

西非第二个富有并重要的国家就是马里。国王**松迪亚塔**控制了撒哈拉区域全部的重要商业城市。同时，他也掌控了许多出产金子的地方。他不仅有钱，还很聪明。每当他的军队攻占新的土地时，他都会把一部分士兵留下进行农业耕种，直到下一次战争爆发。在他的治理之下，马里很快就成为西非最富有的农业基地。因此，这个王国就拥有了充足的食物、大量的金子和强大的军队。

松迪亚塔和《松迪亚塔》

松迪亚塔，马里帝国在他的领导下由一个无名小国发展成了一个大帝国。《松迪亚塔》是描写松迪亚塔如何创立国家的长篇英雄史诗。在这部作品里，松迪亚塔是个全心全意为了人民、勇敢无畏、奋勇杀敌的民族英雄。

曼沙·穆萨是马里名声最盛的国王，他在 14 世纪的时候统治着马里。他在位期间，马里的疆土一直向西拓展到了大西洋，统治着大约 800 万人。穆斯林的商人，包括阿拉伯人和北非人都慕名来到马里。曼沙·穆萨信仰伊斯兰教，同其他心怀诚意的穆斯林一样，他也前去麦加朝圣，而这次朝圣之行也让他很是出名！他首先经过埃及的开罗，他有 500 个奴隶随行，每个奴隶还拿着 5 斤重的金子做的权杖。还有 100 头大象，据说，每头大象都驮着 90 斤重的金子。还有几百匹骆驼运载食物、武器和其他朝圣所需的东西。曼沙·穆萨在埃及和阿拉伯地区送出去了很多金子。穆斯林被认为是慷慨的，而曼沙·穆萨就是典范。他还用金子买了一些礼物送给沿途中遇到的人。当在旅行途中被问到他的国家有多大时，曼沙·穆萨答到："一年。"你认为他说的是什么意思？你能猜到吗？他的意思是如果想在他的国家旅行的话，从这头走到另一头需要用一年的时间。

曼沙·穆萨国王

曼沙·穆萨，马里帝国最有名的皇帝。他在位期间，军队势力非常强大，他带领军队所向披靡，不仅使马里的疆域扩大成为当时的世界大国，而且还掌控了运输食盐和铜矿的交通要道，控制了苏丹的产金区。

曼沙·穆萨回到家的时候，与他一同回来的还有很多艺术家和建筑师，帮助他在廷巴克图和马里的其他一些城市修建清真寺。他还带回了学者和许多书，建立了图书馆。这些书中的大部分都是阿拉伯语的，阿拉伯语是穆斯林中运用很广泛的语言。廷巴克图便成为学习的中心，一个大型的图书市场也在那里营业。因为这里有很多图书馆和清真寺，天文学家、数学家、哲学家和诗人都会聚到这个城市，医生和律师在这里工作和学习。国王全力支持他们。许多外国人也前来参观廷巴克图，我们今天读到的一些旅行见闻就是这些旅行者中的一些人所留下的。一个从北非而来的穆斯林旅行者发现了一件不可思议的事情：这里的女人有接受教育的权利，而且享有几乎等同于男人的地位。

马里王国在曼沙·穆萨死后开始分裂了。很快，桑海作为西非第三个重要的王国在尼日尔河流域兴起了。桑海的国王同样也是通过黄金积累财富的，他也组建了强大的军队。桑海国王索尼·阿里·贝尔一直在拓展他的国家，直到桑海的领土面积超越了曾经的马里。索尼·阿里·贝尔于 1492 年离世，正是哥伦布向美洲开始航海之旅的那一年。这个时期之后，桑海屡屡遭到外国人入侵，日渐没落。这些外国人起初是北非的摩洛哥人，后来在非洲海岸从事商业贸易的葡萄牙人也加入了入侵者的行列。桑海的国王没有力量和财富来维护领土的统一，1000 年之后，这个曾经富有的帝国，这片尼日尔河流域的土地被分成了许多小王国。

第56章

石头和玻璃打造的《圣经》
Bibles Made of Stone and Glass

  在中世纪的欧洲，人们几乎每天都要去上一次教堂，有时候还不止去一次，而是好几次。而且，不只是在教堂做礼拜的时候才去。他们去那里为自己祈祷，或者去跟神父诉说苦恼，希望神父能给他们建议。他们去教堂是为了在圣母马利亚像面前点燃蜡烛，或者只是去那里跟自己的朋友聊天。

  在十字军战争期间，以及十字军战争刚刚结束的时候，去教堂是人们观念中最重要的事。

  几乎每个欧洲人都是基督徒，尽管许多城镇里还有犹太居民。你记得吗？公元70年的时候犹太人遭到罗马人的驱逐，被迫离开自己的圣土，四处漂泊，他们中的一些人便来到了欧洲。

  对每个基督徒来说，邻近地带只有一个教堂。所以，每个人都去同样的教堂。那时候，还没有浸信会教徒，没有圣公会教徒，也没有卫理公会派教徒，每个人都信仰基督教。

  教堂是属于每个人的，所以人们会很自然地倾注金钱、时间、精力，尽他们所能，把教堂修建得更好。这就是为什么这个时期在欧洲一些地区，出现了众多世界顶级的教堂和大教堂。今天，这些教堂和大教堂依旧屹立在那里，因为它们太雄伟壮观了，人们不惜长途跋涉前来参观它们。

你知道大教堂是什么样的吗？大教堂不仅仅规模巨大，还是主教的教堂。在大教堂的圣坛上，有一个特殊的椅子，是专供主教坐的。在拉丁语里，这个主教的椅子被叫作"主教的座位"。所以，主教的教堂又被称为主教座堂。

这些教堂和大教堂，与古希腊和古罗马时代的神庙完全不同。其实，它们与之前建造的教堂也都不同。

如果你曾经用积木搭建过房屋，你也许会这样做：首先把两块积木竖起来，然后用一块积木横搭在这两块积木上，这就是古希腊和古罗马建造教堂的方式。

但在那个时代，欧洲的基督徒可不是用这种方式建造教堂的。

当你搭建玩具房子的时候，你可能不是用一块积木横搭在两块竖起的积木上。你可能尝试过把两块积木搭在一起，组成字母"A"的样子来做屋顶。如果你这样做过，你就知道会发生什么：这两块积木被推向两侧！整个房子都倒了。但这些教堂就是这样建造的，用石头做成的尖拱被放置在直立的立柱上面。为了避免石拱把立柱压倒，建造者会竖起很多支架帮助固定。支架也是石头做成的，这种支撑物被叫作"飞扶壁"。

意大利人认为这种建筑简直不可思议。他们认为这种建筑不牢固，很容易倒塌，就像用纸牌做成的屋子一样。哥特人在公元 476 年的时候攻占了意大利，他们被认为是野蛮的、无知的人种。后来，人们叫这种野蛮无知的事物为"哥特式"。人们称所有的这种建筑，也就是我刚给你们讲的这类教堂为"**哥特式建筑**"。事实上，哥特人一点儿也没参与到建筑过程中。

通过我给你们的描述，你可能也会认为这种飞扶壁支撑的建筑物很容易坍塌，但它们从来没有发生过事故。它们并不是摇摇欲坠的，虽然偶尔有一两个会因为建筑不细心而倒塌，但是，最好最大的建筑今天仍然屹立着。虽然一些守旧的人认为只有古罗马和古希腊的建筑风格是漂亮的，其他的都不漂亮，我们还是赞叹哥特式建筑无与伦比的美丽。

我还要讲一些哥特式教堂与古罗马、古希腊神庙不一样的地方。哥特式

教堂在起建之前，要先在地上画一个巨大的朝向东方的十字架，那被认为是耶路撒冷所在的方向。教堂就是基于这种十字架的设计建造的，这样你就能在完工的建筑物顶端看到十字架，它就如同一个永远朝向东方的十字架祭坛。

哥特式教堂都建有漂亮的尖屋顶或箭头，就好像一个手指指向天空。顶部的门和窗户不是圆形的，而是尖的，就像双手合在一起祈祷。

哥特式教堂几乎每个面都装有大块的玻璃。这些巨大的窗户都是画有美丽图案

哥特式建筑

哥特式建筑，是一种欧洲建筑风格，最早出现于法国。教堂多采用这种建筑风格。这类建筑的形状高高耸立，越往上越细，顶端带尖直入云霄。最著名的代表是法国的巴黎圣母院和德国的科隆大教堂。

的彩色玻璃，而非一般的白玻璃。一些细小的颜色各异的玻璃被拼接在一起放在边缘处，看起来就像奇妙的画作。玻璃上的图案比传统的画作还要美，当光线打在五彩的玻璃上时，玻璃就好像闪亮的宝石一样光彩夺目，蓝色像清澈的天空，黄色像太阳光，红色像宝石。玻璃上的图案描绘的都是《圣经》中的故事，就如同用五彩的颜色绘制的一本书。这样不认识字的人或者只认识很少字的人，在看到这些美丽的彩绘的时候，也会知道《圣经》中的故事。

《圣经》中的圣徒和天使的形象被做成雕像，雕刻在教堂的石壁上。这类教堂就像是用石头和玻璃制成的《圣经》。

除了圣物，还有一些奇特的、风格怪异的野兽也被雕刻在石头上。雕刻的怪兽是自然界没有的动物，它们常常被雕刻在屋顶的外缘或者角落里，有

怪兽滴水嘴

的是用来喷排水的，它们被叫作"滴水嘴"，人们认为它们可以驱逐圣地的恶魔。

没有人知道谁是这类哥特式教堂的建筑者或设计者，雕刻石像的人和制作玻璃的艺术家也不为人所知。几乎所有人都在为教堂做点什么，如果拿不出金钱，人们就会贡献自己的时间和精力。石头和彩色玻璃由男人雕刻和制作，女人负责完成法衣和祭坛布的缝制和刺绣。

在所有的哥特式教堂中，有一些教堂甚至花了几百年的时间来修建，所以一些从始建时参与工作的人没能看到教堂完工就去世了。其中一些著名的大教堂有英格兰的坎特伯雷大教堂、法国的巴黎圣母院大教堂、德国的**科隆大教堂**和法国的沙特尔大教堂。

科隆大教堂建造的时间最长，它从开建到完工足足用了 700 年的时间！

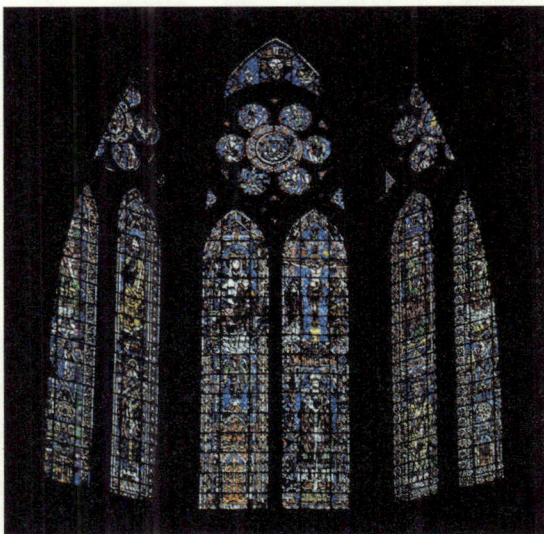

教堂窗户上的彩绘玻璃

从中世纪时期开始，战争频繁，一些大教堂在多次战争中被破坏了。

以石头和彩色玻璃为原料的哥特式建筑，是由建筑师与工匠精心建造而

239

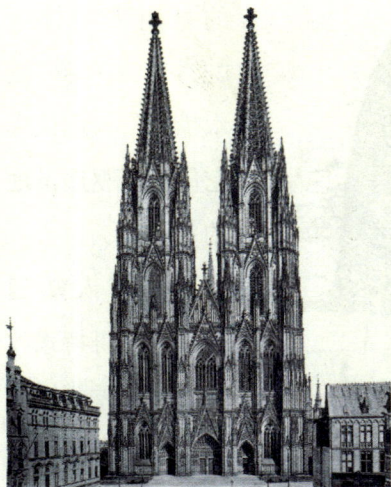

德国科隆大教堂，建于1248年

科隆大教堂，矗立在德国科隆市。欧洲北部规模最大的教堂非它莫属，整体风格高大雄伟，又不乏细致之处，因此成为哥特式教堂建筑中最完美的典范。就高度而言，它在世界上所有教堂中排名第三，在德国排名第二。

成的，每个部分都力求最好。现在，许多的教堂依然会建成尖顶、尖门，用彩色的玻璃做窗户，祭坛也朝向东方。尽管这类哥特式风格也被运用到现在的建筑当中，但已经很少见到石头的天花板，还有这类古老的哥特式教堂里的飞扶壁，以及彩色玻璃墙壁。真正的哥特式建筑是非常难以修建的，而且需要花费很多的时间和金钱，现在的人不会投入那么多时间和金钱，也没有兴趣花费那么多精力去建造一个哥特式建筑物了。

这就是哥特式教堂的故事。但是，与哥特人毫无关系。

第57章

没人爱的约翰
John, Whom Nobody Loved

狮心王理查非常受人民爱戴，理查还有个兄弟，名叫约翰，却没有人喜欢他。

理查的兄弟约翰成为国王后，就变成了一个很坏的国王。

他是历史上另一个让人讨厌的恶棍。没有人喜欢他，但是人们喜欢听关于他没有好下场的故事，并雀跃鼓掌。

约翰害怕他的小侄子亚瑟会取代他的位置，所以他就杀死了亚瑟。有的人说他是雇用其他人来做的这件事情，也有人说是他亲手杀死了他的侄子。这给他的从政生涯开个了坏头儿，而且事情变得越来越糟。

约翰与罗马的教皇不和。那时的教皇是所有基督徒的最高领袖，拥有至高无上的权力。教皇要求约翰任命他选中的一个人做英格兰的主教，约翰拒绝了教皇。事实上，约翰想让他的一个朋友成为主教。教皇告诉约翰如果不听从他的命令，他就关闭英格兰所有的教堂。约翰表示不以为意，说让教皇尽早去关闭教堂。就这样教皇关闭了英格兰所有的教堂，除非约翰作出让步。如果是现在的话，可能不会有什么影响，但在那个时候，正如我给你们讲过的，教堂是每个人的生活中最重要的部分。事实上，别的事真的都不重要。教堂被关，人们就不能在教堂做礼拜，也没有能够举行宗教仪式的地方。那意味着孩子们不能接受洗礼，如果他们死了，就上不了天堂。同时，没有人见证，也无法结婚。还有死去的人，无法举行基督徒的葬礼。

英格兰的人们震惊了，这就好像上帝对他们进行了诅咒，他们害怕会有不好的事情发生在他们身上。当然，人们就指责约翰，就是因为他教堂才被关闭的。人们对约翰表示愤怒，约翰有点害怕，担心人们会一起反抗他。最终，教皇威胁约翰，要让另一个人取代他做英格兰的国王。是的，教皇确实有那么大的权力。约翰非常害怕，只能让步，同意了他当初不同意的一切条件。但约翰是猪脑子，他总是做错事，错了再错。

在约翰看来，世界就是为国王而存在的，而人民存在于世上的原因也是因为他们要给国王当奴隶，为国王做工，为他贡献金钱，为他做他想做的一切事。许多古代的国王都有那样的想法，但他们没有约翰那么夸张。约翰命令富人们贡献出他想要的所有财富，如果他们拒绝缴纳，就把他们关进监狱，对他们行酷刑，直到他们骨头裂开、鲜血流出，甚至把他们处死。

约翰越来越过分，直到最后他的贵族们都无法忍受了。他们把约翰关起来，把他带到一个叫作伦尼米德的小岛上，这个小岛位于泰晤士河畔。贵族们要求约翰必须同意他们用拉丁文在纸上约定的事情。这是1215年。对约翰来说，这可不是一个好年份，但对英国人民来说，却是个好日子。这个他被迫签订的协议叫作《大宪章》。

《大宪章》

《大宪章》在当时只是封建贵族对抗英国国王权力的一份保障协议，但在1225年就成了英国的法律，随后英国的历代国王都对《大宪章》进行删改修订，成为法律的一部分。后来的美国宪法也引用了《大宪章》，因此《大宪章》对西方民主制度的建设具有非凡的意义。

约翰签订《大宪章》并不是自愿的。他就像个被宠坏的孩子那样，被迫做不愿意做的事情时会发怒、乱喊乱叫、乱踢乱蹬，但他必须同意，没有别的选择。

约翰不会写他的名字，所以他不能像今天人们签署文件那样签字。但他戴着一个印章戒指，这种戒指就是为不会写字的人们准备的。只需要把烤化的蜡烛油滴到要签字的地方，然后拿戒指在蜡烛油上一按就可以了。

约翰签署的《大宪章》中规定了要赋予贵族们的权利，这些权利其实是每个人都应该拥有的，是不需要同意的。例如，一个人有权利拥有他自己创造的财富，有权利保护其不被恶人掠夺；有权利避免随时被关进监狱或被国王随意处罚，除非他做了错事，受到了公平的审判。这也是《大宪章》里约定的两项权利，还有许多其他的约定也被写入其中。

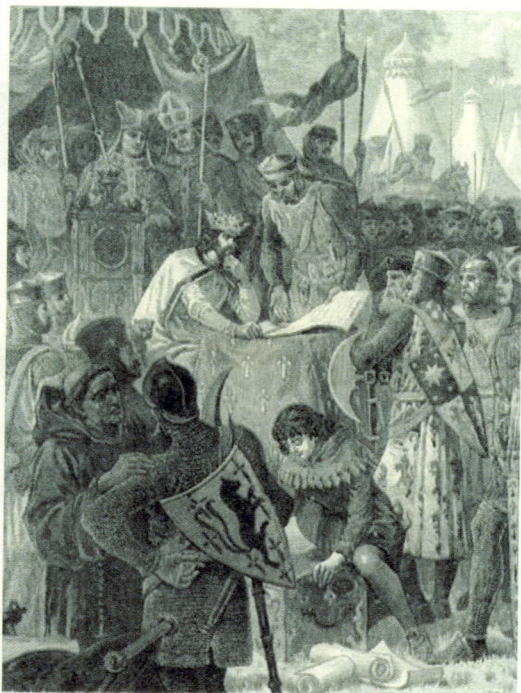

约翰签订《大宪章》

约翰并没有履约，一有机会他就第一时间违约了，正像那些被强迫做某些事的人事后反悔一样。但是约翰很快就死了，所以《大宪章》并没有造成很大影响。直到 1215 年，英格兰国王成了人民的公仆，为人民服务，再也不像从前那样，人们要无条件地为国王效力。

第58章

一个了不起的故事叙述者
A Great Story Teller

在离英格兰很远的地方，

在遥远的太阳升起的方向，

远远地，经过意大利、耶路撒冷、底格里斯河、幼发拉底河和波斯，那里有一个国家叫"中国"。

你看看你脚下，当然，如果地球是玻璃制成的话，你会看到中国在美国的另一端。

从古代起，中国就一直有人居住。几个世纪过去了，欧洲人对这片土地和生活在这片土地上的人知之甚少。

13世纪时，即1200多年的时候，北方的蒙古人统治着中国。不久，他们开始攻占其他的国家，他们的历史我们只能靠听说。蒙古的统治者是一个名叫成吉思汗的勇猛斗士。成吉思汗有一支部队，是由蒙古人组成的骑兵队伍，每个人都是勇猛的战士。

成吉思汗经常找一些借口攻打别国，如果他找不到好的借口，就会编造一个理由，因为建成一个大帝国是他的目标。

成吉思汗和他的骑兵们踏遍了从中国到欧洲的土地。他们烧毁破坏了数不尽的城镇和城市，还有沿途的一切东西。什么都无法阻挡他们的步伐。

成吉思汗攻占了从太平洋到欧洲东部的全部地区，最终他停了下来。因为他对这个王国已经感到很满意了，他的帝国比亚历山大帝国和罗马帝国都要大。

成吉思汗死后事情也没有变好，因为他的儿子同样是个勇猛的斗士，他征服了更多的土地。

但是成吉思汗的孙子忽必烈，与他祖父相比，并不好战。他和他的父亲、祖父极为不同。他在中国建立了都城，叫作大都，现在叫作北京，他统治着父亲传给他的大帝国。忽必烈修建了壮丽的宫殿，又围绕着宫殿建了美丽的花园，就连集所有智慧于一身的所罗门都没有住过如此壮丽辉煌的宫殿。

那时，在离北京和忽必烈宫殿很远

成吉思汗

成吉思汗，蒙古帝国可汗。1162 年生于漠北草原，蒙古族人，原名孛儿只斤·铁木真，"成吉思汗"是人们对他的尊称。因为蒙古族是个马上民族，因此在 1206 年的春天，他创建了蒙古汗国，称帝后被称为"马上皇帝"。他称帝后又多次对外发动战争并取得胜利，统一了蒙古地区。毛泽东在《沁园春·雪》中曾引用他的事例，称他为"一代天骄"。

的地方，意大利的北部有一座水上城市威尼斯。那里的街道都是水，船就是他们的交通工具。大概在 1260 年，有两兄弟住在威尼斯，名字叫尼古拉·波罗和马菲奥·波罗。波罗兄弟脑海里萌发了一个想法，他们想去看看世界。所以，这两个威尼斯商人开始前往太阳升起的地方，开启了他们的冒险之旅，就像在故事书里的男孩儿，想要出去改变命运。在几年的旅行中，他们一直向东方前进，最终他们来到了忽必烈壮丽的宫殿。

当忽必烈听说有两个奇怪的白人，从很远的、一个不知名的国家来到这里，他想要见见他们。他们被带到忽必烈面前，告诉忽必烈所有关于他们土地上的事。他们都是很会讲故事的人，讲得非常有趣。他们告诉忽必烈基督教的

事情，以及其他许多忽必烈闻所未闻的事情。几年后，波罗兄弟返回了威尼斯。

忽必烈对波罗兄弟讲的关于他们国家的事情很是着迷，他还想听到更多。在1271年的时候，波罗兄弟返回了中国，还带着哥哥尼古拉十几岁的儿子马可。忽必烈说服他们住下来，给他讲更多的故事。他赐给了他们昂贵的礼物，让他们成为他的顾问兼助手，帮助他打理帝国。波罗兄弟在那里待了很久很久，学会了那里的语言，成了中国非常重要的人物。

最终，在中国待了20年之后，波罗兄弟认为是时候返回他们自己的国家、看看他们自己的同胞了。他们请求离开返回家乡，忽必烈不想让他们走。最终，还是同意让他们走了。他们开始了返回故乡的旅途。

他们到达威尼斯的时候，因为离开太久，走得太远了，没有人认识他们。

马可·波罗

　　马可·波罗是意大利商人和旅行家，在13世纪以前，欧洲国家对中国的接触很少，也不了解中国，是《马可·波罗行纪》让中国和亚洲在欧洲广为人知，这本书是当时最详细的亚洲旅行记录。这本书还深深影响到了哥伦布等旅行家。

他们甚至也忘了他们本国的语言，他们说起话来像是外国人。长途的旅行使他们的衣服变得破烂，看起来就像是流浪汉，就连他们的老朋友也认不出他们了。没人相信这两个人，因为他们衣衫不整，又脏又奇怪。他们怎么会是20年前离开这儿的两个威尼斯绅士？

波罗兄弟给水城的人讲述他们的冒险之旅，讲述关于那个奇妙的、富有的土地和城市，城里的人都笑话他们，认为他们只是在讲故事。

波罗兄弟撕开他们破烂的外衣，露出了一块块华美的、昂贵的珠宝，钻石、蓝宝石、红宝石和珍珠，这些宝石珠玉足够买下一个王国了。人们都惊

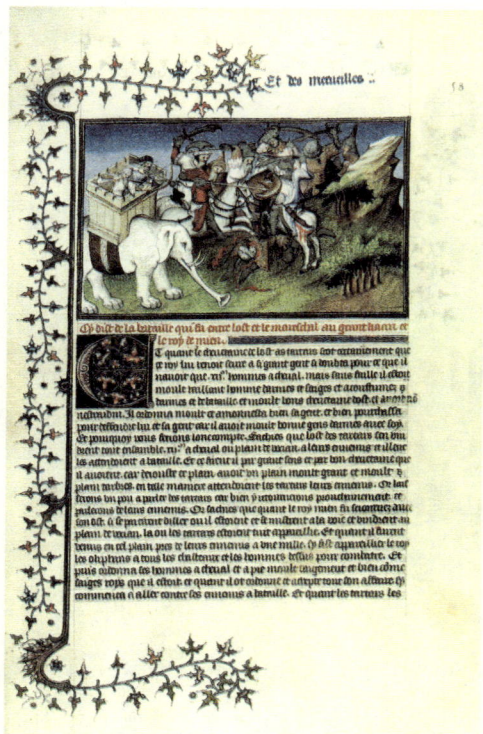

《马可·波罗行纪》

讶极了，开始相信他们的话。

马可·波罗给一个人讲述了他们的故事，这个人把他们的故事记录了下来，写成了一本叫作《马可·波罗行纪》的书。这本书现在读起来也是非常有趣的，尽管我们不相信他们讲的所有故事。因为我们知道他们夸大了许多事情，这样他们才能吸引别人。

马可·波罗描述了忽必烈壮丽辉煌的宫殿。他们提到了里面有个巨大的大厅，那里能同时供几千人坐在桌前吃饭。他们还讲到了那里有一只巨鸟，能把大象带上天。他们说挪亚方舟还在亚拉腊山，那是座又高又险的山，山上常年被冰雪覆盖，没有人能爬上去看看挪亚方舟是不是真的在那儿。

第**59**章

"魔针" 和 "魔粉"
A Magic Needle and A Magic Powder

在马可·波罗返程的同一时期，欧洲人开始听说和谈论一种魔法针和魔法药粉，一些人说，这两件神奇的东西是波罗兄弟从中国带回来的。我们现在知道，其实是阿拉伯的水手把许多神奇的东西从中国带到了地中海，欧洲人才知道了这些。

这些神奇的东西中有一件就是魔法针。这个小魔法针，把它放在稻草上或是举着它的中部，无论你怎么旋转，它总是会指向北方。这种针，被叫作**指南针**（也称为罗盘）。

中国汉代的司南，指南针的雏形

　　指南针是中国古代劳动人民发挥聪明才智创造的，也是人们在长时间的实践中对物体磁性认识的结果。最早的指南针叫司南。人们在劳动时发现了磁铁矿，并发现其具有吸引铁的性质，慢慢地又得知不管如何旋转磁石它都始终指示北方。人们在这个基础上经过长期实践，终于发明了指南针。

现在你应该知道为什么这个小东西如此引人关注了。这听起来很不可思议，但这个小东西确实为我们发现新大陆带来了可能。

也许你玩过一个游戏，让一个孩子蒙住眼睛在屋子中间转几圈，然后让他走向窗户或屋里其他地方。你知道人在转过几圈后很难分清方向，你能看到有的人向反方向走去，他却认为他走得很直，方向很正。

在海上航行的水手们就像被蒙住了眼睛的孩子。当然了，如果天气晴好，他们可以根据太阳或星星来判断往哪里走。但是如果是多云或是天气状况不好的时候，没有任何东西可以为他们引导方向，那时他们就像是被蒙住眼睛的孩子。他们很快就会迷路，也许会向相反的方向航行，却不知道已经驶向了错误的方向。

所以在没有指南针之前，大部分水手都不会航海到离陆地太远的地方，他们担心找不到回来的路。大部分水手去过的最远的地方，也是能看到陆地的地方。

但是自从有了指南针，水手们在多云或恶劣的天气里也能找到他们想去的地方。他们只需要按盒子里指南针指示的方向前进就可以了。不管船怎么旋转、打转，这个小针始终指向北方。当然了，水手们可不是总要去北方，但如果他们知道了北方在哪儿，就很容易找到其他的方向了。南方就在北方相对的方向上，东在右边，西在左边。他们需要做的就是掌好舵，保证船不偏离他们想去的方向。

但水手们却是在指南针出现很久之后，才开始使用它。他们认为这种针肯定是被施了魔法，被施了法术的东西让他们感到害怕。水手们都很迷信，他们担心带着有魔法的东西上船会给船施咒语，给他们带来坏运气。

另一种神奇的东西就是**火药**。

火药的发展

火药诞生于公元 7 世纪的中国，是当时的术士炼制长生药产生的副产物。随后作为烟花和早期战争武器出现。在宋朝出现了梨花枪，元朝时发明了火铳，明朝时发明了火箭（二级火箭名为火龙出水）。此时西班牙发明了红夷大炮。清朝时期制作了燧发枪，并仿制出红夷大炮。由于清朝闭关锁国并且外无强敌，所以此时的火器开始落后于西方国家。

1300 年前欧洲还
没有枪、炮或是手枪，
所有的战争都是使用弓
箭、刀剑、长矛之类的
武器。刀剑只能用来攻
击几步之内的敌人，如
果敌人拿着枪就会被杀
死；用炮的话，在千米
之外就能把敌人杀死，
还能击倒城墙。当枪支

早期的中国式火箭

弹药被发明之后，古代骑士的盔甲就没有作用了，因为盔甲并不能抵挡枪炮
射杀。火药完全颠覆了战争，让战争变得更加可怕。

马可·波罗应该讲到过关于枪支弹药的事，他们在东方应该见过大炮，
但是大部分人还是认为是阿拉伯人把这些知识带到了欧洲。不管怎样，我们
可以确定的是，亚洲人首先发现了把某些化学物质放在一起会发生爆炸的现
象。在火药出现很久后，人们才把火药制成具有破坏力的武器。事实上，大
概在火药出现 100 年后，欧洲才用枪支代替了弓箭作战。

第**60**章

历史上最长的战争
Thelon Gest Wart Hate Verwas

这个标题是另一种拉丁文吗?

不,这是英文。

你不认识英文了吗?

这是在 1338 年,爱德华三世是英格兰的国王。他在法国也有一部分土地,法国的国王想夺回他们的土地。爱德华三世想能够像统治英格兰那样统治法国。他说他与法国之前的国王是亲戚,他比现任国王更有资格统治法国。所以他向法国发起了战争,这场战争一开始就延续了 100 多年,这就是我们熟知的"百年战争",它是:

历史上最长的战争!

英国的部队从英格兰乘船出发,到法国登陆。第一场战役是 1346 年在一个叫克勒西的小地方打响的。英国的军队都是由普通民众组成的步兵。法国的军队大部分是骑兵,他们穿着盔甲、骑着战马。

法国骑兵认为,与普通的英国步兵相比,他们具有很大优势。但是,英国士兵使用的武器比普通的箭力量更大,这种武器叫作长弓。他们完全击败了法国骑兵,尽管法国骑兵都是受过很好训练的贵族,他们骑在马上,还有很好的盔甲保护。

　　英国人第一次将大炮运用到这次战争当中。但是，大炮并没有帮到他们太多，意义不大。大炮威力不大，它们只是把炮弹像扔足球或投篮球那样投到了敌人的营地。法国军队的马受到了惊吓，但是破坏力很小。但是，这只是个开端，这预示着不久之后，穿着盔甲的骑士和他们的骑士制度以及封建专制制度终将灭亡。

　　克勒西战争结束之后，一种严重的、可怕的叫"淋巴结鼠疫"的传染疾病开始在欧洲

克勒西战争

　　在克勒西战争中，法国出战的是装备优良的骑士，而英国是由普通老百姓组成的步兵，从士兵的质量上可以说英国是必败无疑的。但因英国使用长弓这种武器，最终战胜了法国。而且在阵亡人数上，两国也相差很大，其中，英军阵亡约两百人，法军阵亡约两万人。因此，克勒西战役是少见的一次以弱胜强的战役。

扩散。这种疾病就像是伯里克利时期雅典流行的鼠疫一样，但这次的传染病并没有局限在一个城市或国家范围内。传说，这种病是从中国开始蔓延，一

可怕的黑死病

直蔓延到西方，直到欧洲。无药可医，也无法避免。这种传染病传播得既快又远，感染这种病而死去的人比在战争中死去的人还要多。这种淋巴结鼠疫也被称作**黑死病**，一旦感染了这种病毒，人的全身都会

出现黑点，之后几小时或一两天内就会死去。人们没有一点希望，也没有特效药可以控制，许多人一发现自己感染了病毒，就先一步自杀了。许多人因为恐惧而死去，真是"被吓死"的。

这种传染病持续了两年，数千万的人感染了这种病毒。欧洲有三分之一的人死于这种病，整个城镇都空旷了，许多地方的尸体都无人焚烧。死尸遍地都是，在街上、在门口、在市场里。

因为没有人去打理，地里的庄稼都腐烂了，无人照看的马和牛在村子里到处乱跑。这种传染病甚至感染了海上的水手，船只漂在水面上，因为船上也无人幸存了。

如果这场传染病杀死了世界上最后一个男人、女人或是孩子，会是什么样？那之后的世界历史又将如何书写？

好像嫌这场病带走的生命还不够多似的，百年战争仍在一年又一年地持续着。此时，在克勒西战争中战死的士兵已经死去很多年了。他们的孩子们都已经长大了，继续战斗，然后死去；他们的孙子一代也都长大了，战斗，死去；他们的曾孙一代重复着同样的事情，英国的军队还在和法国作战。法国那个时期的王子还非常年轻，很弱势，法国看起来几乎要绝望了，因为他们没有强有力的统帅来帮助他们与英国军队抗衡。

法国的一个小村子里住着一个很穷的牧羊女，叫贞德。她在放养羊群的时候，看到了奇妙的幻象。她听到有个声音在叫她，告诉她，她必须去领导法国的军队，帮助法国打败英格兰。她去找了王子的贵族们，告诉他们这件事情。但人们根本不相信她的幻象，也不认为她能做到她认为可以的事情。

为了考验她，他们让另一个人乔装成王子的样子坐在王位上，真正的王子和他的贵族们则在另一边站着。然后他们让贞德走进来。当贞德走进皇宫的时候，她看了一眼坐在王位上穿着王子的衣服的人，然后她毫不犹豫地直接走过他，径直来到真正的王子面前。她在王子面前下跪，并说道："我来带领你的军队，我们会赢得胜利。"王子立刻给了她令旗和盔甲，她立刻骑马冲到所有军队的最前面，还让王子当上了国王。

法国的士兵重振士气。就好像上帝派来了天使来领导他们，他们奋力作战，勇猛无比，赢得了很多场战斗。

英国的士兵认为贞德是被魔鬼派来的，所以认为她不是天使，而是女巫，他们非常害怕她。最终，英国把她抓住，关进了监狱。被**贞德**拯救的那位法国的国王甚至没有尝试救她，尽管贞德为他付出了那么多。事情正如他所愿地进展着，因为他不愿意让一个女人做统帅，士兵们也不喜欢听从一个女人的指挥，能摆脱她是一件很让人放松的事。

英国人把她绑上了火刑柱，以女巫的名义判决 她，然后他们把她活活烧死了。

圣女贞德

圣女贞德是法国的军事家和民族英雄，她最著名的事迹就是解除了奥尔良之围，这次胜利既是一次以少胜多的胜利，也是法国在阿金库尔战役之后的第一次胜利，对法国最后的胜利起到重要作用。圣女贞德还帮助查理七世登上了皇位。

火刑柱上的贞德

但是贞德确实给法国带来了好运气，赋予了军队新生。从那时起，法国增强了军事力量，在长达100多年的战争之后，终于把英国人赶出了法国。在这100多年的战争中，成千上万的人受伤、残疾，成了瞎子或是死去，当然英国也没有好到哪里去，就像我们开篇说的一样，战争毫无益处。

第61章

印刷术和火药——新旧时代更迭
Print and Powder

直到这个时候，欧洲各地还未出现过一本印刷出来的书，也未曾有过一份报纸和一份杂志。全部的书都是手抄本。当然手抄写书的速度非常慢，价格也极其昂贵，因此手写书的数量也很少，仅有国王和少数有钱人才买得起。比如一本《圣经》，其价值相当于一套房子，穷人根本买不起。即使是教堂里的一本《圣经》，也非常珍贵，不得不用链子锁住，以防被盗。试想一下，竟然有人会去偷《圣经》！

我以前讲过，印刷术是中国人发明的，你还记得吗？之后，人们开始采用印刷术印制书籍。印刷步骤：印刷工人首先把所有的木头做的字符放到一起，这称为字模，然后把墨汁涂在字模上，再在字模上盖上纸，这样就制成了一个副本。一旦字模的位置放好后，印上几千份副本也是件轻而易举的事情。然后拆掉这些字模，再重新组合在一起制作下一页。这个过程就是印刷，所用的方法就是活字印刷术。虽然看上去所有的步骤都很简单，可奇怪的是，几千年前竟没有一个人想到这种印刷方法。

大部分人都认为德国人谷登堡制成了欧洲第一本印刷书。那么，这本印刷书的书名是什么呢？当然，它就是欧洲人眼中世界上最重要的书——《圣

255

经》。这本巨著耗费了谷登堡5年的时间，它于1456年才被印刷完成。

英国第一本带有出版日期的书是《哲学家名言录》，它是英国的卡克斯顿于1477年印刷成功的。

谷登堡

谷登堡，约1400年出生在德国一个珠宝匠家庭。有一次，他在制作镜子时突发灵感想到用同样的方法看能不能用于印刷。由此开始，经过长期的探索试验终于获得成功，他也因此被看作是西方活字印刷术的发明人。

在印刷术出现以前，包括国王和王子在内，几乎没有人知道如何阅读。没有一本书是教他们如何阅读的，即使他们学会了阅读，也没几本可以供他们读的书。这样一来，学习阅读还有什么用呢？

试想一下，整个中世纪的人在没有书、报纸或其他印刷材料的前提下，想要知道世界上发生了什么，或了解他们想要知道的事情是一件多么困难的事情。

谷登堡在印刷中，对比印刷稿和手写稿

印刷术的发明改变了一切。故事书、教科书和其他书都被大量印刷，价格也相当便宜，以前买不起书的人现在可以买书了。人们还可以博览世界上所有的著名故事书，可以学习有关地理、历史和任何方面想要了解的知识。活字印刷术的发明迅速改变了一切。

卡克斯顿将印刷书呈给国王爱德华四世和王后伊丽莎白

在**活字印刷术**发明之后，英法百年战争也进入尾声。

活字印刷术

相对于谷登堡发明的活字印刷术而言，他发明的印刷机、含油墨水和成套的印刷程序更具有意义。虽然中国的毕昇早在1041年就发明了活字印刷术，但因为汉字太多，使用并不比以前的雕版印刷方便，因此在中国活字印刷术没有被广泛推广。而谷登堡的贡献在于使活字印刷术迅速普及。

这段时间，其他有千年历史的事物也都随之销声匿迹了。

我们很久没有听过穆斯林这个称呼了，在公元7世纪的时候，穆斯林想要攻打君士坦丁堡，但被阻止了。正如我跟你说的，因为基督徒从城墙上往他们身上泼焦油和沥青。

1453年，穆斯林再次攻打君士坦丁堡。此时，穆斯林人已然都换成了土耳其人，这次他们不再寄希望于使用弓箭摧毁城墙，而是让火枪和大炮陆续登场。君士坦丁堡根本抵挡不住这种新式武器的威力，最终沦陷了。土耳其人统治了君士坦丁堡，东罗马帝国皇帝于1000年前修建的雄伟壮观的圣索非亚大教堂，如今也变成了一座清真寺，专门供穆斯林朝拜。这预示着残留的东罗马帝国的终结——西罗马于公元 476 年灭亡。

在君士坦丁堡沦陷之后的战争中，火药成为新型作战武器。面对新的作战武器，城堡失去了它本身的作用，身着盔甲的骑士失去了用武之地，弓箭也退出了战争舞台。世界上响起了一个新的声音，那就是大炮的开火声——轰隆！轰隆！轰隆！在以前的战争中，只能听到胜利的欢呼声和垂死之人的呻吟声，其他任何嘈杂的声音都是听不到的。因此，有些人称 1453 年是中世纪的结束、现代史的开端。中世纪在火药发明后走向了结束，而印刷术和指南针的发明则揭开了现代史的开端。

土耳其人围困君士坦丁堡

第 **62** 章

发现 "新" 世界的水手

A Sailor Who Found a New World

你最爱看哪一本书：

《爱丽丝梦游仙境》？

《格列佛游记》？

在第一本印刷书出现的时候，孩子们喜欢的是——

《马可·波罗行纪》。

其中有一个名叫克里斯托弗·哥伦布的意大利小男孩儿，那些遥远的亚洲国家的故事最让他着迷，因为这些地方有无数黄金和稀有的珠宝。克里斯托弗·哥伦布出生在意大利北部的热那亚城，位于"靴子"顶部。他和出生在海港城市的大部分男孩儿一样，也常听海港的海员们讲述他们在旅行中的奇妙趣事。因此，他人生中最伟大的抱负就是航海，去访问他以前曾读过或听过的所有奇妙的地方。终于，机会来了，14 岁的时候，他就迎来了人生中的第一次航行。后来哥伦布也曾无数次出海航行，但直到成为一个成年人，他也从未到过《马可·波罗行纪》中提到的那些国家。

当时，许多船长曾试图探索去印度的最短路线，因为马可·波罗以前经过的所有路线都很长很复杂。他们相信会有更短的水路，加上有指南针做向导，这些人勇敢地迈向了探索最短路线的征途。

到这时，人们已经印刷出了很多书籍。古希腊人、古罗马人以及阿拉伯人，都写出了很多与出海航行有关的书籍。虽然一些没有接受过教育的平民认为地球是平的，但是航海家认为地球是圆的。**哥伦布**读过这些书，并对自己说："如果地球是圆的，一直向西航行，就能找到印度；这条路要比乘船到达地中海的终端，然后再走马可·波罗曾走过的几千里的陆路更容易，也更短。"

再三思考后，哥伦布觉得他的想法是对的，所以就更加迫切地希望有一艘船可以去验证他的想法。当然，作为一名水手，他买不起也雇不起一艘船出海航行，并且也找不到愿意赞助他的人。

于是，哥伦布先是去了一个名叫葡萄牙的小国家，葡萄牙正好位于海边。如他所料，在那个时候，葡萄牙有很多有名的水手——他们确实和古腓尼基人一样有名。哥伦布觉得他们也许会对自己的想法产生兴趣，并提供帮助。同时，葡萄牙国王也对发现新大陆兴趣十足。

但是对于哥伦布，葡萄牙国王和其他人的想法一样，认为他是一个傻瓜，所以不愿和他打交道。但另一方面，国王想确认哥伦布的想法究竟有没有价值，如果新大陆真的存在，他想成为发现新大陆的第一个人，所以他秘密派了他们国家的船长去探险。过了不久，探险的人陆续返回了葡萄牙，并声称他们曾到过安全范围内最远的地方，并明确地说西边除了水、水、水之外，根本

哥伦布，是意大利著名的航海家和探险家，他坚信地球是圆的，他相信从欧洲向西航行就能够到达印度。为了验证自己的想法，他曾4次横渡大西洋。其间，在1492年发现了美洲大陆。1493年又发现了新大陆，开创了大西洋到美洲的新航路，也证明了地球确实是圆形的。

什么都没有。

哥伦布厌恶地离开了葡萄牙，来到了第二个国家——西班牙。那时统治西班牙的国王是斐迪南，王后是伊萨伯拉。国王斐迪南和王后伊萨伯拉由于太忙，所以不愿听哥伦布讲述新大陆的想法，他们当时正忙于穆斯林战争。你应该记得，从公元732年起，穆斯林就驻扎在西班牙，他们最远到达过法国。终于，在斐迪南和伊萨伯拉成功把穆斯林驱逐出境后，伊萨伯拉王后对哥伦布的想法和计划很感兴趣，并承诺帮助他。她甚至说必要的时候，她将卖掉自己的珠宝，用这些钱给他买船。所以，在王后伊萨伯拉的帮助下，哥伦布买了三只小船，并起名为：妮娜号、平塔号和圣马丽亚号。但这三只船都太小了，如果是现在，我们都不敢乘它们离开海岸。

西班牙国王斐迪南和王后伊萨伯拉

终于，万事俱备，哥伦布带着大约100名船员，从西班牙的帕洛斯港出发，朝着夕阳向西进入大西洋，哥伦布启航了。航行越过加那利群岛，日夜不停地朝着一个方向前进。

你有没有过这样的想法——当时除了少数北欧人之外，人们都有这样的想法——整个世界就是大家所知道的那样？努力忘记你曾听说过的南北美洲。当然，他们不知道有这样的大陆。试想甲板上的哥伦布白天观测茫茫大海上的波浪，晚上凝视着漆黑的夜空，他希望不久就会看到，不是一个新大陆——他没有寻找新大陆——而是中国或者印度。

哥伦布的航行已经一个多月了，他的水手们开始担心。任何大海都不可能是如此浩瀚无边，并且前面、后面，四周的视线范围内什么都没有，新大陆是不可能存在的。他们开始担心是否还能回到家乡，然后大家开始请求哥伦布返航。他们说：再往前面走简直就是疯了，前面除了水什么都没有，即使继续往前走，也什么都不会看见。

哥伦布与他们激烈地争论着，但是根本不起作用。最后哥伦布答应他们，如果再过一段时间，还是什么也没有看到，就返航。一天天过去了，最后，还是什么都没有出现。船员们开始密谋除掉哥伦布，想在夜里把哥伦布扔到海里，然后他们返航回家，告诉西班牙人哥伦布出了意外，掉到海里了。

哥伦布和他的水手们争论

最后，除了哥伦布之外，当所有人都不抱任何希望的时候，一个水手看见了漂浮在水上的一根树枝，并且树枝上面还挂着浆果。这是从哪里漂过来的呢？然后他们又看见天空飞翔的鸟——鸟肯定不会从很远的海岸飞过来。然后在一个夜晚，在长达两个月的航行之后，他们看到前方远处有闪烁的光。在这个世界上，大概再也没有如此微弱的光，能带给他们这么大的喜悦了。光意味着一件事情，那就是——人类——土地，土地才是最终的目的！1492年10月12日的早晨，三艘小船靠岸了。哥伦布从船上跳下来，跪在地上感谢上帝。然后他在这块土地上升起西班牙的旗，并以西班牙的名义将之占领，命名为"圣萨尔瓦多"，

1492 年 10 月 12 日哥伦布登上美洲新六陆

西班牙语的意思就是"神圣的救世主"。

那时，哥伦布认为他最终登上的这块土地，就是印度或是印度周围的岛屿。当然，现在我们都知道，要想到达印度，中间还隔着两个大陆，也就是南美洲和北美洲大陆。实际上他刚刚登上美洲海岸的巴哈马群岛中的一个小岛而已。

哥伦布和他的水手们很快就见到了居住在这个岛上的居民。哥伦布在这块土地上宣布了西班牙的主权。你可能很好奇他为什么这样做，这块土地明显是属于当地居民的呀。其实，哥伦布之所以这样，主要是因为当时欧洲人认为，不是基督徒的人是没有任何权利的，他们没有权利拥有这块土地。并且哥伦布也相信自己能轻而易举地接管他们的国家，并使之成为自己所有。与此同时，哥伦布也希望这块土地能给自己带来财富。

哥伦布以为自己到达的地方是印度，所以居住在岛上的人自然也被他称为印度人。现在大家都知道他们其实是美洲印第安人，并非印度人。在哥伦布想到进行大西洋航行之前，美洲印第安人就已经在那里生活着。

哥伦布还去了周围的其他岛上，但是他并没有找到自己想要的金子和珍贵的石头，也没见到马可·波罗所说的奇景。由于出海的时间已经很久，他准备原路返回。返程时，他带了几个美洲印第安人和一些可以吸的烟草，这些烟草欧洲人从没听过，更别说见过了。

终于，哥伦布安全返回，人们听到他发现的事情后，都喜出望外，大家狂欢了一阵。但不久，人们就开始说哥伦布只是一直向西航行才发现陆地的，这是任何人都可以做到的，没什么了不起。

有一天，当哥伦布正在和国王的贵族们吃饭的时候，贵族们又试图贬低哥伦布发现新大陆的事情。哥伦布拿起一个熟鸡蛋，并传给在座的每一个人，看谁能使鸡蛋站在桌子上，结果没有人能够做到。当鸡蛋传到哥伦布手里的时候，他只是轻轻地敲了一下鸡蛋的底部使它变平一点，这样鸡蛋就可以站起来了。哥伦布说："你们看，如果你知道怎么做，这就是非常容易的事情。所以在我做过一次，并告诉你们怎么做之后，你们当然觉得一直往西航行，发现新大陆的事情并不那么难了。"

哥伦布先后航行了四次，之后的三次航行也都是到达美洲，但是他从来不知道自己去的是美洲。哥伦布曾经在南美洲登陆，但是从来没有去过北美洲。

后来西班牙人对哥伦布不再感兴趣了，因为哥伦布不能给西班牙人带回他们期待的珍贵珠宝或是珍奇的东西。有些人心怀恶意，嫉妒哥伦布取得的成功，他们甚至控告哥伦布做了坏事，国王斐迪南便委派另一个人取代了哥伦布的位置，并用镣铐铐起了哥伦布，将其送回了他的家乡。虽然哥伦布很快被释放了，但他仍保留着镣铐来提醒自己，不要忘记西班牙人的忘恩负义，他要求自己死后也要和这些镣铐埋在一起。之后，哥伦布又进行了一次远航。他最后去世的时候，却是孤身一人，他的朋友们几乎都已经不记得他了。曾经的航海英雄竟然落得如此下场！

我们听过的所有人，不论是国王、王后，还是王子、皇帝，没有一个人能比得上哥伦布。诸如亚历山大大帝、尤利乌斯·恺撒、查理曼大帝，他们都是杀人魔，只知道强取豪夺。而哥伦布是在"给予"，他给了我们一个新大陆。他身无分文，没有朋友，与好运无缘，还经受了长年的挫折，但他仍然坚持着自己的理想。虽然被人取笑，被认为是个疯子，甚至被当成罪犯来对待，但是他从没有——

放弃，也没有——

气馁，或是——

屈服！

第63章

追寻财富的人
Fortune Hunters

　　这个新大陆没有名字，之所以被简称为"新大陆"，是因为它就像刚出生的婴儿叫"新生儿"一样。

　　它必须有个名字，但是应该叫什么呢？当然，如果可以选择的话，我们应该按照哥伦布的名字，称他为哥伦比亚了。但它却起了另外的一个名字，事情是这样的：

　　有个意大利人，名叫**亚美利哥·韦斯普奇**，他在哥伦布之后航行到了新大陆的南部。那时，他还写了一本关于自己航行记录的书。读过他的书的人，在谈到亚美利哥描述的新大陆时，称它为亚美利哥的国家，于是新大陆就被叫作亚美利加洲（就是现在的美洲），尽管公平地说它应该被命名为哥伦布，是不是？有时候，孩子们已经有了自己的名字，长大后再想改名字已经太晚了。虽然这个国家的名字在地图上不叫哥伦比亚，但是谈到自己的国家的时候，或者歌颂自己祖国的时候，很多美洲人都称之为哥伦比亚。他们为许多城市、城镇、地区或街道命名为哥伦布或哥伦比亚，就是为了纪念克里斯托弗·哥伦布。

　　哥伦布已经证实，在遥远的地方确实有陆地，不会有掉出地球的危险。

亚美利哥

　　在亚美利哥·韦斯普奇之前，所有的人都认为哥伦布发现的这块大陆是亚洲大陆的东部，只有亚美利哥·韦斯普奇经过考察后认为这是一块新大陆，并出版了他的《新大陆》和《第四次航行》。因为这两个信件的广泛流传，所以日耳曼地理学家马丁·瓦尔德泽米勒将这里命名为亚美利加洲（美洲）。

　　后来，几乎每一个曾航行寻找过印度的人都纷纷向着哥伦布曾经去过的方向航行。真是一群盲目的模仿者！开始做第一件事的人是天才，成千上万的人都跟着一起做这件事就是——模仿。现在每个船长都急着去西方寻找新国家，因此这个时期有很多新的发现，并且以"发现的时代"而闻名。这些人中大部分都想去印度，他们以为可以在印度找到大量的黄金、珠宝和香料，因此都奔着这些东西而去。

　　现在，虽然我们能够理解人们跋山涉水寻找黄金和珍贵的石头的原因，但是他们也曾为寻找香料——如丁香和胡椒而探险。你可能很好奇，为什么这些人会如此渴望得到香料？你们自己可能不那么喜欢胡椒或丁香，但在那个时代，人们没有冰箱，肉和其他食物容易变质。我们认为变质的食物是不能吃的，但他们在变质的食物里面放上香料，去除馊味就可以继续吃了，否则变质的食物就会难以下咽。香料不能在欧洲生长，它只生长在气候温暖的国家，人们要花重金才可以买到这些东西，这也就是人们为寻找香料而进行长途航行的原因。

　　一个名叫**瓦斯科·达·伽马**的葡萄牙水手，也是想全程走水路去印度寻宝的人之一。他没有走哥伦布向西航行的方向，而是向南走绕过非洲。也有人曾向南绕过非洲而去，但是都半途而废了。半途回来的人都讲了很多像水

手辛巴达的传说一样可怕的故事，
他们说海水像开水一样滚烫；有一
座磁性山，能吸住船上的铁栓，将
船拉过去，船就会四分五裂；他们
还说海上有一个旋涡，可以把船拖
进去——下沉——下沉——下沉到
底；还有人说海上有巨大的海蛇、
海怪，一口就能把船吞进去。虽然
这些故事听起来不像真的，但海上
航行遇到危险是很自然的事情。非
洲的南端有一个地方叫风暴角，光
听这名字就很倒霉，所以后来就改
名为好望角了。

　　尽管所有的故事都很恐怖，瓦
斯科·达·伽马还是继续向南前行。
最后，在经历了无数的艰辛和惊险
之后，他绕过好望角到达印度，在

瓦斯科·达·伽马

　　达·伽马作为第一个到达印度的欧洲人，他的航行为葡萄牙的对外殖民打下了基础。它的第一次航行是当时航程最长的航行，被视为全球多元文化浪潮的开始。人们为了纪念他，以他的名字命名月球上的环形山，还编写了葡萄牙史诗《卢济塔尼亚人之歌》。

得到了昂贵的香料之后，他安全返回了家乡。这时是 1497 年，也就是哥伦布
第一次航行的五年后，第一个现代欧洲人瓦斯科·达·伽马，走水路到达了印度。

　　关于"发现"，有一件事你必须永远牢记，那就是——有些人一直都不
知道其他地方。美洲印第安人只知道美洲，北欧人和维京人也是如此。印度
人同样也只知道印度，不久你就会知道许多其他地方的人也是如此。

　　英国人不想落后于漂洋过海寻找新宝藏的队伍。在瓦斯科·达·伽马到
达印度的同一年，一个名叫约翰·卡伯特的人，从英国启航开始了探险之旅。
第一次航行，他失败了。但是他没有气馁，又开始尝试，并最终到达加拿大，
然后沿着海岸一直航行到达了现在称之为美国的地方。他宣称这些土地归英
国所有，但是当他回去后，英国并没有对他发现的土地有所作为，直到 100

年后才开始对这些土地采取行动。

　　另一个名叫巴尔沃亚的西班牙人在美洲的中部探险，后来他来到了连接中美洲和南美洲的一小块陆地，我们现在称之为巴拿马地峡。当突然发现自己来到了另一个海洋时，他给这个陌生的海洋命名为"南洋"，因为巴拿马地峡连接中美洲和南美洲。接下来是所有航行中最长的航线。一个名叫麦哲伦的葡萄牙人想找到一条通过新大陆到达印度的路线。他认为一定有一个入口，能够让他穿过新大陆这个障碍物，到达对面。他想从国王那里寻求帮助，但葡萄牙人再次犯了和对待哥伦布一样的错误，他们的政府没有理睬麦哲伦，所以麦哲伦去了西班牙，西班牙政府给了他五艘船。

　　麦哲伦开始用这五艘船起航穿越海洋。到达南美洲之后，他沿着海岸继续向南方航行，试图在陆地间寻找一条通道。一个接一个的地方看起来都像他要寻找的通道，但结果却什么都不是，只不过是一条条小河的河口而已。后来，其中一艘船失事，只剩下四艘船。

麦哲伦

麦哲伦驾驶着剩下的四艘船，沿着海岸一直前行，最后他到达一个现在叫作合恩角的地方。穿过那里危险的入口（从那时起就以他自己的名字命名为麦哲伦海峡），他继续航行。这时有一艘船的人想放弃，于是他们按原路返回家乡，最后只剩下三艘船继续航行。

　　利用这三艘船，麦哲伦最终到达了大洋彼岸，也就是巴尔沃亚所说的南洋。麦哲伦将它命名为"太平洋"——取名"平静"之意，因为在他经

麦哲伦之死

历了很多风暴之后，太平洋看起来平和又安静。可是，食物和水越来越不足，最终他们的体力也都耗尽了。麦哲伦一群人饥渴难耐，他们甚至连船上的老鼠都吃。许多人都生病死了，但他仍然继续航行，尽管一起起航的大部分船员陆续离去，但最终他们还是到达了现在的菲律宾岛。在这里，他们与当地人发生了冲突。结果，麦哲伦遇害，最后剩下的人不够驾驶三艘船，因此大家烧掉了一艘，这样就剩下了两艘船。

剩下的这两艘船仍然继续前行。后来其中一艘迷了路，再也没有找到。于是仅存下来的一艘船，就命名为"维多利亚"号。照这样下去，最后一条船，一个人也不会留下，但那样的话就没人讲述航海探险的故事了。

维多利亚号围着非洲努力向前。麦哲伦的船员虽然已经被饥寒交迫和各种艰苦环境折磨得筋疲力尽了，但是他们仍然坚持与风暴抗衡着。终于，这条有漏洞的坏船载着18个船员驶回了三年多以前出发的港口。"维多利亚"号，言外之意——胜利，这艘没有麦哲伦的船——第一次绕着整个地球航行了一圈。这次航海永久地解决了持续多年的争论——地球是圆的还是平的——事实上，这艘船已经绕地球航行了一圈！尽管有这些证据，许多年之后，仍然有人不相信地球是圆的。

第**64**章

令人着迷的土地：寻金和探险
The Search for Gold and Adventure

关于新大陆的财富和奇迹，有着各种各样的传奇故事。

据说在新大陆的某个地方有个"不老泉"，人在不老泉里沐浴或者喝了不老泉的水，会变得更加年轻。

据说还有一个黄金国，是一个用坚固的黄金建成的国家。

因此所有喜欢冒险的人，都带着足够的钱去寻找那些很神奇的地方。因为这样，他们就会变得出名或者健康、富有或者明智，甚至可能实现青春永驻。

这些冒险家里有一个叫庞塞·德·莱昂的西班牙人，他想去寻找不老泉。在寻找不老泉的过程中，他意外发现了佛罗里达州。但是还没等到庞塞·德·莱昂找到不老泉，他就在与当地人的战斗中丢掉了性命。

另外一个叫荷南多·狄·索多的人踏上了寻找黄金国的征途。在征途中，他发现了新大陆最长的河流——密西西比河。但还没找到黄金国，他就因生病发烧去世了。同行的人为了让美洲印第安人害怕他们，就说狄·索多是神，是不会死的。为了掩盖狄·索多已经死了的事实，他们在天黑的时候，把他安葬在密西西比河里，然后欺骗大家说他去天堂旅行了，很快就会回来。

美国南边的第一个国家叫墨西哥，当时这里居住的是印第安人——阿兹特克人。阿兹特克人有很先进的文明，他们不是居住在帐篷里，而是住在房子里。他们修建了精美的寺庙和宫殿，还修建了像罗马一样的道路和地下水道等。他们拥有大量的金银财宝。然而，阿兹特克人的信仰水平处于较为落后的崇拜阶段，他们用活人祭祀。阿兹特克的国王蒙特祖玛是个有名的首领。

西班牙人**科尔特斯**被派去征服阿兹特克人。他在墨西哥海岸登陆后，就

置之死地而后生的科尔特斯

科尔特斯为了让将领们树立必胜的决心而把船烧掉，他这样的做法其实就是我们平时所说的"置之死地而后生"。我们在生活中可能也会遇到类似的情况，只有把自己逼到绝路，没有后路可退，人的潜能才会激发到极限，并最终取得成功。

烧掉了所有的船只，这样他的水手和士兵们就没有了退路。阿兹特克人从来没有见过马，西班牙人通过水路带来的马，在他们眼里就如同怪兽一样。每当西班牙人用大炮射击他们的时候，阿兹特克人就非常恐惧。他们认为雷和闪电就是西班牙人释放出来的。

科尔特斯朝着阿兹特克的都城——一座建在湖心岛上的墨西哥城进军。阿兹特克士兵们一路上殊死奋战，但是他们的武器就像来自石器时代或青铜时代一样，根本无法与西班牙人的枪支和大炮抗衡。

　　阿兹特克人的首领蒙特祖玛希望和西班牙人化敌为友，他送给科尔特斯丰厚的礼物和大量黄金。当科尔特斯到了都城之后，蒙特祖玛不再把他当成敌人，而是把他当成贵客一样盛情款待，无微不至。科尔特斯给蒙特祖玛讲了所有关于基督教的事情，并且试图让他成为一名基督徒，但是蒙特祖玛觉得自己信仰的神和基督教的神一样好，没有必要信奉其他的神。于是，科尔特斯突然囚禁了蒙特祖玛，一场可怕的战争开始了。到最后，蒙特祖玛被杀，科尔特斯成功征服了墨西哥，虽然阿兹特克人殊死奋战、英勇抗敌，但是面对枪林弹雨的攻击，他们根本无力抵抗。

　　在南美洲的秘鲁，另一支文明程度较高的印第安人部落甚至比阿兹特克人还富裕。他们被称为印加人，据说他们的城市都是用黄金铺成的。

　　一个名叫**皮萨罗**的西班牙人被安排去征服秘鲁，就像科尔特斯征服墨西哥一样。起初，皮萨罗告诉印加的首领，教皇已经把这个国家给了西班牙。但是印加人从未听说过教皇，他们一定很奇怪教皇对秘鲁到底做了什么事，他怎能放弃秘鲁呢？显然，印加人不会拱手将自己的国家送给西班牙。于是，皮萨罗"抢"走了秘鲁，虽然他只带了几百个士兵，但是他们有大炮协助，印加人根本抵挡不住大炮的攻击。

皮萨罗是个什么样的人？

　　皮萨罗，西班牙冒险家，虽然他是个文盲，但这并未影响他的远大志向。他是一个好坏综合体。他好的一面是勇敢无所畏惧，做事有决心又机灵；坏的一面是他非常贪婪，冷酷无情，野心勃勃又为人奸诈。

　　西班牙人发现的另外一支部族是玛雅人。玛雅人居住在现在的墨西哥土地上，危地马拉也有一些玛雅人。玛雅人有一种语言文字，直到今天，我们才开始琢磨出如何诵读这种语言文字。玛雅人还发明了一种历法，并修建了用来观测星象的天文台；与此同时，他们修建了许多高大的金字塔，让人一看到就会想起古埃及的金字塔，像印加人一样，玛雅人也是在西班牙的枪炮下被征服的。

西班牙入侵时，阿兹特克人、印加人和玛雅人只是美洲原住居民中的三个部族而已，除此之外，还有很多的美洲部族。目前，这三个部族的人还生活在地球上，你可以到中美洲和南美洲，参观他们修建的精美建筑物。

法国和欧洲的其他国家也都派出了探险家，去征服美洲土地。后来传教士又去北美洲宣扬基督教，读了美国历史之后，你就会对此了解更多。

许多探险家实际上就是海盗，他们甚至比侵略英国和法国的海盗还要坏，因为他们残杀了没有武器与他们抗争的当地人。他们经常给自己的所作所为找的理由是：他们想要这里的人信奉基督教。但如果基督教只会教别人残杀手无缚鸡之力的百姓，那么当地人对基督教没有任何好感也就不足为奇了。

第65章

东非海岸线
Along the Coast of East Africa

　　美国并不是冒险家们为寻找刺激和财富，航行到过的唯一地方。当西班牙人征服美洲的阿兹特克人、印加人和玛雅人的时候，葡萄牙人去了非洲。就像哥伦布向西航行去寻找一条通往印度的航线一样，葡萄牙人也想要寻找一条通往印度和中国的航线。后来他们决定尝试绕过非洲航行。虽然他们不能确定是否能够找到一条路，绕过非洲大陆尽头，但是他们想尝试一下。

　　在哥伦布到达美洲之前，一些葡萄牙探险家一直沿着西非海岸线向南航行。他们经过了前曼沙·穆萨国家境内的塞内加尔河河口，然后绕过大陆的转角，很快就到达了贝宁——位于非洲的一个国家，现在与尼日利亚相邻。当时统治贝宁的国王叫奥巴，贝宁以其精美的艺术品而出名。如果你去参观一座大型艺术博物馆，会看到很多雕刻、雕像和祭天仪式的面具，这些艺术品都产自贝宁。他们从贝宁继续向南航行，经过一个叫刚果的国家。曾有一个葡萄牙探险家甚至到达了非洲的最南端，但在到达那里之后，他就立刻返航回家乡了。

　　在哥伦布从西班牙出发五年之后，瓦斯科·达·伽马从葡萄牙出发了。最终，他成功绕过非洲最南端，驶进了印度洋。接着瓦斯科·达·伽马沿着非洲东部航行，然后朝着印度一路前进。在东非的时候，他发现了一些自以为无人知晓的奇妙城市。

实际上，很久以前就有欧洲人知道这些奇妙城市了。希腊人、罗马人以及埃及人都知道通往东非的航线。在耶稣诞生不久之后，一本曾为水手写的希腊文《旅行指南》里面提到如何到达不同的港口，并且据说，象牙、龟甲和橄榄油就是在这些港口进行交易的。早些年，这些城镇都非常小，只有1000多人居住。

大约在公元900年，也就是在查理曼大帝时代约100年后，那时，极少有欧洲人会出海航行。所有人似乎都已经忘记了还有东非这个地方，一个阿拉伯地理学家却在从印度和中国回家的路上到访了东非。后来，他在书中写道：东非气候温暖，土地肥沃，盛产黄金，富有奇珍异宝。我们现在知道，在耶稣诞生的公元1年~1000年之间，许多贸易商曾到访过东非。在东非，考古学家还发现了世界各个国家的大量货币，这些货币分别来自波斯、希腊、罗马、阿拉伯，有的来自印度和中国。他们还发现分别来自印度、中国和阿拉伯的陶器和玻璃器皿的碎片。其中，阿拉伯人到访东非次数最多。实际上，一些阿拉伯人本来是去那里谈生意的，后来就在那里定居，并安了家。不久，非洲人的语言中就掺杂了一些阿拉伯的词语。后来，阿拉伯人把这些词语用阿拉伯语记录下来，并称之为斯瓦希里语。现在斯瓦希里语仍然通用于整个东非。

早期到访东非最有名的旅行者是一名来自北非丹吉尔的穆斯林——**伊本·白图泰**，他是伊斯兰世界中的马可·波罗。实际上，他和马可·波罗生活在同一时代，大约在1300年。伊本·白图泰的旅行故事是用阿拉伯语记录的，所以很多欧洲人都没有读过。但是伊本·白图泰非常有名，在东非，懂阿拉伯语的地方的人都知道他。

伊本·白图泰真的环游了世界！他在20岁的时候，就离开家乡，去穆斯林的圣城麦加进行朝圣之行。到那里之后，由于游兴正浓，他25年内都没有回过家乡。

伊本·白图泰游历了俄国南部、波斯、印度和印度尼西亚。和马可·波罗一样，他还千里迢迢来到中国。他的目标是走遍世界上有穆斯林的每个地方，他也做到了。

东非是伊本·白图泰去过的最有趣的地方之一，那里有很多人是穆斯林。正如你刚知道的，有些是阿拉伯人，他们生活在那里，不过大部分是东非人。东非人逐渐开始与阿拉伯人通婚，他们的孩子就是两个民族的混血儿。

在伊本·白图泰这个时代，东非的商业城镇已经开始发展成为城市。这些城市就像早期独立的希腊城邦国家一样，每个城市都有它的统治者，并且每个城市周围都环绕着男男女女耕作的乡村。

大旅行家伊本·白图泰

伊本·白图泰，摩洛哥大旅行家，他的脚走出了长达 7.5 万英里的距离，差不多走遍了当时伊斯兰世界的每一个国家，走过了现在 44 个国家的国土。在阿拉伯世界，白图泰的名声很大，国人把他当作英雄来纪念。

现在，你仍然可以拜访很多这样的东非城市，诸如摩加迪沙、马林迪、蒙巴萨和基尔瓦，等等。试着读一下这些名字，开始你可能觉得很陌生，但是很快你就会觉得这些名字并不难记。

伊本·白图泰所描述的基尔瓦是世界上最美丽的城市，因为他说那里有许多喷泉和广场。基尔瓦的主要宫殿被修建在一个很高的悬崖上，可以俯瞰印度洋，那里有 100 多个房间和一个八角形的游泳池。你是不是很想去基尔瓦的宫殿做客呢？

这些城市全都有供大型船只停泊的港口。阿拉伯的船长为 18 米~24 米不等，印度和中国的船甚至更大一些。偶尔，中国会有数以百计的船只组成的舰队来到东非港口。东非人用当地生产的黄金、铁器和象牙来交换中国的丝绸、玻璃器皿和各种工具。有一次，马林迪城给中国的皇帝送来了一个奇妙的礼物。你能想到是什么吗？

不是黄金！那么马林迪的统治者是否认为，这个礼物对当时富有又强大的中国皇帝来说将会是一个惊喜？这个礼物给中国人留下了很深的印象，因为当时很多人把这件事记录了下来，这也是我们现在知道有这件礼物的原因。好吧，你猜到是什么了吗？这个礼物就是——一只**长颈鹿**！

这个礼物当然是中国没有的东西了！

这些城市统治者的明智之处，在于他们没有发动太多的战争。当然，他们之间也有一些小争端，但是大部分城市除了在港口周围之外，并没有做大型的防御工事。他们认为没有必要这样做，因为彼此之间一直都没有打仗。这意味着，他们可以把所有的精力都用在贸易和农耕上。我敢肯定，这就是这些城市如此繁荣的主要原因。

但是，最终，他们还是受到了其他国家的攻击，然后这些城市就

长颈鹿

此事发生于郑和第四次下西洋之后，当时郑和带领船队到达了东非的马林迪，随后马林迪派遣特使出使中国，就带着长颈鹿，当时的明成祖还把它当成了瑞兽麒麟，来显示自己是一位英明神武的皇帝。这幅画就是明代的沈度根据这个事件画的。

出现了问题。你能猜到是哪个国家决定接管这些城市吗？我来给你个提示，这个国家想要控制它们的商业路线——与印度和中国通商。好吧，现在你可能已经猜到了，这个国家就是葡萄牙。葡萄牙在非洲不仅发现了黄金，还发现东非人已经与葡萄牙和西班牙一直向往的东方国家建立了贸易往来，于是，他们就准备插手了。

葡萄牙人带着枪支乘船而来。当这个城市不愿意向他们屈服的时候，他们就开始攻击。蒙巴萨被彻底毁掉了，那里所有的居民也都被杀害了。

东非人知道他们不能击败葡萄牙人的船只和大炮，所以就采用其他办法赶走他们。东非人停止了黄金贸易，矿工们不再开采黄金，商人们也不再运金子。渐渐地，所有港口都关闭了。城市里的人都搬到了周边的乡村，变成了农民。现在，葡萄牙人对东非失去了兴趣，他们想要的可不是农场，而是东非的几个港口，好让他们的船在去印度群岛的漫长旅途中得以停靠，补充燃料和物资储备。虽然东非人失去了他们生活的城市，但是他们为自己的生活迎来了安宁和平静。

第66章

重生
Rebirth

你看一下这个单词——复兴。

它是"再生"的意思。

当然，没有什么事物是可以再生的。但是我们现在讲的这个时代被人们称为文艺复兴时代。那么接下来，我们就说一说人们这样称呼这个时代的原因吧。

伯里克利时代，你还记得吗？在那个时代，雅典建造并雕刻了很多漂亮而又精致的建筑物和雕塑。15~16世纪时，并不是所有的人都拥向新大陆探险的风口浪尖。当航海家们忙于探险的时候，很多优秀的世界著名艺术家正在意大利默默地生活和工作。

建筑师们建造了很多漂亮的建筑物，比如古希腊和古罗马的神庙；雕刻家雕刻的雕塑像菲狄亚斯的雕塑一样优雅精致；古希腊作家也再次引起了人们的兴趣，他们的作品被大量印刷出来，大家都能读到。好像一切都是雅典伯里克利时代的经典再现，这就是人们将这个时代称为文艺复兴时代的原因。

在文艺复兴时代诸多优秀的艺术家中，米开朗琪罗亦占有一席之地。米开朗琪罗不仅是一名画家，还是一名雕刻家、一名建筑家和一位诗人。在米

工作中的米开朗琪罗

开朗琪罗看来，无论是花费几年的时间去雕刻一个雕塑，还是画一幅画，都是一件十分正常的事情。所以，他的所有作品都是传世名作，一直到今天，全世界的

人们都期待可以一赏他的名作。

现在的雕刻家都是按以下的步骤来雕刻雕塑：首先用黏土做一个模子，然后模仿这个模子，或是在石头上雕刻或是用青铜浇注，从而完成雕塑。然而，米开朗琪罗的做法却与现在的雕刻家不同，他跳过了用黏土做模子的工序，直接在石头上雕刻雕像。在雕刻的整个过程中，他都是一种轻车熟路、不慌不乱的状态，好像他已经看到了包裹在石头中的雕像，只要把外面没用的边角凿掉就行了。

米开朗琪罗曾遇到过一块被其他雕刻家弄坏的大理石，他却在"里面"看到了大卫的形象。于是，他马上就开始了雕刻工作，这位年轻的运动员就被他这么雕刻了出来。

米开朗琪罗还雕刻了一个摩西坐着的雕像。现在这座雕像就被放置在

摩西雕像，米开朗琪罗作

罗马教堂里。如果你前去参观，一走到摩西雕像前，你就会发现它是如此逼真，就好像你真的站在先知摩西本人面前一样。导游总会讲这个故事给你听：米开朗琪罗在完成这座雕像后自己都感到非常震撼，好像作品被赋予了生命一样，于是他拿锤子敲向雕像的膝盖，命令它"站起来"。接下来，导游会给你展示大理石上的一条裂缝，以此证明这个故事是真实的。

　　教皇想邀请米开朗琪罗来绘制他在罗马的私人教堂——**西斯廷教堂**的天花

西斯廷教堂顶画

　　西斯廷教堂顶画名叫《创世记》，整幅作品面积为 511 平方米，描绘了 343 个人物，其中有 100 多个形象比真人大两倍。据说，米开朗琪罗躺在 18 米高的架子上通宵达旦地工作，花了 4 年的时间才完成了这项巨大的任务。当整个作品完成时，年仅 37 岁的米开朗琪罗仿佛已经是个老人。而且由于他画画长时间抬着头，导致头和眼睛低不下来，看信都要把信举到头顶。可以说《创世记》是他用健康和生命完成的。

板。刚开始的时候，米开朗琪罗不愿意接受这份工作。于是他就告诉教皇自己是一名雕刻家，而非画家。但是教皇让他画画的态度很坚决，米开朗琪罗最终也只能妥协。而且，一旦米开朗琪罗答应做一件事，他就会立刻全神贯注地进行工作。

在画画的 4 年时间里，米朗开琪罗就居住在西斯廷教堂的这个房间里。他在天花板下面为自己搭建了一个平台，有的时候他会躺在上面阅读诗歌和《圣经》，有灵感的时候就开始画画。他将自己关在房间里面，禁止所有人打扰，即使是教皇本人也不能进来，因为他需要一个能够让人安静的空间，不被任何人打扰。

有一天，教皇看到一扇门没有关，就走了进去，想看一下米开朗琪罗的进度如何。这时，米开朗琪罗不小心弄掉了他的一些工具，险些砸到了教皇的头。教皇很是气愤，但是从此之后却再也没有在这间屋子里出现过。

今天，来自世界各地的人们都来欣赏这幅被画在了天花板上的宏幅巨制，但是仰着头看天花板很不舒服，所以要想舒服地看天花板，就只有躺在地上看或者用镜子看了。

米开朗琪罗去世的时候快要 90 岁了，然而他很少与人打交道。他忍受不了别人来烦他，所以就一个人独自生活，只与他画的上帝和天使为伴。

另一位著名意大利艺术家是拉斐尔，他与米开朗琪罗生活在同一时代。然而，拉斐尔在很多方面都与米开朗琪罗截然相反。比如，米开朗琪罗喜欢一个人待着，而拉斐尔喜欢与朋友成群地生活。人们都非常喜欢拉斐尔，一群朋友和仰慕者总是环绕在他周围。拉斐尔具有超群的艺术天分，性格又十分温和，所以大家都很喜欢他。年轻的人们团坐在他周围，细心地聆听着他的每一句话，并且虚心模仿他所做的一切。他门下有 50 多个学生跟随他学习画画，他的学生整天和他在一起，就连他出去散步的时候，也都会陪着他；他们几乎连拉斐尔走过的路都崇拜。

拉斐尔创作了许多佳作，《雅典学院》是其中最著名的一幅。此外，他还画了许多圣母马利亚与圣婴耶稣在一起的画像，被称为"圣母像"。圣母像中最有名的一幅画是《西斯廷圣母》。它原本是为一个小教堂画的，然而，现在这幅画被展示在一个很大的画廊里。

拉斐尔的作品《雅典学院》

拉斐尔去世的时候还很年轻。但是他工作非常努力，并且坚持不懈，因此他留下了很多的作品。通常，他自己只画出作品的最重要的部分——很多情况下只画出脸部，而身体、手和衣服等剩下的部分由他的学生来画，对于他的学生们来说，即使只是在老师的画作上画一根手指都是莫大的荣幸。

列奥纳多·达·芬奇是文艺复兴时期的另一位优秀的艺术家。他在很多

达·芬奇作品《最后的晚餐》

方面都能做得非常好，所以被称为"万能博士"，但是他不像其他多数万能博士一样博而不精，他对每件事都很擅长。他既是一名艺术家，同时也是一名工程师、一位诗人、一名科学家。因为他涉猎很广，所以留下的画作也很少，但是他留下的画作都堪称杰作。其中一幅作品《最后的晚餐》和拉斐尔的《西斯廷圣母》一样，被认为是世界上最杰出的作品之一。非常不幸的是，这幅画被直接画在了水泥墙上，时间一长，很多水泥连同油彩一起脱落了，所以，原来的画作只剩下了一点点。不过就在不久之前，这幅画被修复了，色彩又开始新鲜明亮起来，我们可以再次目睹它的美丽与艺术了。

达·芬奇最擅长画女人的笑容。他最著名的一幅作品就是一位女人的肖像——《蒙娜丽莎》。她脸上有"谜一般的"笑容，你很难分清她到底是在"对你笑"，还是"和你一起笑"。

达·芬奇作品
《蒙娜丽莎》

第67章

基督教徒之争
Christians Quarrel

有些人说本章内容对于孩子们来说很难理解，他们认为这一章内容太难了。可是我想看看到底是不是这样。

我在前面已经说过，这个时候西欧只有一个基督教派——天主教。既不存在圣公会、卫理公会、浸礼会和长老会，也不存在其他任何教派。大家都是基督教徒。

然而，进入16世纪后，一些人认为应该改革天主教。

另外一些人觉得不应该进行改革。

一些人说一切按照原来的样子就好。

另外一些人说现在不能按照老样子了。

于是他们就发生了争执。

麻烦首先是这样引起的。当时教皇决定在罗马修建一座叫圣彼得的大教堂，教堂的位置正好在最初君士坦丁教堂所在的地方，相传这里就是当年圣彼得受难的地方，教皇打算把它建成世界上最大、最宏伟的教堂。因为耶稣基督曾经说过："你是彼得，我要把我的教会建在你这磐石上。"（彼得，在拉丁语中是石头的意思——译者注）因此，圣彼得大教堂在基督教中的地位如同美国国

285

会大厦那样重要。米开朗琪罗和拉斐尔都设计规划过新教堂，为了准备齐全修建教堂用的大理石、石头和其他必需材料，教皇遵循一些先人的做法，把罗马的一些建筑拆毁，然后用拆下来的石料来修建新教堂。

除了准备齐全所有材料之外，教皇还需要一大笔资金来修建他想象中气势宏伟的大教堂。于是，他开始从民间筹集资金。这时，有一个名叫马丁·路德的德国人，他既是修道士，又是大学里的宗教课老师。他认为教皇从民间筹集资金这件事是错误的，而且天主教会存在许多问题。他把自己认为需要纠正

马丁·路德

的95件事项罗列在一张单子上面，然后把它钉在自己所在城镇的教堂大门上，同时全力鼓动人们反对这些事项。教皇发来命令，让他不要再搞这种活动。可是，路德当着众人的面，一把火烧毁了写着教皇命令的纸。路德得到了很多人的支持，很快，许多人都脱离开了天主教会，不再服从教皇的命令。

教皇请求西班牙国王来帮助他解决与路德的争端。教皇之所以找到西班牙国王，是因为西班牙国王是**查理五世**，也就是斐迪南国王和伊萨伯拉王后的孙子，斐迪南国王和伊萨伯拉王后曾帮助过哥伦布。西班牙国王除了是一名虔诚的天主教徒外，还是欧洲权势最大的国王。西班牙的探险家们到达美洲之后，宣布了那里属于西班牙，所以新大陆部分归查理所有。因此他既是西班牙在美洲的殖民地的皇帝，也是奥地利和德国的皇帝，教皇向查理寻求帮助也是顺理成章的事。

奇特的国王查理五世

　　查理五世是一个身份比较奇特的国王，他的父亲来自德国，他的母亲是西班牙人，他的母语是法语，他的敌人是法国，他统治着西班牙，在西班牙却没有归属感。他还是西班牙日不落帝国的缔造者。"在我的领土上，太阳永不落下"正是出自他口。

查理命令路德到德国沃尔姆斯城接受审判，并答应路德不会伤害他，所以路德就去了那座城市。当路德到了沃尔姆斯后，查理命令他把他说过的话都收回去，但是路德坚决不同意。一些贵族说应该让路德上火刑柱，把他烧死。可是查理坚守承诺，把路德放走了，没有因为路德的信仰而惩罚他。可是路德的朋友们害怕他会受到其他一些天主教徒的迫害，他们知道路德不怎么注意自己的安危，于是他们自己就把路德关进了监狱，这一关就关了一年多，这样一来就没有人迫害他了。在被关押的这段时间里，路德把《圣经》译成了德语，这是《圣经》第一次被翻译成其他的语言。

反对教皇所作所为的人被称为"新教徒"。从这次抗议之后，新教会逐渐成长起来，直到今天它仍然被看作"新教"。天主教的信仰形式发生了改变，也就是旧的宗教发生了"变革"，于是这个时期被称为宗教改革时期。

现在，有的人或许是一名天主教徒，而他的朋友可能不是天主教徒，可这并不影响他们的友谊。然而在那个时候，天主教徒和非天主教徒却是死对头。他们每一方都认为自己的观点是对的、对方是错误的。每一方都为了捍卫自己的信仰，而与对方展开激烈的、疯狂的、残酷的战争，如同对方是恶棍和魔鬼一般。亲戚朋友虽然都是基督徒，但也因为宗教信仰的分歧而相互残杀。

宗教争端和大帝国的其他一些麻烦事让查理感到十分担忧和懊恼。这些每天不得不解决的争端和麻烦使他的身心疲惫不堪，他非常厌倦当皇帝。他想拥有更多的时间和自由，去做自己喜欢的事情。做国王根本不像有些人想象的那样，可以想做什么就做什么。于是，查理主动做了大多数统治者都不愿意做的事情：他辞职了——也就是"退位"了（对国王来说），他把王位传给了自己的儿子菲利普二世。

查理很高兴卸下了国家大事的重担，然后住进了修道院。他在那里始终都在做自己喜欢的事情——你猜猜是什么事情呢？那就是制作机械玩具和机械手表，并且一直做到了他去世。

当查理统治西班牙的时候，亨利八世也正在统治着英国，亨利八世姓都铎。那时，很多国王的名字都相同，为了能够把他们区分开，这些相同的名字上都被标注了数字，来告诉人们他是哪个国王，以及先前都有哪个国王用过这个名字。亨利八世最初也是一个信仰坚定的天主教徒，他还被教皇封为"信仰卫士"。但是后来由于他的妻子没能给他生个儿子，他就想跟他的妻子离婚。**亨利八世**很想要一个儿子来继承他的王位，以此维持英国的统一。可是亨利想再婚，就必须先跟妻子离婚，但是要离婚就必须征

亨利八世

亨利八世，知识渊博，又多才多艺。他用拉丁文写过书；也研究地理知识，是最早研究世界地理的欧洲统治者；他还会写诗作曲，是个音乐家。他创作的民谣《绿袖子》非常受欢迎，成为当时的流行歌曲。另外，他创作的《与好伙伴一起消磨时光》最为著名，被称为国王的歌谣。

得罗马教皇同意，因为他是唯一有权批准亨利离婚的人。当时，罗马教皇是整个欧洲和美洲基督教会的首脑，由他规定基督徒可以做什么、不可以做什么。不论是意大利的基督徒，还是西班牙的基督徒，或者是英国的基督徒，都必须遵从他的旨意。亨利请求教皇同意他离婚，但是教皇告诉亨利，不同意他离婚。

亨利八世和他的第二任妻子
安妮·博林

那时，亨利认为让其他国家的人，即便是教皇本人来管理英国的事情，不仅没有道理，而且也不合适。作为国王，他不愿意让外国人干涉自己国家的事情，更不愿意让别人对他发号施令。

因此，亨利决心自己当英国基督徒的首领，如此一来，他就可以随心所欲，再也不用征得教皇的同意了。后来，他真的成为英国基督徒的首领，跟妻子离婚了。这样，英国所有的基督教会都由

亨利八世的六个妻子

上排从左到右依次为：凯瑟琳(阿拉贡的)、安妮·博林、简·西摩。下排从左到右依次为：安妮(克利夫斯的)、凯瑟琳·霍华德、凯瑟琳·帕尔。

国王亨利统治。在英国的事情上,教皇再也说不上话了。

于是,英国的教会都听从本国国王的命令,不再听从罗马教皇的命令。这就是天主教会内部的第二次大分裂。

从此以后,亨利八世又娶了五个妻子,加上最初的那个,总共是六个。当然,他不是在同一时间娶了五个妻子,因为基督徒只能在同一时间内娶一个妻子。他跟第一任妻子离婚了,把第二任妻子的头砍掉了,他的第三任妻子病逝了。有意思的是他的后三个妻子和前三个的情况如出一辙:第四任妻子被抛弃了;第五个妻子被他砍头了;第六个妻子病死了,但死在亨利后面。

这个故事对孩子们来说很难理解吗?

289

第68章

伊丽莎白女王
Queen Elizabeth

亨利八世有两个女儿。

一个女儿的名字是玛丽，另一个女儿的名字是伊丽莎白。

当然，她们都和父亲一样姓都铎，我们一般不太注意国王和王后的姓，不过了解一下也不错。

亨利国王还有一个儿子，他也是第一个在亨利死后来接任国王的人。虽然他比他姐姐们小很多，但是那个时候，大家都认为男孩儿比女孩儿更适合统治国家，可惜他没活多长时间就死了。于是，在两个姐妹中，玛丽成了第一位女王。

有一首童谣唱道："玛丽，玛丽，与众人对立。"意思就是玛丽并不同意他的父亲反对教皇和天主教的做法。玛丽自己就是一名信仰坚定的天主教徒，并且随时准备为教皇和天主教会而斗争。实际上，她是想杀死所有的非天主教徒和所有的新教徒。她认为所有与她信仰不同的人都是恶人，都应该被处死。就如《爱丽丝梦游仙境》里面的那个女王一样，她总是说"砍掉他的脑袋"，这在我们看来绝对不像是基督徒的做法。但是在那个时代，对这样的事情，他们的想法也不同。玛丽砍掉了很多人的脑袋，所以她被人称为"嗜血玛丽"。

　　玛丽的丈夫也是一名信仰坚定的天主教徒，甚至比玛丽更凶残嗜血。玛丽的丈夫不是一个英国人，而是一个西班牙人，他是退位的查理五世的儿子，西班牙国王菲利普二世。

　　菲利普二世统治国家的时候要比他的父亲严格得多。菲利普二世竭尽全力使新教徒和疑似新教徒的人认罪，并让他们改变新教信仰。如果他们不这么做，就要遭受到以前基督教殉道者所受的酷刑，就是所谓的"异端审判"。被怀疑是新教徒的人都惨遭了各种酷刑的蹂躏。有些人的双手被紧紧绑住，身体被高高地吊在空中，如同挂在墙上的画一样，直至他们痛得昏迷不醒，或者不得不求饶认罪；有些人直接被绑在台子上，然后有人朝一个方向拉他的头，有人朝相反的方向拉他的腿，直到他们的身体几乎被拉成两半；被确定是新教徒的人会被立即处死，或者烧死，或者被逐渐折磨而死，这样他们会更加难以忍受。你应该知道，并不是只有新教徒才会遭受西班牙的异端审判。早在一个世纪之前，犹太人也遭受过同样的酷刑蹂躏。所以大部分犹太人都离开了西班牙，在北非或欧洲建立了新的家园。

　　被菲利普迫害的人主要是居住在荷兰的荷兰人，当时荷兰是西班牙的附属国，而大批的荷兰人都变成了新教徒。

　　这时候，有一个叫威廉的荷兰

沉默者威廉

　　沉默者威廉，又称奥兰治亲王和威廉一世，是尼德兰革命的领导者，并且担任荷兰共和国的第一任执政。1584年被西班牙刺客暗杀而死。被荷兰人尊为"国父"，荷兰国歌《威廉颂》就是在赞美他。

人，他平时沉默寡言，但是却行动不凡。威廉为他的同胞们遭受如此酷刑感到无比愤怒。于是，他开始率领人们起义反抗菲利普，最后他成功使他的国家获得了自由，建立了荷兰共和国。可是，沉默寡言的威廉却被菲利普派人暗杀了。

　　"嗜血玛丽"的丈夫就是这样的人。

伊丽莎白一世

　　在玛丽·都铎死后，她的妹妹伊丽莎白·都铎继位。伊丽莎白是亨利的三个孩子中最强大的一个。伊丽莎白拥有一头红发，个性虚荣，喜欢被人拍马屁。追她的男人很多，但是她从未结过婚。没有结过婚的女人被称为童贞女，伊丽莎白以童贞女王而知名。

　　伊丽莎白一世在国教教义中规定，英国教会遗弃天主教星期五不准吃肉的戒律。这项规定受到了百姓的拥护，百姓们为了表明自己与天主教划清界限，就有了"星期五不吃鱼"的口号和做法。

　　伊丽莎白是一名新教徒，她强烈反对天主教，就像她的姐姐和姐夫当初反对新教一样。

　　伊丽莎白有一位亲戚是苏格兰女王。苏格兰是英国北部的一个国家，但在那个时候，苏格兰还不属于英国，当时统治苏格兰的女王叫玛丽·斯图亚特，她非常年轻，长得也很漂亮、迷人。但是由于她是一名天主教徒，所以她也是伊丽莎白的敌人。

　　伊丽莎白听说玛丽·斯图亚特想吞并英国，并想成为英国的国王，于是伊丽莎白不顾亲戚关系，先下手把玛丽·斯图亚特关进了监狱。玛丽在监狱里待了将近 20 年，最终被伊丽莎白下令处以死刑。我们很难相信她竟然用如此冷血的手段残害自己的亲戚，尤其是她还自称为基督徒。但是在那个时代，这是非常普遍的惯例，就像我们都知道的：我们听说的大多数谋杀都是受统治者控制的。

作为天主教的强大拥护者，菲利普二世决定要惩罚他的小姨子伊丽莎白。于是他集结了一支大型舰队，称为西班牙舰队。拥有这样一支出色的舰队令西班牙人感到骄傲无比，并吹嘘它为"无敌舰队"，含义就是"不可征服的舰队"。

1588 年，这支无敌舰队开始踏上征服英国海军的征程。所有舰队组成半月的形状排成一排，声势浩大地向英国的方向驶去。

英国舰队大败西班牙的"无敌舰队"

英国的舰队都是由小船组成的，出乎西班牙人的预料，英国海军舰队没有正面迎战，而是从背后袭击西班牙舰队，一次攻打一艘船，逐个击破。英国的士兵们个个训练有素，他们的小船速度迅猛，并且操控起来也更容易。所以攻击西班牙舰队后，他们才能在西班牙舰队掉头开火之前就逃走。就这样，英国舰队逐个击沉并摧毁了西班牙的大型舰队。

然后，英国人点燃了一些废旧船只，并让它们朝着西班牙舰队的方向漂过去。当然，在那个时候，所有的船都是用木头制成的，西班牙舰队看到朝自己漂过来的一艘艘着着火的船，所有人都变得惊慌失措。有些舰船立刻扬帆起航，其余的舰船试图绕过苏格兰北部返回西班牙。然而，他们的舰队在中途遭遇了一场飓风袭击，几乎全部的船都失事了，海岸边聚集了上千具尸体。曾经著名的西班牙舰队就这样被摧毁了，随之西班牙的海上霸权之路也走到了尽头。从此之后，西班牙再也不像以前那么强大了。

起初，在伊丽莎白执政时期，西班牙在世界版图上是最大、实力最强的国家；而到了伊丽莎白统治末期，英国已经跃居为世界上最强大的国家。英国的舰队，也就是追溯到阿尔弗雷德国王时期创立的舰队，目前是世界上最大的舰队。

在那个时代，人们认为女人治理国家肯定不如男人治理得好，但在伊丽莎白的统治下，英国变成了继西班牙之后实力最强的欧洲国家。因此，伊丽莎白证明了女人也可以把英国治理得比大多数男性国王更好。

第**69**章

伊丽莎白时代
The Age of Elizabeth

　　这是一个关于伊丽莎白时代的故事，但是现在我不想给你讲伊丽莎白究竟活了多大岁数。伊丽莎白确实活了很大年纪，而且统治英国的时间也很长。

　　我要说的是伊丽莎白统治期间发生的一些事件，她在位的这段时间被称为"伊丽莎白时代"。

　　伊丽莎白成为女王后，有一天，正在下雨，道路泥泞难走，伊丽莎白正要过马路。这个时候，有一个名叫雷利的年轻人看到了她，他害怕伊丽莎白的鞋子沾到泥土，就赶快跑过去，脱下自己好看的天鹅绒斗篷，把它铺到伊丽莎白要踩过去的泥泞路面上，这样伊丽莎白踩在他的天鹅绒斗篷上就像是踩着地毯一样。女王对他细心周到的绅士风度感到非常满意，于是就封他为骑士，后来他被称为沃尔特·雷利爵士。自此之后，他就成了伊丽莎白关系特殊的朋友之一。

　　沃尔特·雷利爵士对美洲产生了极大兴趣。大约 100 年前，卡伯特曾宣布美洲的大部分土地归英国所有，但是当时英国没有采取任何行动。雷利认为应该考虑一下这片土地的事情了，他认为英国人应该在那里定居，这样其他的国家，比如在美洲拥有许多殖民地的西班牙，就赶不到英国的前面了。

沃尔特·雷利爵士

　　沃尔特·雷利爵士是一位作家、政治家和探险家，他说过一句非常有名的话："谁控制了海洋，谁就控制了贸易；谁控制了世界贸易，谁就控制了世界的财富，最后也就控制了世界本身。"他第一次被打入伦敦塔是因为和伊丽莎白女王的侍女私自结婚，后来又被詹姆士一世用颠覆王位的罪名抓起来。他曾希望通过在美洲的圭亚那发现黄金获得豁免，然而他一无所获，并且还烧了当地的西班牙居民点，因此被国王处死。

　　于是，雷利安排了几批英国人，把他们送到了现在美国北卡罗来纳州海岸线附近的一个叫罗诺克的小岛上。然而，在那个时候，几乎整个美国东海岸一直向北延伸到加拿大都被称为弗吉尼亚，弗吉尼亚的含义是"处女之地"，取名为弗吉尼亚正是为了纪念"童贞女王"伊丽莎白女王。

　　罗诺克的一些英国殖民者无法忍受那里的艰苦生活，于是就放弃在那里定居的计划，随后又返航回到英国。而留在那里的人们却全部消失了。他们到底去了哪里，没有人知晓。据我们猜想，他们不是被人杀害，就是饥渴致死。但是不管怎样，没有留下一个人告诉我们事情的真相。在罗诺克殖民者中，第一位在美国出生的英国人诞生了，她是一个女孩儿，名字叫弗吉尼亚·戴尔，因为女王很受当时英国人的爱戴，所以很多女孩儿都叫弗吉尼亚。

　　一些回国的殖民者从弗吉尼亚带回了一些烟草，沃尔特·雷利爵士也学会了吸烟。但是，在那个时候，很多人认为烟草是一种奇怪的新鲜东西。所以有一天，当雷利用烟斗吸烟的时候，一个仆人看到他的嘴里直冒烟气，以为他的嘴里着火了，于是就匆忙提了一桶水，直接朝他的头上浇了下去。

　　直到现在，弗吉尼亚仍然以盛产烟草闻名于世。烟草在开始的时候被认为是非常有利健康的，因为美洲印第安人抽了大量的烟，而且他们看起来非常健康。后来，下一任国王詹姆士继位以后，非常痛恨烟草，为此，他还专门写了一本关于反对并禁止吸烟的书。现在我们都知道詹姆士的观点是正确的，因为烟草能让人患上足以丧命的疾病。

伊丽莎白女王去世之后，雷利被控诉参与反对国王詹姆士的事件，被关进了伦敦塔，也就是由征服者威廉建造的古城堡。雷利被关押在这里长达 13 年，他利用空闲时间，写了一本名叫《世界历史》的书。但是和许多其他伟人一样，他最后也被处死了。

伊丽莎白在位期间，英国有一位著名的剧作家，他是迄今为止世界上最伟大的作家，这个人就是莎士比亚。

莎士比亚的父亲甚至都不会写自己的名字，莎士比亚本人也仅仅在学校读了 6 年书。他小时候非常顽皮，生活在斯特拉特福的时候，他因为进入托马斯·卢西爵士的森林猎鹿而被逮捕。

还未成年，莎士比亚就结婚了，他的妻子年龄比他大，名叫安妮·哈瑟维。结婚几年后，他就离开了他的妻子和 3 个孩子。

他在离开斯特拉特福小镇后，去了大城市伦敦寻找发展机会。在那里，莎士比亚找到了一份剧院的工作，就是帮来剧院看戏的人看马。后来，他获得了一个在剧院表演的机遇，当上了演员，但是他并没有成为一名优秀的演员。

在那个年代，剧院里是没有舞台布景的。需要什么布景，就挂出一个牌子，来说明接下来是什么布景。比如，要表演森林场景，他们就会举起一个牌子，上面写着"这是森林"；要换成房间的布景的时候，就在牌子上写"这是旅馆里的一个房间"。那个时候没有女演员，男人和男孩儿要同时扮演男人和女人的角色。

后来，莎士比亚被邀请去修改一些别人完成的剧本，他修改得非常好，剧情非常吸引人，于是他开始自己创作剧本。他的剧本中通常会加入一些古老的故事，由于他创作的作品生动感人，以至于在他之前或之后，都没有出现过哪个作品可以与之相媲美。

虽然莎士比亚 13 岁就结束了学业，但他好像上知天文、下知地理。我们可以从他的作品中看出，他精通历史、法律和医药学等多方面的知识。莎士比亚较为著名的作品有：《汉姆雷特》《威尼斯商人》《罗密欧与朱丽叶》《尤利乌斯·恺撒》。

　　莎士比亚在那个时期赚了很多钱——甚至可以说是笔数目不小的财富。随后，他离开了伦敦这座城市，回到了他出生的斯特拉特福小镇生活。他去世以后，被安葬在一个乡村教堂里。后来，人们打算把他的遗体重新放在伦

莎士比亚

敦一个著名的教堂里，那里对莎士比亚来说更大、更体面一些。但是，后来人们发现他的墓碑上刻了一首没有署名的诗，也许就是莎士比亚自己写的。这首诗的最后一行写道："迁我尸骨者将受亡灵的诅咒。"所以他的坟墓没有被迁走，因为没有人敢去动它。

莎士比亚的墓志铭

第70章

仆人詹姆士
James the Servant

你的名字有什么含义呢？一般父母给孩子起的名字都包含了父母对孩子的期望和祝福，但在英国，人们的名字却有不同的含义。如果你的名字叫贝克尔、米勒、泰勒、卡彭特、费舍尔或库克，等等，这些名字是不是很有趣？可是你知道它们的含义吗？贝克尔的本义是面包师，米勒的本义是磨坊主，泰勒的本义是裁缝，卡彭特的本义是木匠，费舍尔的本义是捕鱼人，库克的本义是厨师。原来英国人名字的本义是这么有意思啊！

在过去，英国人一般是以职业命名的。如果你的名字是 Stuart、Steuart、Stewart、Steward，那可能意味着你的祖先曾是一名管家。因为在古时候，人们基本不知道如何拼写，他们用不同的方式拼写同一个名字。Steward 的意思是一位管家。

苏格兰有一个家族姓斯图亚特，这可能是因为他们的祖先是一名老仆人或一名老管家，后来他们成了苏格兰的统治者。被伊丽莎白送上断头台的玛丽·斯图亚特女王就是他们家族的成员之一。

由于伊丽莎白没有结过婚，所以不曾有孩子来继承她的王位。她是都铎家族的最后一个成员，所以英国人不得不四处寻找一个新国王，最后他们想到了苏格兰。

我前面给你讲过，苏格兰那个时候是一个独立的国家，现在它属于英国。当时苏格兰的国王是**玛丽·斯图亚特**的儿子，名叫詹姆士·斯图亚特。由于

悲剧女王——玛丽·斯图亚特

　　玛丽·斯图亚特，苏格兰女王，被称为"悲剧女王"。出生只有一周便继承王位，结婚两年后，她的丈夫就死了。之后她返回苏格兰处理政务，因为她信奉天主教，这使得苏格兰贵族和加尔文教徒对她十分不满，1567年她被撤销王位，1568年逃到了英格兰。谁承想，西班牙国王伙同英格兰天主教势力又试图利用她掠夺英格兰王位，事情败露后，她被处以死刑。

他和都铎家族是亲戚关系，英国人邀请他来当英国的国王。詹姆士·斯图亚特没有拒绝英国人的邀请，他被称为詹姆士一世。因此，我们称他和他的孩子们统治英国的时期为斯图亚特王朝。

斯图亚特家族的统治大约为100年，也就是从1600年持续到1700年，不过要除去中间大约11年的时间，因为在这11年里英国一直都没有国王统治。

英国人一定曾经非常后悔邀请詹姆士来做他们的国王，因为詹姆士和他的整个斯图亚特家族对英国人民耀武扬威，他们把自己看成是造物主一样。于是，英国人民被迫为争取主权而展开了斗争。

在英国，议会是为人们制定法律的一个机构。但是议会被命令不能做任何违背詹姆士意愿的事情，如果他们不小心违背了詹姆士的意愿，詹姆士就不再允许议会参与管理了。詹姆士声称国王做的都是正确的，国王绝对不可能做错误的事情，上帝授予了他们这种权力，让他们去做自己愿意做的事情，这就是所谓的"君权神授"。自然，英国人民无法忍受国王的这种做法。从约翰国王时期开始，英国人民就开始坚定地维护自己的权利。虽然都铎家族过去也经常做一些人们不喜欢的事情，但是毕竟他们都是英国人；而斯图亚

特家族都是苏格兰人，他们被英国人视为外国人。他们可以容忍自己国家的人犯一些错误，却无法忍受被邀请来的陌生人胡作非为。因此，在这种情况下，争端不可避免地产生了。但是，真正的战争不是发生在詹姆士一世国王统治期间，是从下一任国王执政时期开始的。

在詹姆士国王统治期间，《圣经》被翻译成了英文，这个版本的《圣经》被称为《詹姆士国王钦定版圣经》。

在詹姆士统治期间，英国并没有发生过太多战乱，但同一时期的其他一些国家却有很多大事发生，可是这些大事与英国国王基本毫无关系。这个时候，英国人在印度，也就是哥伦布一直向西航行到达的一个遥远的国家建立了殖民地；后来殖民地不断扩大，直到最后印度完全归英国所有。所以，英国通过征服其他国家，最终变成了一个富强的大帝国。

英国同时也在美洲扩张殖民地，一个建立在南美洲，一个建立在北美洲。我在前面提到过，雷利在位于美洲的罗诺克岛建立了殖民地，后来那里的所有人都莫名失踪了。然而，1607 年，一艘载着英国人的船航行到了美洲探险，他们希望能够碰上好运气找到金矿，发一笔横财。他们在弗吉尼亚登陆，并以国王詹姆士的名字命名他们安顿下来的地方，叫作詹姆斯敦。但是他们没有找到金矿，但既然来到这里，就得生存下去。由于他们以前没有干过活，也没有干活的意愿，他们的领导**约翰·史密斯**船长负责管理他们，他对大家说，不干活的人不可以吃饭。所以来到这里的殖民者们只能自己干活。

这个时候英国人学会了吸烟，所以为了满足英国人的需要，殖民者们开始为他们种植烟草。通过种植烟草，殖民者们赚了大笔财富。烟草就像金矿一样，只不过是形式不同而已。可是，殖民地的绅士们想雇用其他人替自己做粗活。几年后，黑人被从非洲贩运到这里，卖给殖民者做苦力，这就是美洲奴隶制度的起始。随着奴隶制度的不断发展，在南美洲的种植园里，几乎所有的事情都是由奴隶们来完成的。

显而易见，在人类历史上，奴隶制度是一种非常黑暗、邪恶和残酷的制度，但是它存在了几百年。而贪婪以及邪恶等种种罪恶就是隐藏在奴隶制度之下

THE PORTRAICTUER OF CAPTAYNE IOHN SMITH ADMIRALL OF NEW ENGLAND

These are the Lines that shew thy Face but those
That shew thy Grace and Glory, brighter bee
Thy Faire-Discoueries and Fowle-Over throwes
Of Salvages, much Civillizd by thee
Best shew thy Spirit and to it Glory Wyn;
So, thou art Brasse without but Golde within.

踏上弗吉尼亚的约翰·史密斯

约翰·史密斯是一名探险家。传说他身材并不高大，但却给人魁伟的感觉；他勇敢无比，待人却谦虚温和；他向往平等，讨厌贵族。他的伟大之处还在于人们在他的率领下踏上了美国弗吉尼亚，开始建立一个新的世界。

的根源。

没过多久，又有一批人离开英国去了美洲。但是，他们和之前去詹姆斯敦的那批人不一样。他们不是为了寻找财富，而是想找一个安静的去处，在那里能够自由地礼拜上帝，因为在英国，他们总会被各种各样的事情打扰。1620年，这批人乘坐一艘名叫五月花号的船，从英国的普利茅斯起程，他们漂洋过海，到达了马萨诸塞州，并给他们登陆的地方取名为普利茅斯，在那里定居下来。他们到达那里的第一个冬天，就有一多半的人死于北美恶劣的气候和艰苦的生活条件。然而，他们没有一个人离开这里回到英国。这块殖民地就是美国殖民地——新英格兰的雏形。当你学习美国历史的时候，会了解更多殖民地的故事。现在，我们必须了解一下在英国发生的大事，在斯图亚特统治结束之后还发生了很多大事呢！

第71章

丢掉头颅的国王
A King Who Lost His Head

　　查理国王是下一任国王，他是我们刚刚讲过的詹姆士国王的儿子，查理国王和他的父亲简直就像是"一个模子里刻出来的"。他和他的父亲一样，信仰"君权神授"之说，也就是只有国王一个人有权力决定应该做什么、不应该做什么。他对待英国人，就像约翰国王曾经对待英国人一样，也就是人们必须按照国王的意愿做事。

　　但是，这次人们没有像对待约翰国王那样，把查理国王带走，逼他签署协议。他们开始反抗。国王也准备为维护自己的权力而战斗，他组织了一支队伍，这支队伍由领主和贵族组成，他们都拥护国王。拥护国王的人甚至在衣着打扮上都与反对国王的人不同。他们留着长长的鬈发，戴着插着一大根羽毛的帽子，他们在衣服的领口、袖口甚至马裤下面的翻边都装饰着蕾丝。

　　议会的军队是由愿意为自己争取权利的普通民众组成的，这些人剪着一头短发，戴着一个带有皇冠的帽子，穿着朴素。一个名叫奥利弗·克伦威尔的乡村绅士训练了一大批的精兵良将，他们被称为"铁骑军"。

　　国王的军队则由一些酒囊饭袋组成，作战之前，他们还在大吃大喝。而议会的军队成员在作战之前都要向上帝祈祷，在行军的途中还要唱圣歌和赞美诗。

　　国王的军队吃了好几次败仗，最终查理国王沦为了议会军的阶下囚。在这个时候，一小部分议会成员掌握了议会大权，虽然他们并没有权力这么做，但是他们还是以叛国罪、谋杀罪和其他严重罪行，

查理一世被送上断头台

判处了国王查理的死刑。1649 年，查理国王被带到伦敦的宫殿前，砍掉了脑袋。现在，大家都认为议会军对待国王的行为非常可耻，即使在当时，也仅仅有一小部分人支持他们这样做。其实，他们完全可以流放查理，或者夺了他的王位，根本没有必要杀死他。

　　在接下来的几年里，议会军队的总指挥官奥利弗·克伦威尔统治了英国。奥利弗·克伦威尔外表粗犷、举止鲁莽，但却是一位诚实、虔诚的人，他在统治英国时，就像一位严父管理他的家庭一样，他不能忍受一切荒谬的言行。有一次，他让人给他画像——因为当时还没有照片——画家没有画他脸上的一个瘊子，**克伦威尔**

奥利弗·克伦威尔

　　奥利弗·克伦威尔，1599 年生于一个新贵族家庭，是英国的政治家和军事家。在与王党军的两次战争中，他率领"铁骑军"和"新模范军"，取得了胜利。1649 年，他处死国王查理一世，宣布英国为共和国。1653 年，他解散议会，任命自己为"护国主"。但因当时的经济状况和阶级矛盾都严重恶化，他最终没能扭转局势。

非常生气地对画家说："我长什么样，就画成什么样，瘊子什么的都画上。"虽然克伦威尔自称为摄政官，其实他是一位国王。

克伦威尔去世后，他的儿子继续管理英国，就像国王的儿子继承王位一样，但是他的儿子并不能和他相比。他人很好，只是不具备他父亲的智慧和能力，所以管理了几个月之后就辞职了。可能奥利弗·克伦威尔曾经对英国人管理得太严，英国人有点受不了，所以他们都忘记了斯图亚特家族统治的不足。1660年，由于英国人找不到合适的统治者，所以就邀请国王查理的儿子回来当国王，要知道查理曾经是被他们杀掉的，斯图亚特家族的人再一次坐上了国王的位置，他就是查理二世。

查理二世复辟

查理二世被称为"享乐的国王"，因为他看似就只知道吃喝玩乐，就连非常神圣、庄严的事情，他也会用来开玩笑。为了报复参与处死他父亲的人，他用一种被认为最残酷的刑罚杀死了还活着的人；对于已经死了的人，包括奥利弗·克伦威尔在内，都被从坟墓中挖了出来，他把他们的尸体吊起来，砍掉了头颅。

在查理二世统治期间，曾经吓人的瘟疫再次袭击了伦敦。在有些人看来，这是上帝降下来的灾难，因为上帝对国王和人民的种种恶行，尤其是对神圣事物不敬感到震惊，所以上帝要惩罚他们。接下来的 1666 年，一场大火烧掉了上千间房屋和上百座教堂。然而，这场**伦敦大火**的确赶走了疾病和污秽，这在那个时候也确实是件好事。伦敦的建筑曾经都是用木头建成的，后来英

伦敦大火

　　1666 年伦敦大火是伦敦发生的最严重的大火，大火燃烧了 4 天才被扑灭。这场大火的源头是一家失火的面包铺，由于伦敦大部分是木质房屋，因此迅速蔓延。大火烧毁了 1 万多户的家庭住宅和包括圣保罗教堂在内的 80 多座教堂，还有一部分政府建筑。这一场灾难终止了另一场灾难——鼠疫，大火中很多老鼠都被烧死了。

国人开始使用砖块和石头重建这些建筑。

　　我再给你讲一个斯图亚特家族的故事，确切地说，是一对王室统治者——威廉和玛丽，因为在他们统治期间，人民与国王的斗争终于平息了。1688 年，议会起草了一份协议——《权利法案》，得到了威廉和玛丽的支持，他们在上面签了字。这份协议规定国王不再是英国的统治者，自此之后，议会变成了英国真正的统治者，这次革命被称为光荣革命。之所以说它是光荣的，是因为这次革命没有发生战争。好了，斯图亚特家族的故事终于可以结束了，在这段时间，我想我们已经听说了太多关于斯图亚特家族的事情了。

第 72 章

红帽子和红鞋跟
Red Cap and Red Heels

前面我讲过的那个路易是一名圣徒——他就是参加最后一次十字军东征的路易。

现在我要给你讲的是关于两个国王的故事，这两个国王都叫路易。不过，不论从哪个角度来说，他们都和圣徒没什么关系。

他们就是路易十三和路易十四，在17世纪，斯图亚特家族统治英国的这段时间，他们正在统治法国。

路易十三就是一个名义上的国王，别人让他做什么，他就做什么。说来也奇怪，这个"别人"是一位伟大的宗教统治者——一位红衣主教，他戴着一顶红色的帽子，穿着红色的长袍，他的名字就是黎塞留。

黎塞留，为法国君主专制的建立作出了巨大的贡献

现在，你很可能已经厌倦听到关于战争的事情了，但是在路易十三统治期间，一场长时间的战争又爆发了。我必须给你讲一讲关于这场战争的事情，这次战争持续了 30 年，因此被称为**三十年战争**。这次战争和多数战争的不同之处在于，它不是一个国家与另外一个国家的战争，而是新教和天主教之间的斗争。

三十年战争

三十年战争起初为神圣罗马帝国的一场内战，最终却成为波及整个欧洲的国际战争。战争的起因是宗教纠纷，但随后各个国家为了利益和霸权纷纷加入。这场战争造成了包括德意志、波美拉尼亚和西里西亚等国家和地区一半或一半以上的人口死亡。

当然，黎塞留主教是一位天主教徒，并且是天主教国家——法国的真正统治者。但是这次，他却拥护新教，这是因为法国正在和一个天主教国家——奥地利发生战争，并且他想击败奥地利。欧洲的大多数国家都卷入了这场战争，德意志是这场战争的中心，因为很多战争都在这里进行，甚至之前我们从未讲过的一个欧洲北部的国家——瑞典，也被卷入其中。这个时候，统治瑞典的国王叫古斯塔夫·阿多夫，因为瑞典天气严寒，所以他又被叫作"雪王"；由于他还是一名骁勇的战士，所以他又被称为"北方雄狮"。我之所以特意讲到他，是因为那个时候，在欧洲所有的国王和统治者中，他的品质超人。的确，大多数统治者只为自己着想，为了满足自己的私欲，不惜采用撒谎、欺骗、偷窃甚至杀人等手段；而古斯塔夫·阿多夫却是为了正义而斗争。作为一名新教徒，古斯塔夫·阿多夫一直南下，去了德意志，为新教徒而战。同时他还是一名伟大的将军，最终他带领的军队赢得了胜利。令人遗憾的是，古斯塔夫·阿多夫在这场战争中丢掉了性命。这场为期 30 年的战争逐渐使新教徒处于优势地位，最后双方签订了一个有名的和平条约，被称为《威斯特发里亚和约》，这标志着长达 30 年的战争就此结束了。和约支持每个国家的国教由国王决定，无论是选择新教还是天主教，全凭国王个人意志。

在为期 30 年的战争期间，一种古时候致命的传染病瘟疫传播到了德国的一个小镇——奥伯阿默高，村民们昼夜祈祷，渴望得到上帝的怜悯和保佑。村民们信誓旦旦地说，如果可以幸免，他们会每十年演出一场有关耶稣基督生活的戏剧。最后他们真的躲过了这场灾难，于是，从此之后，

路易十四

《耶稣受难记》每十年就会在这里上演一次，很少有不演出的情况出现。每到这个时候，成千上万的旅游者都会走到这个小镇，观看耶稣生平的故事。演出时间定在每个第十年夏天的星期天，并且要演出一整天的时间。参加演出的人数大约为 700 人。能够被选中来扮演圣徒的人是非常荣幸的，被选为扮演耶稣基督的人更是拥有无法言喻的荣誉。

路易十四是继路易十三和黎塞留之后，统治法国的下一任国王。

当时，英国的民众最终成功地把管理国家的权力移交给了议会。然而在法国，除了路易本人之外，

一幅关于路易十四的寓意画作品

他不让任何人参与管理国家大事。他对人们说"我就是国家"，不允许任何人参与国家大事的管理。这一点和斯图亚特家族笃信的"君权神授说"相似，不过，它早就被英国人民推翻了。路易十四统治了70多年，他是历史上在位时间最长的一位国王。

因为路易十四所做的所有事情都是为了炫耀，所以他被戏称为"显摆国王"。他总是四处检阅游行，在街道上昂首阔步，好像他不是一个普通人，而是戏剧里面的主角一样。他身穿紧身衣，头戴厚重的、喷着香粉的假发，脚下踩着一双红色高跟鞋，这样可以使他的个子看起来比较高。他挂着一根长手杖，手肘向外伸展开，趾高气扬地踱来踱去，他觉得这样的装扮和仪态可以让他看起来相貌堂堂，无比高贵。

从路易十四所做的一切看来，他就是一个没有脑子的、奇怪的人，但是你不能那么想。尽管他的行为举止滑稽可笑，但他却将法国治理成为欧洲的重要强国。他不断发动对其他国家的战争，试图扩大法国的规模，将其归为法国领土。但是我之前已经给你讲过太多战争故事，所以现在我就不再给你讲关于他的战争故事了。

路易十四准备就寝

即使我讲了，你很可能也不愿意继续读下去。因此，法国成了继西班牙和英国之后的其他国家的领头羊。

路易十四在凡尔赛建造了一座富丽堂皇的宫殿，里面有用大理石装饰的礼堂、漂亮的壁画和很多面大镜子。当他趾高气扬地走路的时候，就能够从镜子里看到自己的形象。宫殿被一个公园包围着，公园里有很多奇妙的喷泉；

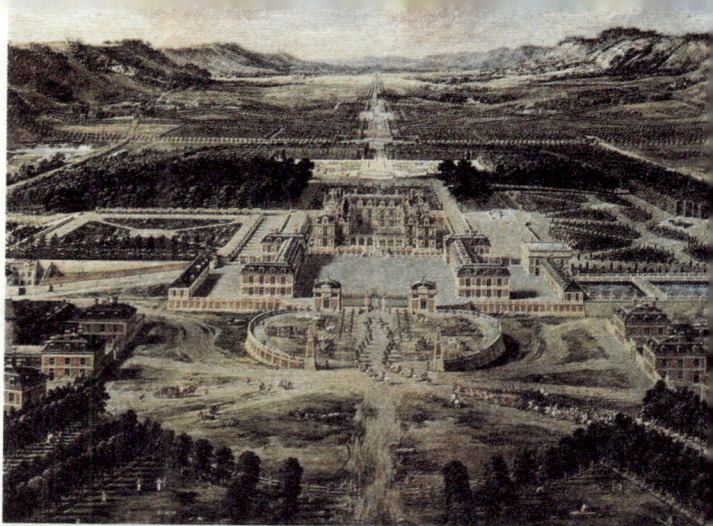

喷泉的水也都是从远方运来的，喷泉喷几分钟的时间，就要花上几万美元。直到今天，很多观光者来参观**凡尔赛宫**，也是为了一睹富丽堂皇的宫室和生动的喷泉表演。

路易十四的凡尔赛宫

凡尔赛宫长 580 米，由花园、城堡和镜殿组成。外观宏伟壮观，内部装饰富丽堂皇。修建时人力物资消耗巨大，石方工程用了 30 名建筑工人才完成，运输工程物料的马匹有 6 000 匹。即使这样，整个修建过程还是用了 47 年的时间。

路易十四周围不仅环绕着美丽的事物，当时各个领域最出色的男男女女，也都被召集到他身边。这些人都是某一领域中极为出色的人才，比如有的人画画特别好、有的人文笔过人、有的人巧舌如簧、有的人表演生动、有的人长相俊美，等等。路易十四把这些优秀的人召集在一起，有的和他一起居住，有的把家安在他的附近。这些人被称为"侍臣"，他们都是经过千挑万选才被选中的，所以他们自认为高人一等。

被路易十四选为"侍臣"的人，自然过着舒适的生活。但是，供养路易十四和他的"侍臣"们的却是法国的穷苦百姓、乡下的农夫和城镇里的工人。他们不得不承担路易十四和他的"侍臣"们所有的花费，比如聚会、舞会和宴会，以及送给朋友们的礼品。不久我们就会知道发生了什么。穷人们再也无法忍受这样的剥削和压迫，俗话说，狗急了还跳墙呢。

1700
A.D.

第**73**章

一个白手起家的人
A Self-Made Man

问大家一个问题，美国的国父是谁呢？

我想美国的孩子可能回答说：

"乔治·华盛顿。"

但是，我要说的是在华盛顿出生之前，就已经有人被称为"国父"了，他不是美国人。

在欧洲的东北部和亚洲的北部，有一个伟大的国家，它的国土面积是美国的近两倍，这个国家就是俄国。在 1700 年之前，我们几乎很少听说过俄国，因为这里的人们生活相对比较封闭，与欧洲国家相隔甚远，即便它是欧洲最大的国家。俄国人隶属斯拉夫民族，斯拉夫是印欧系的一个分支。在 13 世纪的时候，成吉思汗和他的蒙古军队曾征服过俄国，并治理这片土地。所以，虽然俄国人是基督徒，但是和欧洲人比起来，从某些地方来看，他们更像是东方人。俄国的男人们都蓄着长胡子，身上穿着长外套。跟中国人相同的是，他们也用算盘算数。在西欧废除农奴制度很长一段时间之后，俄国还仍然存在着大量的农奴。

将近 1700 年的时候，俄国的一位王子出生了，他的名字叫**彼得**。彼得

身高最高的皇帝彼得

彼得，1672年生于莫斯科，身高两米，是世界上最高的皇帝。他精力旺盛，无拘无束，但却爱发脾气，酒喝多了就大发雷霆。彼得大帝一生都热心致力于国家的发展，另外，他除了政治和军事才能外，在射击、印刷和造船上也有一定的成绩。

在很小的时候，非常怕水。作为一位王子，他感到非常羞愧，于是他迫使自己习惯水。他每天都去有水的地方，在那里不是玩水，就是在水上划船，尽管每当这个时候，他都非常害怕。最终，他不仅克服了对水的恐惧，还开始对水和划船感兴趣，这份喜爱甚至超过了其他运动。

彼得长大之后，在这个世界上他最想做的事情，就是让他的国家成为欧洲强大的国家。俄国幅员辽阔，但是并不富强。他希望俄国的人民可以分享到欧洲的文化和财富，但在这之前，他必须派俄国人去学习欧洲的先进文明。由于那个时候，俄国人民贫苦、愚昧，他不得不自己先去学习欧洲的先进文明，因为在俄国没有一个人可以教他。于是，他乔装成一名普通工人，去了一个小国家——荷兰。在荷兰的时候，他在造船厂找到了一份工作，在那里做了几个月，并且亲自做饭、缝补衣服。通过这段时间的工作，他

位于圣彼得堡的彼得大帝铜像

不仅学会了关于造船的全部技术，还学会了一些其他的技术，比如打铁、修鞋甚至拔牙。

　　然后，他去了英国，在去过的每一个地方，他都会竭尽所能学习所有的知识。后来，他带着满腹知识回到俄国，把这些知识运用到工作中，从而使俄国的面貌得到改善。首先，彼得想要俄国同其他国家一样，要创建一支舰队。但是，要组建这支舰队，他必须找到港口，可是俄国几乎所有的陆地都不临近水，所以他打算从邻国瑞典那里抢一块海岸。

　　这个时候的瑞典国王是查理，他是瑞典的第十二位国王。当时，查理还只是一个男孩儿，彼得认为打败这个男孩儿，从而获得他想要的海岸是一件非常容易的事情。然而，查理并不是一个普通的小孩儿，他非常出色，可以说是天资聪颖、出类拔萃。他受过良好的教育，熟知好几种语言；四岁的时候，他就学会了骑马、打猎、打仗。另外，他还不惧怕艰难困苦和任何危险，他是个铤而走险的人，因此人们都称他为"北方狂人"。战争刚开始，查理就打败了彼得的军队。

　　但是彼得面对战败的事实十分冷静，并简单地总结出查理将很快教会俄国军队如何取胜。的确，查理首次在与彼得和其他一些威胁到他的国家的对战中就大获全胜，所以欧洲人都认为他是亚历山大重生，害怕他会征服所有的国家。但是，最后俄国人打败了查理，彼得也拿下了他想要的海岸。随后，彼得就组建了他期待已久的舰队。

　　莫斯科是俄国的首都，它是一个环境优美的城市，临近国家的中心，远离海滨。但是彼得觉得这里不适合做首都，他希望俄国的首都在一个美丽的城市，最好就在海边，这样他就可以离他心爱的舰队很近了。他选择了一块不但在水边，并且几乎全是水的地方——沼泽作为首都。于是，他命令30多万人填平这块沼泽，然后在这里修建一个美丽的城市。为了纪念圣徒彼得，这块地方被命名为圣彼得堡。其实彼得的名字也是根据圣彼得的名字起的。后来圣彼得堡又改名为圣彼得格勒，再后来改为列宁格勒，现在它又改成圣彼得堡了。圣彼得堡一直都是俄国的首都，直到一次革命之后，俄国的首都又搬回莫斯科。这次革命，你会在后面的章节中读到。

彼得不断完善法律，并开办了学校、工厂和医院，他还教给人们算术。他让人们效仿其他欧洲人的着装打扮，命令男人刮掉长胡子，因为他认为那样看起来很土气。但俄国男人认为没有胡子是一件伤风败俗的事情，于是有些人就一直保留着剪下来的胡子，等到死了以后，再把胡子放到棺材里，这样等到复活的那天，他们就可以得体地面对上帝了。彼得还从欧洲引进了各种各样的新鲜事物，但是这些新鲜事物在俄国并不知名。但他确实使俄国成为欧洲一个强大的国家，这就是他被称为"彼得大帝"和"国父"的原因。

彼得喜欢上了一位穷苦农家的女孩儿，名叫凯瑟琳，她从小就失去了父母。后来，他娶了凯瑟琳为妻。虽然凯瑟琳并没有接受过教育，但是她懂事可人、活泼聪明，所以他们的婚姻很甜蜜。但是俄国人却因他们的国王娶的是一位出身贫贱的农家女，而不是一位公主，感到十分震惊。彼得并没有听信别人的反对，甚至加冕她为王后。在彼得去世之后，凯瑟琳成了俄国的统治者。

第74章

出逃的王子
A Prince Who Ran Away

如果你把字母 P 放到 Russia（俄国）的前面，它就变成了这个词——Prussia（普鲁士）。继俄国之后，我们现在来讲一讲欧洲的一个小国家——普鲁士，它后来成了德国的领土。我们前面讲过俄国幅员辽阔，并且彼得把它变成了一个欧洲强国。普鲁士是在另一个国王的手中变得强大起来的，这位国王就是腓特烈。他也生活在 18 世纪，比彼得稍晚一些。同样，他也被称为"大帝"——**腓特烈大帝**。

腓特烈的父亲是普鲁士的第二任国

腓特烈大帝

腓特烈二世，普鲁士国王。从小父亲对他的教育非常严格、强硬，军事化。他在治理国家期间，参加的战争有：三次西里西亚战争和一次瓜分波兰的战争，他通过战争使领土扩大了一倍。后来在他的领导下，普鲁士成为排名于奥地利之后的第二大势力，由此他被冠以"大帝"的称号。

王，就像其他人喜欢收集邮票一样，他有征集巨人的嗜好。每当他听到哪里有个子非常高的人，不论这个人是哪个国家的，也不管花费多少钱，他都要把这个人买过来或者雇来。他把征集来的巨人组建成一支备受注目的军队，这也是他特别骄傲的地方。

　　腓特烈的父亲是一位性格古怪、脾气暴躁的老国王。他对他的孩子们很凶，尤其是对腓特烈，他给腓特烈起了个小名，叫弗里茨。小弗里茨长了一头鬈发，他喜欢听音乐、读诗歌，穿奇装异服。但是他的父亲不愿意他这样，他希望自己的儿子将来成为一名英勇的战士。他父亲生气的时候，就拿着菜碟朝他扔过去；有时候还会把他关在屋子里，一关就是几天，只给他几片面包和一些水；并且经常用藤条鞭打他。最后，弗里茨实在无法忍受就逃跑了。但是弗里茨的父亲还是把他抓了回来。他的父亲非常生气，因为他觉得自己的儿子不听话，并且他看不惯儿子的所作所为，竟然要杀了弗里茨——这是真的，

托尔高战役前的腓特烈二世

要处死他。但是，就在最后的关键时刻，他的父亲被别人劝住了。

令人费解的是，当小弗里茨长大成了腓特烈之后，他就变成了父亲所希望的样子——成了一名勇猛的战士。他依然喜欢诗歌，甚至还尝试着自己写诗，他对音乐的热爱也没有减少，他的笛子吹得特别好。然而比起这些，腓特烈更想把他的国家变成一个欧洲强国，因为在他继位之前，他的国家只是个毫不起眼儿的小国家，根本没有地位。

这个时候，奥地利——普鲁士的邻国，它的统治者是一个女人，名叫玛丽亚·特蕾西亚。在玛丽亚·特蕾西亚统治奥地利期间，普鲁士的国王是腓特烈。一些人认为不应该让女人统治国家，于是他们就用这个借口，发动了一场战争。腓特烈的父亲答应玛丽亚·特蕾西亚不向她开战——他不向她开战，是因为她是一个女人——但是腓特烈统治国家之后，他想侵占奥地利的一部分领土，他不管玛丽亚·特蕾西亚是个女人，也不管他父亲当初的承诺，毫不客气地抢了他想要的地盘。如此一来，这场战争就开始了。不久之后，几乎所有的欧洲国家都加入了这场战争，有的国家支持腓特烈，有的国家反对他。腓特烈不但成功抢到了地盘，他还成功控制了那里。

然而，玛丽亚·特蕾西亚并没有放弃，她想把被强行霸占的土地夺回来。于是她秘密准备和腓特烈再次交战，她私下联络了一些国家，并使这些国家承诺在开战后支持她。腓特烈事先打探到了她的动静，再一次向奥地利发起了突然攻击。这场战争持续了七年之久，因此被称为"七年战争"。腓特烈连续作战，直到彻底击垮奥地利，实现了他的目标——使普鲁士这个小国家一跃成为欧洲的头号强国。他一直占据着最初从奥地利抢过来的土地。事实上，玛丽亚·特蕾西亚也是一位了不起的女王，如果腓特烈是一位普通的国王，她可能早就战胜他了。但是她遇到了一个强大的国王，腓特烈是世界上最机智善战的将领之一，实在不是她能够对付得了的。

说来也怪，七年战争的战场不只是在欧洲，就连遥远的美国也被牵涉进来了。英国支持腓特烈，但是法国和一些其他国家都反对腓特烈。美洲的英国移民也支持腓特烈，于是就和当地的法国移民打了起来。当腓特烈在欧洲取得胜利的时候，美洲的英国移民也同时打败了美洲的法国移民。我告诉你这些是因为，我想说这就是今天美国人讲英语而不是法语的原因。假如当初腓特烈在欧洲没有获胜，英国人在美洲也输给了法国人，那么现在美国人很可能说的就是法语，而不是英语了。

　　腓特烈和我们以前听说过的大多数国王一样，为了从其他国家得到好处，不惜使用撒谎、欺骗或者偷盗的手段。对他来说，公平的方式与卑鄙的手段没什么区别。但是，他对待自己的人民就像对待自己的孩子一样，尽心尽力地为他们做任何事情。就像母狮守着幼崽一样，他会为了他的国家而战，甚至不惜和全世界作对。

　　在腓特烈的宫殿附近，有一个磨坊，它的主人是一个穷磨坊主。这个磨坊太破了，因为它就在宫殿的附近，并且真的不好看，于是腓特烈就想把它买下来，然后拆除，可是磨坊主舍不得。尽管腓特烈大帝给出的价钱非常高，但磨坊主还是拒绝了。对于大多数国王来说，得到这个磨坊是一件非常容易的事情，也许他们会把磨坊主抓进监狱或者处死。然而，腓烈特没有采用这样的方法。他认为即使是处在最底层的磨坊主也应该拥有自己的权利，如果他不想卖掉，就不应被迫卖掉。他不再打扰磨坊主了，于是这个磨坊至今还在宫殿附近。

　　说来也怪，虽然腓特烈是一个德国人，但他非常讨厌德语。他认为没有教养的人才讲德语，他自己平常说话和写东西都用法语，只有在和他的仆人说话时，或者跟不懂法语的人交谈时才会用德语。

第**75**章

美国摆脱了国王
America Gets Rid of Her King

英王乔治三世

你知道吗？美国曾经也有一位国王。他就是乔治。

不，这个国王不是乔治·华盛顿。

是另外一个叫乔治的人。

你还记得英国的斯图亚特家族吧——詹姆士、查理等人？从1600年到1700年，他们这个家族统治了英国100年，大约1700年，英国终于摆脱了斯图亚特家族的统治，再也没有斯图亚特家族的后裔了。

英国不得不再找一位国王，于是，他们从德国的一个地方，邀请了一位皇室远亲来统治英国。是的，从德国过来统治英国。这位国王的名字就叫乔治，英国人称他为"乔治一世"。乔治是个德国人，他甚至都不会说英语，所以比起英国来，他更爱德国。你可以想象他到底是个什么样的国王了吧？后来，乔治二世接替他统治英国，尽管乔治二世和乔治一世一样，喜欢德国胜于英国。但是到了乔治的孙子这一代，也就是乔治三世继位的时候，他和他的祖父和父亲就不同了，他是个土生土长的英国人。就在乔治三世统治期间，美国诞生了。

当一个国家发生变动的时候，我们称之为"革命"，这是小事件的名称。

当一个国家转变方向的时候，我们也称之为"革命"，这就是大事件的名称。

英国在美国最开始有两块居留地，或者按照他们的说法是"殖民地"——詹姆斯敦和普利茅斯。后来，它的殖民地数量和面积沿着大西洋附近扩张。最初在这里定居的人大部分是英国人，他们受制于英国国王。不久，来自德国、荷兰、苏格兰和爱尔兰等其他国家的人也纷纷在这里定居，而非洲人则是被迫到这里来做奴隶的，所有来到这里的人都受制于英国国王。英王要求这些人募捐，也就是所谓的"纳税"。当然，现在的税收和那时的税收不同，那个时候，所有税收都进了国王的腰包，他想怎么花就怎么花；而现在的税收都服务于纳税人，比如用在道路交通、学校建设和治安防卫等公共福利方面。

大西洋海岸的这些人都要向远在大西洋彼岸的英国国王纳税，所以他们认为应该通过投票的方式，决定纳税资金的用途。但是因为没有投票权，他们决定不再向英国国王纳税了。

这个时候，美国有一位杰出的人物叫**本杰明·富兰克林**。他是一名蜡烛工人的儿子，出身贫苦，曾经在腋下夹着两片面包就走遍了费城的大街小巷，后来富兰克林一跃成为美国受人尊敬的人。他曾当过印刷工人，并创办了美国第一份最好的报纸。同时，他还是一位伟大的思想家，发明了新氏火炉、油灯等。他也曾在暴风雨中，通过把一个绑着电线的风筝放到云中，成功引出了电。可以说他是西方最伟大的智者之一。

后来，富兰克林被派遣到英国，试图改变英国国王关于殖民地纳税的想法，或者与国王达成某种协议。但是，国王乔治十分顽固，富兰克林也没有办法改变国王已经决定的事情。

美洲人发现谈判没有任何成效，于是开始反抗英国国王。他们组建了一

支军队。紧接着，他们需要找一个合适的人来领导这支军队。在他们心中，这位领导必须诚实、勇敢，有头脑有见识，爱自己的国家，他还应该是一名优秀的战士。他们到处寻找符合所有条件的人，最后终于找到了这样一个人，这个人很诚实，也很勇敢。并且关于这个人还有一个传说：据说他小时候，为了试一试刚刚得到的新斧子是否锋利，就砍倒了一棵樱桃树，但这棵樱桃树却是他父亲最喜欢的东西，当他父亲怒气冲冲地质问他时，他诚实而勇敢地回答道："我不能说谎，是我砍倒的。"当然，你应该知道，这个人就是——乔治·华盛顿。既然我们知道这个故事是给乔治·华盛顿写传记的人写的，那它肯定不是真的，只是一个很不错的故事而已。

　　乔治·华盛顿曾当过土地测量员，也就是测量土地的人，并且他在年仅16岁的时候，就被雇用去测量费尔法克斯勋爵在弗吉尼亚的大农场，这说明他头脑清楚。后来，他成为一名战士，在法国和印度的战争（也就是七年战争）中英勇作战，这表明他不仅很爱自己的国家，而且还是一名优秀的战士。因此，乔治·华盛顿最后被选为美军统帅来对抗英国。

　　最初美洲人并不想成立一个新国家，他们只是想获得像英国人在英国一样的权利。但是不久他们发现，想要得到英国人一样的权利只有一条路可以走，就是建立一个新的国家，从英国的统治下独立出来。于是，一个名叫托马斯·杰

美国国父——乔治·华盛顿

乔治·华盛顿自小接受良好的教育，他有一颗善良的心，待人和善友好，能吃苦而不娇气，遇到困难勇往直前。虽然他没上过大学，但一直注重自学。1789年，他当选为美国总统，连任两届后自愿放弃，选择退隐，美国人尊称他为"国父"。

弗逊的人起草了一份文件，名叫《独立宣言》。你知道为什么起这个名字吗？

因为它宣布了美洲殖民地要从英国的统治下独立出来。人民推举了56位美国领导人在这份文件上签字。每个签名的人都知道，如果美国不能获胜，他们就会被英国以叛国罪处以死刑，但是他们还是毅然签了字。然而，单方面签这份文件并不能使英国放弃他们的殖民地，绝不可能！乔治国王的军队已经来阻止这些要殖民地的了。

当时，与英国军队对抗的华盛顿

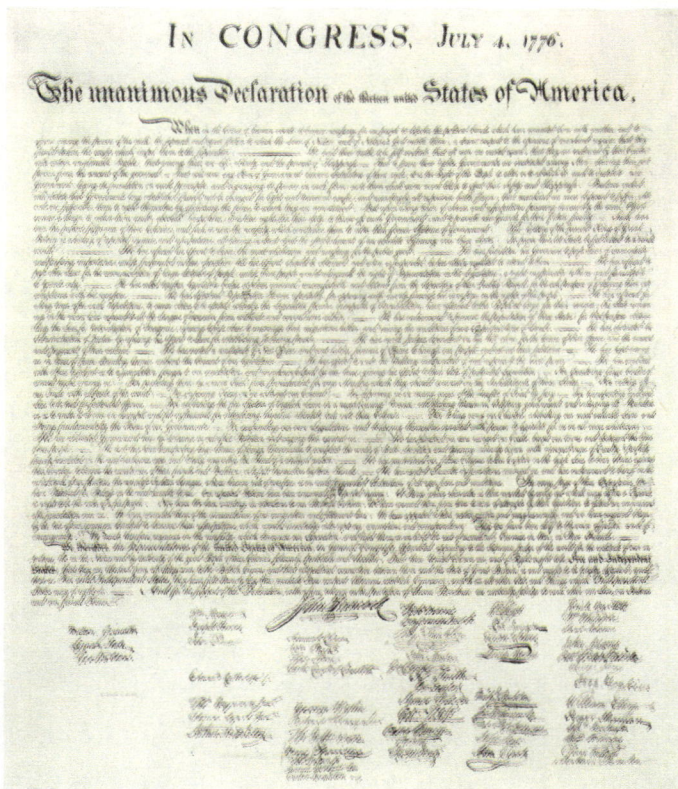

托马斯·杰弗逊起草的《独立宣言》

军队非常弱小，士兵的军饷也少得可怜，粮食、衣物、弹药和子弹等军事物资都十分匮乏。有一个冬天，由于士兵们的衣服很少，再加上除了胡萝卜之外，几乎没有任何可以充饥的食物，士兵们几乎因饥寒交迫而死。照这个情形看来，如果再没有任何援助，这支队伍就支撑不下去了。但是，华盛顿依然激励着他们的斗志。

后来，本杰明·富兰克林被派遣到国外，当然，这次不是去英国，而是去法国，到那里看是否能得到法国的帮助。起初，法国并没有帮助美洲人，虽然法国憎恨英国，因为法国在"七年战争"中失去了它在美洲的殖民地——加拿大。可是华盛顿的军队已经在与英国的战争中失败了很多次，谁都不愿意支持失败者，法国也不例外。在《独立宣言》发表的第二年，美洲军队在纽约州的萨拉托加大败英国军队。这时，法国国王开始对这场战争感兴趣了，他开始援助殖民地的人，让战争继续进行下去。其中，一个年轻的法国贵族名叫**拉法耶特**，还从法国赶过来与华盛顿将军的手下一起作战，他表现得非常出色，并获得了荣耀和名声。

拉法耶特

拉法耶特被称为"两个世界的英雄"，因为他既参加过美国革命又参加过法国革命，同时作为一个法国人，因为对美国有突出贡献，他被认定为美国公民。他在1777年和1780年组织军队援助美国。他还参与了法国大革命（1789—1799），亲自把革命的三色旗披在了国王的身上。

此时，英国看到形势对自己非常不利，就想和美洲人议和，并同意给他们和英国人同样的权利，可是现在已经太迟了。如果在战争初期，美洲人可能会欣然接受这个停战条件，但是现在，他们唯一能接受的就是从英国的统治中彻底独立出来。于是，战争还在继续，因为英国也不可能放弃自己的殖民地。

英国在北部的萨拉托加被他们所说的美国佬打败之后，又派了将军康华利勋爵去美国南部，察看他们是否能够在那里获胜。当时率领美国南部士兵作战的是格林将军，康华利勋爵试图和格林将军正面作战，但是格林将军巧妙地带着康华利勋爵绕着美国兜圈子，直到将康华利勋爵的部队拖得筋疲力尽，最后，他们到了弗吉尼亚沿岸的约克镇。在这里，康华利勋爵和他的部队被迅速包围起来，他们已无路可逃了。陆地这边是美国的军队，在海边有法国舰队的增援，康华利勋爵不得不投降。

于是，乔治国王只好说："我们议和吧。"1783年，双方签署了和平条约，持续了8年的战争结束了，美洲殖民地脱离了英国的统治，这次战争被称为"独立革命战争"。战争结束后，美洲这个独立的国家被称为美国。

刚开始的时候，美国只是由13个原始殖民地组成的联邦国家，这就是美国的国旗上有13条横纹的原因。有些人认为13是个不吉利的数字，但是拥有13条横条的国旗却依然飘扬在美国土地上空，13这个数字给美国带来的是好运，你不这么认为吗？

华盛顿是美国的第一任总统，因此他又被称为"国父"。华盛顿不仅是独立战争中的第一人，还是和平时期的第一人，更是美国人民心中的第一人。

第76章

翻天覆地
Upside Down

麻疹和流行性腮腺炎都是很容易传染的。

革命亦是如此。

就在美国的 13 个殖民地革命胜利后不久，法国人民也开始了大革命。当法国人看到美国人在与英国的战争中取得了巨大的成功后，他们也开始反抗自己的国王和王后。这就是所谓的"法国大革命"。

这次法国人民起义反抗他们国王的原因是，平民百姓几乎什么都没有，而国王、皇室和贵族们却拥有一切。和美国人相同的是，法国人也是为反抗苛捐杂税而起义的。虽然英国人的税收并不太高，但是美国人却感受到了不公平的待遇。然而，法国的税收不但不公平，而且国王几乎要将普通百姓所拥有的一切都征收完。

我前面已经讲过法国人民在路易十四统治下的遭遇，而且他们的境遇越来越糟糕，大家实在忍无可忍。

这个时期，统治法国的国王是**路易十六**和他的王后玛丽·安托瓦内特。当时的人民非常贫穷，除了一种非常粗糙、难以下咽的黑面包之外，几乎吃不到任何东西。他们还被迫给国王和贵族上贡，所以国王和贵族们才可以过

嗜锁如命的国王
——路易十六

国王路易十六，对锁具具有极高的天分。他为了能够方便制作锁具，专门建造了一间五金作坊。当上国王后，他把大权交给王后管理，自己却经常到五金作坊里研究制锁。兴趣是最大的老师，路易十六因为对制锁感兴趣，他的制锁水平确实很高，他制作的各种各样的锁，简直都是艺术品。

上奢华的生活，常常举办聚会；但是平民百姓不得不做各种没有报酬或者是报酬少得可怜的工作。如果有人抱怨，他们就会把抱怨的人关押进巴黎最大的监狱——巴士底狱，直到死亡。尽管人民过着一贫如洗的生活，但国王、王后和他们的朋友却过着奢华无度、应有尽有的生活，而他们所有的一切都来自贫苦的人民。

国王和王后都不是真正的恶人，只不过年幼无知罢了。他们心肠不坏，但是他们就像大多数好人一样缺乏常识，他们不知道其他人生活得怎样。他们根本不理解人民为什么会很穷，因为他们自己拥有太多的东西了。有人告诉**玛丽·安托瓦内特**，她的臣民们没有面包吃的时候，她却说："让他们吃蛋糕啊！"

为了消除人民之间存在的不公平，来自法国各地的优秀人物聚集

王后玛丽·安托瓦内特

王后的母亲就是奥地利女大公玛丽亚·特蕾西亚，因此王后在政治上非常同情法国的外敌——母国奥地利，并且还奢侈无度、铺张浪费，导致法国人很不喜欢她。而在1780年，一个叫让娜·德瓦卢瓦·圣雷米的女骗子盗用王后的名义盗取了一款名贵的项链（钻石项链事件），王后的名誉因此受损，人们对于王室越来越失望，最终导致对君主制的不满达到顶峰，引发了法国大革命。

1789 年法国三级会议开幕式

到一起，组成了一个团体，称为"国民议会"。他们试图制订一个方案，解决人民遭受的所有不公平。他们想使每个人都获得自由、平等和对国家事务的发言权，他们的口号用英语表达就是"自由、平等、博爱"。

　　法国的穷苦大众已经因富人的残酷剥削变得怒不可遏，他们实在忍无可忍，一群疯狂愤怒的民众终于围攻了这所旧监狱——巴士底狱。他们打烂了围墙，释放了里面的犯人，并杀死了守卫在巴士底狱的卫兵，因为他们是国王的奴仆。接下来，他们砍下卫兵的头颅，并挂在竹竿上，然后举着这些挂着士兵头颅的竹竿，在巴黎的大街小巷游行。这所老监狱仅关了 7 个犯人，所以解救犯人这件事情并不大，但是这次围攻显示了人民再也不允许国王关押他们的决心。

　　1789 年 7 月 14 日，法国人民对巴士底狱的围攻标志着法国大革命的开端。后来这一天成为法国的国庆日，就像美国的 7 月 4 日是国庆日一样，

法国人民攻占巴士底狱

这次事件相当于法国人民反抗国王的独立宣言。

这个时候，拉法耶特回到了法国，他就是曾帮助过美国人民对抗英国国王的拉法耶特。他把巴士底狱的钥匙作为纪念品送给了乔治·华盛顿总统，表明他的祖国也要推翻国王的统治，宣布独立了。

当时，国王和王后正居住在美丽的宫殿里——凡尔赛宫，这座宫殿是路易十四建造的。当国王和贵族们听说了巴黎发生的变动之后，都变得惊慌失措，于是，贵族们丢下他们的国王和王后，仓皇逃离了自己的国家。因为他们很清楚接下来要发生什么，他们都不想等死。

同时，国民议会起草了一份文件——《人权宣言》，这份宣言与美国的《独立宣言》类似，宣言上说，所有的人都是生而自由平等的，人民有权参与法律的制定，并且法律面前人人平等。

在《人权宣言》制定后不久，来自巴黎的愤怒的民众，他们衣衫褴褛、样貌粗野，手持砖块和石头，高呼着："面包！面包！"游行 20 多千米，到达了凡尔赛宫。当时国王路易和王后玛丽·安托瓦内特就居住在凡尔赛宫里。人们冲上富丽堂皇的楼梯，国王身边的几个卫兵根本挡不住他们。接着，冲上来的人抓住了国王和王后，并把他们关进巴黎的监狱。路易和玛丽·安托瓦内特都成了阶下囚，他们一直被关在那里。国王和王后曾经试图乔装成平民逃跑，但还没有逃出国境，就被抓回来了。

在这之后，国民议会起草了一部《宪法》，它是由国家公正管理的一部法则。这部《宪法》得到了国王的批准，国王还在上面签了字。

但是，这还远远不够，人们根本就不想再受国王的统治了。所以大概一年之后，法国人民成立了真正的共和国，就像美国一样，国王被判处死刑。有个法国

法国革命的人群和断头台

人发明了一种机械装置，这个装置上面带有一个大刀，专门用来砍头，这个装置被称为"断头台"。因为它砍头又快又准，后来就取代了斧头。法国人民把国王带到断头台前，砍下了他的头。

因为害怕支持国王的人死灰复燃，所以即便人们除掉了国王，也没有得到满足，从此安静下来过日子。他们选择了红、白、蓝三种颜色作为国旗的颜色，并将《马赛曲》作为他们的国歌。不管走到哪里，他们都举着三色旗，也

印有《马赛曲》词曲的歌单

王后玛丽·安托瓦内特被送上断头台

就是他们的三种颜色的国旗，一边游行一边唱着《马赛曲》。

然后，法国进入了"恐怖统治时期"（暴政时期），这是一段血淋淋的历史。罗伯斯比尔和他的两个朋友是这个时期的领袖。在这个时期，只要被怀疑是国王那边

的人，都会被抓起来砍头，王后是第一个被抓起来砍头的人。即使有人窃窃私语，不管他是男人、女人，甚至小孩，只要是国王那边的人，都会被立刻送上断头台。

如果一个人憎恨另一个人，并想除掉他，只要他指控对方是国王那边的人，被指控的人就会被带上断头台。这使每个人都惶惶不可终日，因为他们不知道什么时候就会被仇家指控是国王那边的人了。那个时候，有数百名甚至数千名因被怀疑是国王那边的人而被砍了头，法国还专门修建了一个下水道，用来排泄砍头流的血。虽然断头台速度已经够快了，但对于恐怖分子来说，它还是太慢了，断头台一次只能砍一个人的头，于是他们改成把所有的犯人排成一排，用大炮来轰。

这个时候的人们变得野蛮、疯狂，甚至是发疯了！他们开始侮辱耶稣和基督教，把一个女人尊为"理性女神"，并供奉在宏伟的巴黎圣母院的祭坛上，改为朝拜她，而不再朝拜上帝。他们还推倒了耶稣和圣母马利亚的雕像，撕毁他们的画像，然后在原来的位置放上自己首领的雕像和画像；人们还把断

夏绿蒂·科黛刺杀马拉

夏绿蒂·科黛是一个落魄贵族家庭的女儿，从小在修道院长大，向往自由、平等和博爱，因此痛恨罗伯斯比尔和马拉的暴政，1793 年 7 月 11 日她开始四处打听马拉的下落，准备行刺。马拉有皮肤病，因此需要经常泡药浴，夏绿蒂·科黛以揭发吉伦特的造反阴谋为由进入浴室，刺死了马拉。上图是雅克·路易·大卫根据这个事件绘画的成名作。

头台放在原来十字架的位置上；星期日被他们取消了，他们把一周定为十天，每到第十天而非星期日的时候，才开始休假。他们不想任何东西和耶稣基督有关系，所以他们停止了从耶稣诞生日开始计年的方法，他们把共和国成立的 1792 年作为"第一年"。

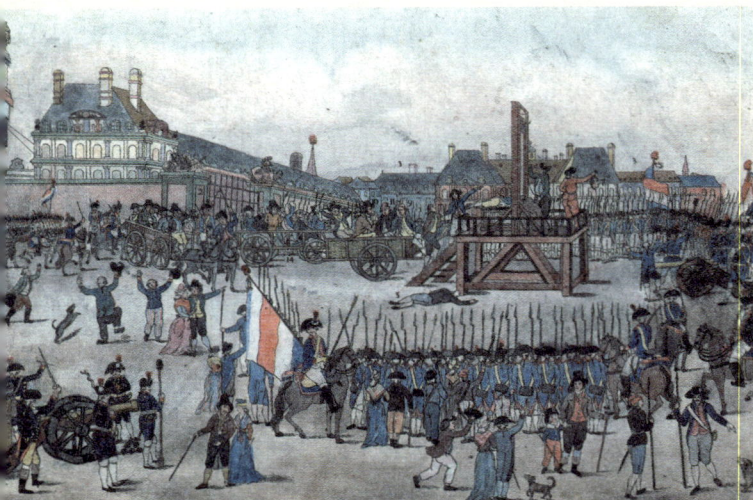

罗伯斯比尔被推上断头台

罗伯斯比尔想自己独揽大权，于是就陷害他的两个朋友。其中一个朋友被他砍了头，另一个朋友被一个叫**夏绿蒂·科黛**的女孩儿刺死在浴缸里，因为夏绿蒂·科黛对他的所作所为感到十分愤怒。现在就剩下罗伯斯比尔一个人了。最终，由于人们都害怕这样一位残忍、没有人性的暴君，所以就起来反抗他。当发现自己也要被处死的时候，罗伯斯比尔企图自杀，但是还没来得及自杀，他就已经被抓起来送上了断头台。他曾在这里砍掉了无数人的脑袋，现在他自己也在这里被砍了头，恐怖统治时期结束了。

第77章

小巨人
A Little Giant

最终，法国大革命结束了。

是被一个年轻的战士结束的，这位战士 20 岁上下，只有 1.68 米左右高。

当政府正在王宫召开会议时，街道上有一个愤怒的市民正准备攻击王宫。这个年轻的士兵带领几个人带走了那个暴民。这个年轻的士兵在宫殿四周支起大炮，大炮对准了与宫殿连通的每条街道，没有人敢出来了。这个年轻的士兵名叫拿破仑·波拿巴。大家都想知道这个表现出色的士兵是谁，他从哪里来。

拿破仑出生在一个叫科西嘉的小岛，这个小岛在地中海。他一出生就顺势成了法国人，因为科西嘉岛在他出生的几星期前还属于意大利，刚刚归属法国。当他长大一些后，就被送到法国的一所军事院校里学习，可那里的法国同学都认为他是外国人，看不

青年时期的拿破仑

起他。但是拿破仑的数学成绩很好，他喜欢做有难度的题。一次，为了解出一道难题，他把自己关在屋子里三天三夜，直到找到答案。

拿破仑在他的职业生涯初期就展现出了一名优秀士兵的潜质，果然，他当上将军的那年，只有 26 岁。

在那个年代，所有欧洲国家都拥有自己的国王。法国赶上了美国传来的革命浪潮，废除了他们的国王。欧洲其他国家的国王都怕人民也会参与到革命中来，因为法国废除了国王统治，所以其他国家都站到了法国的对立面上。不但如此，法国还帮助邻国摆脱国王的统治。于是，战争再次爆发了。

拿破仑被派去与意大利作战，他需要翻越过阿尔卑斯山脉，那便是汉尼拔在布匿战争中率领军队翻越过的山脉，可是汉尼拔带兵翻越的时候没有沉重的大炮，拿破仑的部队要背负大炮翻过阿尔卑斯山，这几乎是不可能的。所以，拿破仑去问制造大炮的工程师，如果能实现的话，他们应该了解这件事情，但他们一致认为这是不可能的。

"不可能，"拿破仑不满意这个答案，"这个词只会出现在愚昧者的字

《跨越阿尔卑斯山圣伯纳隘道的拿破仑》
法国雅克·路易·大卫作

典里。"然后他喊道，"不用想什么阿尔卑斯山！"他冲在前面，翻越了阿尔卑斯山。他的部队在意大利取得了胜利。作为凯旋的英雄，拿破仑受到了法国人民的热烈拥戴。但传统的法国人开始担心，他们担心拿破仑会当上国王，那时拿破仑确实深受人民爱戴。不过此时，拿破仑主动请缨去攻打埃及。因为埃及当时被英国统治，他想代替英国统治埃及，这样就可以切断英国与印度的联系，从而使印度归法国所有。当

时印度仍被英国统治，查理一世时，英国攻下了印度。英国断然不能接受这种局面，因为它已经失去了在美国的统治权，不能再失去印度。

法国政府为能摆脱拿破仑的统治感到十分高兴，允许他去攻打埃及。拿破仑迅速攻下了埃及，就像那时尤利乌斯·恺撒攻下埃及一样轻松，不过这次克娄巴特拉可没来阻止他的计划。当他攻下埃及的时候，英国舰队也一举歼灭了在尼罗河入口处等候与拿破仑会合的舰队。英国舰队的指挥官是一位杰出的海军上将，可以说他是当时最杰出的海军统帅，他就是纳尔逊勋爵。

拿破仑没有办法带他的部队返回法国，他把在埃及的军队留给了另一个人统率，自己想方设法找到一艘船，然后返回了法国。回到法国后，拿破仑发现革命政府已经有了内部矛

拿破仑

拿破仑，法国著名的政治家、军事家。现摘抄几句他的经典语录，希望你在看到以后能从中有所收获。一、绝对不要做你的敌人希望你做的事情，原因很简单，因为敌人希望你这样做。二、人多不足以依赖，要生存只有靠自己。三、我们应当努力奋斗，有所作为。这样，我们就可以说，我们没有虚度年华，并有可能在沙滩上留下我们的足迹。四、我是自己最大的敌人。五、我只有一个忠告给你——做你自己的主人。

盾，于是，他便有了机会。他设法当远为治理法国的三个执政人之一，并被任命为第一执政官，其他两个人是他的副手，其实那两个副手跟其他为拿破仑服务的小官员没什么差别。没过多久，拿破仑就成了终身制的第一执政官；接下来，他便成了法国的君主和意大利的皇帝。

其他欧洲国家开始害怕拿破仑会攻打它们，让它们也成为法国的一部分，于是，这些国家就联合起来对抗他。拿破仑打算先攻下英国，他为去英国组织了穿越海峡的舰队。可是这支舰队被纳尔逊勋爵在西班牙附近的特拉法尔

加角拦下了，纳尔逊勋爵是英国的海军上将，就是在埃及攻下拿破仑舰队的那位统帅。这次战役之前，纳尔逊勋爵就对他的战士们说："英国期望每个人都履行自己的职责。"他们兑现了承诺。拿破仑的舰队被打败了，但同时纳尔逊勋爵也阵亡了。

拿破仑放弃了攻下英国的计划，他把注意力放到了另一个方向上。他已经攻下了西班牙、普鲁士和奥地利，整个欧洲不是被他攻下就是听命于他。所以，他打算去攻打俄国，这是他作出的最大的错误决定。俄国非常遥远，国土面积非常大，那里正是冬天，非常寒冷。拿破仑成功带领部队到达了俄国的中心城市莫斯科，可是，俄国人把莫斯科烧光了，粮食也都被烧毁了，这导致拿破仑的部队没有了食物吃。那里的天气异常寒冷，到处都是深深的积雪。在撤退过程中，拿破仑损失了大量兵力。不久，拿破仑就找到捷径，返回了巴黎，却留下了他的士兵们，让他们自己想办法回来。成千上万的战士、战马都死于饥饿和严寒。虽然拿破仑回到了巴黎，但是他的命运却转变了。欧洲各国做好了准备要终结他这个暴君，不久他就被敌人包围，败下阵来。

当拿破仑意识到情况不妙时，他签署了诏书，弃位投降并离开巴黎。他被流放到意大利一个叫厄尔巴的小岛上，这里离他的出生地不远。

但是身处厄尔巴岛的拿破仑认为一切并没有结束，他想要返回巴黎夺回政权。突然，令法国和世界其他国家都大吃一惊的是，他在法国海岸登陆了。法国政府派他的旧时部队来捉拿他，下令一见到拿破仑，就把他关进笼子带回巴黎。但这些老兵一见到彼时的统帅，都站在了拿破仑这边，跟着他去了巴黎。此时，英国和德国的军队集结在法国的北部，准备与法国决一死战。

拿破仑迅速集结部队去作战。在一个叫**滑铁卢**的小镇，拿破仑打了他人生的

滑铁卢战役

　　滑铁卢战役是拿破仑一生中的最后一次战役。这场战役改变了三个大人物的命运，拿破仑战败遭到流放，威灵顿公爵则成了英国有名的元帅和首相。另一个被改变的则是内森·罗斯柴尔德，当时内森凭借提前得知的战争信息，先大量抛售英国公债，让人们以为英国战败并跟风抛售，然后又迅速购买市面上的英国公债，这让他一举掌握了英国的经济命脉。他此次的收获比拿破仑和威灵顿几十年战争掠夺的财富还要多。

最后一仗，最终他被英国的威灵顿将军击败了。这发生在 1815 年，如今我们还用"滑铁卢"这个词形容重大失败。

　　有这样一句话，从前后读起来是一样的，那就是拿破仑战败后说的。这句话是："在到厄尔巴岛之前我是无敌的。"

　　拿破仑在滑铁卢被击败后，英国人带走了他，把他关在偏远的海岛上，以防他逃跑。这个叫圣赫勒拿岛的地方是以君士坦丁母亲的名字命名的。在死之前，拿破仑在这里生活了六年。

　　拿破仑可能是一位最伟大的将军，但这不代表他是伟人。一些人说他十恶不赦，他为了自己的成就令成千上万人失去生命，他发起的战争令整个欧洲陷于毁灭。

　　这些内容把我们带回到了 19 世纪，拿破仑死于 1821 年，这是多久之前的事了？

第78章

拉丁美洲和加勒比诸岛

Latin America and the Caribbean Islands

　　一说到墨西哥、南美洲和加勒比海群岛这些地方，你会想到什么？你也许会想到美妙的海滩或是狂欢节等等吧。但你知道吗？第一所北美大学就是在墨西哥创立的。你听说过西蒙·玻利瓦尔吗？他是南美的英雄，他的名气就像是华盛顿之于美国一样。

　　墨西哥是北美洲的一部分，它和美洲中南部、加勒比海群岛一样历史悠久。从美国来的人们并不了解这些故事，虽然他们同属一个半球。我将会给你们讲一些我们邻居的事情，让你比大人们了解得更多。不信你给你的家人讲讲，看我说得对吗？

　　你还记得哥伦布横渡大西洋之后的那几年吗？西班牙曾经统治着加勒比海群岛的大部分地区，当然还包括中南美洲和墨西哥。西班牙人夺取了原本被印第安部落占领的土地，其中包含不同的部落，如玛雅人、印加人、阿兹特克人等。他们在那里发现了大量的金银，于是就让当地人做挖掘金银的矿工，然后把挖到的贵重金银运回西班牙，西班牙也因此变得很富有。当其他欧洲国家看到这些意外之财时，同样也想获得。所以，不久西班牙就不得不和其他人一起分享"新世界"了。葡萄牙攻占了如今的巴西，英国和法国夺取了北美东部，英国、法国、荷兰、丹麦瓜分了美洲的中南部，西班牙继续控制着如今我们称作拉丁美洲的大部分地区。殖民地的居民说西班牙语，现在西班牙语仍是拉丁美洲的通用语言，这里包括美国以南的所有美洲地区。西班牙殖民者信奉的罗马天主教仍是那里的最大教派。

在早期，大部分西班牙移民以男人居多，他们中的很多人娶了印第安女人。因此接下来这里很多人的父母和祖父母分别是欧洲人和印第安人，这类人被叫作"梅斯提索人"——也就是"混血儿"；而祖先是纯欧洲人的则被称作"克里奥尔人"。在一些地方，土地主让从非洲买来的奴隶为他们工作，因此一些非洲奴隶又和克里奥尔人或梅斯提索人结合了。不久之后，拉丁美洲人就有各种样貌、各种肤色了。随后，西班牙的国王和王后派了一些官员来管理人们，西班牙向当地人征税，却不给他们任何参与管理的权利。

你能否想象到，在拉丁美洲和加勒比殖民地有如此多不开心的人？克里奥尔人认为他们应该管理殖民地的居民，并把在美洲发现的金银和其他财富都归为自己所有；但印第安人和梅斯提索人认为，他们应该拥有和克里奥尔人以及欧洲官员一样的权利；当然奴隶们，他们并不想成为奴隶，他们渴望自由，这也不单是西班牙殖民地特有的情况，美洲中南部、加勒比海的所有殖民地都是这样。

你能猜测接下来发生什么事了吗？

如果你的猜测是革命，那你就对了。实际上，这些地方爆发了许多革命事件，这些事件就发生在美国革命和法国革命不久之后。每次革命都会产生一些有名的战役和英雄，下面就来讲几个关于这些战役和英雄的故事。

第一个要讲的是发生在**海地的革命**。海地是法国殖民地加勒比的一个岛屿。1789 年法国大革命爆发的时候，海地人民也听说了，他们听到了那个著名的口号——自由、平等、博爱。这个口号打动了海地人民，他们也想获得法国人民都在谈论的口号中宣扬的权利，但是他们并不能真正理解这个口号的含义。拥有大部分土地的富裕的克里奥尔人认为这个口号的含义是，他们可以跟法国人一样有平等的权利；海地的民众——一些有混血背景的人（他

海地革命

　　1697 年，法国殖民者从非洲带来许多黑奴到海地发展种植园经济，他们对这些黑人凶狠残暴，长期奴役压榨他们的血汗，这些黑人一直忍气吞声到 18 世纪末，在图森·路维杜尔的率领下，黑人和混血种人团结起来一起反抗法国殖民者，革命取得胜利，海地独立，建立了共和国。这就是著名的海地革命。

们的祖先一部分是法国人、一部分是非洲人）认为，他们可以同富裕的克里奥尔人享有同等权利；而奴隶们则确信这个口号的含义是奴隶制会被废除，之前所有的奴隶都能成为公民，和公民享有同等权利。所以没过多久，这些人就混战起来了。

　　其中的一次战役是奴隶起义，开始于海地北部。和平常一样，这次战役诞生了一位伟大的领袖，他带领海地人民取得了胜利，这个人叫图森·路维杜尔。图森，他被这样叫着，他一出生就是个奴隶，但传说他是一位非洲国王的孙子，他会读写，他知道法国革命的所有事件，也了解自由和平等，他也清楚地知道做一个奴隶有多么可怕。所以他和他的追随者们努力作战，直到海地废除奴隶制。在那之后，他为了争取政要事务权而继续作战，多年以来，他都管理得很好。他让黑人和白人在一起工作，重建因战争被离散的国家，海地开始起死回生。拿破仑在法国执掌权力时，十分讨厌这个有能力的统治者图森。你大概会说拿破仑嫉妒图森，或者是拿破仑决定统治这个岛屿。不管怎样，拿破仑向海地发兵了。法国的统帅用诡计对付图森，他请图森来赴晚宴，当图森走进来时，这个法国统帅就把他当犯人抓了起来，穿越大西洋，图森被关进了法国的监狱，之后一年，他就死在那里了。但这并不意味着失败。不久，一个新的领导人让·雅克·德萨林发起了战争，海地成了独立的国家，但这个故事并没有完全以喜剧收场。海地独立后不久，就爆发了内战，许多年内，海地都没有实现真正意义上的和平。

生活在西班牙美洲殖民地的人民很不幸。跟海地人一样，他们知道了美国和法国的革命，他们对生活充满了抱怨。克里奥尔人很愤怒，因为西班牙国王派来的人有一切权利，他们一无所有。在西班牙的殖民统治下，所有人都要缴纳高额赋税，梅斯提索人和克里奥尔人同样对西班牙很不满。西班牙夺走了印第安人的土地，使他们像奴隶一样生活在西班牙的统治之下，还杀死了很多人。最重要的是，当地人想要回他们的土地。拉丁美洲的奴隶，跟所有别的地方的奴隶一样，想要自由。

抵制西班牙的起义最早是在南美洲，就是现在的秘鲁。身为印加国王后代的图帕克·阿马鲁是起义的领袖，他被西班牙的军队杀死，他的部下们也未能幸免，至此起义结束了。拉丁美洲的起义活动暂时告一段落。

刚过1800年，很多大事件就相继发生。首先是欧洲，西班牙被拿破仑攻陷，国王被逐，拿破仑的弟兄成了西班牙新国王。你怎么看待这些？拉丁美洲人民认为，这是他们宣布独立的好时机。毕竟，昔日国王不在，显而易见，拿破仑也没有权力统治他们。所以战争开始了。

刚一开始，一支军队在阿根廷被组织起来，阿根廷获得了独立。军队的统帅是圣马丁，他作了一个有风险的计划，他让他的部队穿越巍峨的安第斯山，到达智利，然后又去秘鲁，帮助这些地方争取独立。看看地图，然后看这些

341

国家都在哪儿。在圣马丁的部队中，奴隶就占据了其中的三分之一，圣马丁承诺他们加入部队就可拥有自由。

在拉丁美洲历史上，最出名的英雄就是西蒙·玻利瓦尔，之前我提到过，他在南美洲的知名度就像华盛顿之于美国。西蒙·玻利瓦尔出生在委内瑞拉的加拉加斯，他家中有四个孩子，他是最小的一个。他的父母是克里奥尔人，非常富有，拥有房子、金银和大量家畜，还有一个大农场，种植蔗糖和可可树。你一定认为西蒙是个幸运的孩子，事实上，他不是。他的父亲在他不到3岁的时候就去世了，家里的几个孩子被送去不同的地方，西蒙被送去跟一个叔叔生活，叔叔对他很冷淡，西蒙非常想念他的家人。

西蒙11岁的时候，一个年轻人被他叔叔雇来做他的家庭指导老师。在那个时期，有钱人的孩子不用去学校上学，都有私人老师来家里上课。西蒙的老师跟他名字一样，也叫西蒙，西蒙·罗德里格斯，这个年轻的老师把受过教育的人讨论的新思想都讲给他，包括美国和法国的革命。他让玻利瓦尔看他周围生活悲惨的印第安人和委内瑞拉的奴隶们，看殖民者如何不放弃对殖民地的统治权。基于这些，你就不难理解玻利瓦尔会成长为一个革命人了。

1811年，委内瑞拉的克里奥尔人声称从此不再被西班牙统治，独立出来。正如其他被奴役的人宣布独立要同英国作战一样，南美人也要通过和西班牙作战来实现真正的独立。西蒙·玻利瓦尔当上了起义军的最高领袖。第二年，一场严重的地震在加拉加斯爆发，造成了成千上万士兵死亡。很多人想放弃了，但西蒙·玻利瓦尔仍不放弃，他组织了新的部队，继续战斗。终于，他先后解放了委内瑞拉、哥伦比亚、玻利维亚和厄瓜多尔。玻利瓦尔当选为这个新独立国家的总统，并将之更名为大哥伦比亚共和国，以此纪念克里斯托弗·哥伦布。

玻利瓦尔希望统一拉丁美洲的其他国家，但是他的计划从未奏效。这些地方摆脱了西班牙的统治，又分裂成了如今美洲中部和南部的小国家。有一个国家便是用这位杰出领袖玻利瓦尔的名字命名的，你能从地图上找到吗？

在大部分新建立的国家里，富裕阶层的人们拒绝跟平民分享权利，不准

备将土地归还给印第安人，也没有人像西
蒙期望的那样来终结奴隶制度。独立之后，
所有拉丁美洲的问题都没有解决好，但这
不影响西蒙·玻利瓦尔成为美洲中部和南
部的英雄，这些地区的人称他为解放者。

　　墨西哥是距美国南部最近的邻居，
用一分钟在地图上找到墨西哥。墨西哥过
去被叫作新西班牙，它包括着这些地方，
如得克萨斯、亚利桑那、新墨西哥、加利
福尼亚。墨西哥人也对抗西班牙，正如南
美人一样。最初的起义是由一个名叫米格

米格尔·伊达尔戈画像

尔·伊达尔戈的神父发起的，他带领由印第安人和其他加入者组成的小部队。
他们想从富裕阶层的人手中夺回土地，把其中的一些归还给当地人民和一些
穷苦人民。西班牙人和富足的克里奥尔人开始回击他们，并最终打败了他们。
伊达尔戈被处死后，来自梅斯提索的名叫何赛·马利亚·莫雷洛斯的神父继
续指挥战斗，他同样被处死了。最终，克里奥尔人发起了对抗西班牙、争取
独立的战斗，但他们始终让富裕阶层掌权。1821 年，一个叫奥古斯丁·德·伊
图尔比德的将军宣布墨西哥独立。过了不久，他登上王位，墨西哥独立的现
代史开始了。

　　从这些故事中，你可以了解到很多南美洲和美国的历史。许多新的名字
你可能第一次听到，你想象他们就像乔治·华盛顿、本杰明·富兰克林、托
马斯·杰弗逊一样，你就会知道他们是多么重要的人物了。

　　现在你可以试着对一个大人讲讲这些名字，你就知道美国人对我们邻居
的事知之甚少。

第**79**章

从潘神和他的牧笛到留声机
From Pan and His Pipes to the Phonograph

青蛙呱呱，

猫咪喵喵，

狗儿汪汪，

小羊咩咩，

母牛哞哞，

狮子吼吼，

土狼咯咯，

只有鸟儿和人们会唱歌，

人们会做的鸟儿不会做，

他们会用东西奏出音乐。

你用竹子做过笛子或是拿柳叶当哨吹过吗？

在远古时代的神话里，阿波罗取牛皮做了七根弦，绑在一对牛角之间，做成了一把七弦琴。他用手或羽毛拨动琴弦，发出了叮咚叮咚的声音，是难得的动听的声音。阿波罗的儿子，俄耳甫斯会演奏美妙的七弦琴，他的技艺就是从他父亲那里习得的。当那美妙的旋律响起，鸟儿们、野兽们甚至大树和岩石都会围绕着他，倾听美妙的声音。

森林之神——潘神，他长着羊犄角、羊耳朵、羊腿和羊蹄子，他把不同长度的芦苇绑在一起，然后吹奏，就像口琴一样。这个乐器被叫作潘神的笛子。

作为两种最早的乐器，七弦琴是弦乐乐器，潘神的牧笛是管乐乐器。长的管弦乐器声音低沉，短的管弦乐器声音高昂。

从阿波罗的七弦琴到今天多弦的钢琴，你看过钢琴里面许多长度不等的弦吗？它不像七弦琴和竖琴是直接拨动琴弦，钢琴是按下琴键，与琴键连接的木槌会拨动琴弦来发音。

从潘神的笛子开始，管乐乐器不断变换着，如今我们见到教堂里好像巨型哨子的管风琴便是其中之一。你显然不能用嘴去演奏，它们都太大了，只能通过机器鼓风来弹奏。

我们知道了古代乐器的样子，但我们仍不知道那时候的音乐是怎样的。那时候没有**留声机**和录音机，声音无法存留下来，如果当时有这类机器，就

留声机是怎么来的？

留声机的发明人是伟大的发明家托马斯·爱迪生，虽然当时也有其他人发明了留声机，但爱迪生的留声机不仅能够播放音乐，还能录制声音。在10年后，也就是1887年，埃米尔·玻里纳对留声机进行了改良，录音和播放的媒介改为扁圆的涂蜡锌板，正是由于他的改进，才让留声机大范围普及。

能把那些声音存留下来，即使过了1000年，我们还是可以听到来自远古的声音。多遗憾啊，那些远古的旋律就这样在空气中消散了。

那时候不光没有留声机，也没有乐谱。公元1000年的时候，人们才开始用纸来记录音乐。在那之前的音乐完全是口耳传播，没有乐谱，一个本笃会修道士盖伊找到了记录音乐的方式，他给音符起名为哆、来、咪、发……这便是最初在修道士之间传唱的赞美诗中的音符。

另一个意大利人被视作现代音乐之父，他的名字叫帕莱斯特里那，寿终于1594年。他给教堂演奏音乐，教皇下令所有教堂都要用他的音乐，但人们

亨德尔

似乎并不太喜欢他的音乐，也正是我们说的没有流行起来。

这之后不到100年，大概1700年欧洲出现了第一位杰出的音乐家，他写的曲子非常流行，深受欧洲人和美洲人的喜爱，包括今天的我们。

他是一个叫亨德尔的德国人，他的爸爸既是发型师，也是牙医和医生。他爸爸期望他的孩子将来能成为一名伟大的律师，但这个小男孩儿只对音乐感兴趣。

那时钢琴还没有被发明出来，只有一种通过按动琴键演奏的弦乐——小弦乐器，也被称为"翼琴""古钢琴"。有时这种乐器下面会安着腿，就像桌子一样，有时下面没有腿就放在桌子上。

6岁的时候，亨德尔得到了一架古钢琴，他把古钢琴放到了家中阁楼的房间里，没让任何人发现。每天晚上大家都入睡后，他就会开始练习到很晚。

一天夜里，他的家人听到了屋檐下传来的声音，很奇怪声音是从哪里传来的。他们拿着提灯，轻轻地走上阁楼，突然打开门，只见小亨德尔穿着睡衣，双脚离地坐在椅子上，正在弹奏他的古钢琴。

从那以后，亨德尔的爸爸知道让儿子做律师是不太可能了，于是便给亨德尔找来了老师，很快，这个孩子的表演就

他们在阁楼中发现了正在弹翼琴的小亨德尔

震撼了世界。之后亨德尔移民到了英国，成了英国人。他去世后被安葬在威斯敏斯特教堂，那里安葬的都是英国非常著名的人。

亨德尔的一些音乐来源于《圣经》，这些被传唱的以《圣经》为歌词的歌曲叫作圣乐。其中有一曲《弥赛亚》，几乎所有地方都会在圣诞节当天传唱它。亨德尔除了为宗教创作音乐外，还写了46部歌剧作品。

另一位著名的音乐家是德国的巴赫，他与亨德尔生活在同一个时代。巴赫为管风琴谱写了许多首美妙的乐曲，这些曲子到现在也非常有名。令人奇怪的是亨德尔和巴赫年老后都失明了，不过对于他们，听力比视力更为重要。你认为哪个"更有价值"呢？

基本上每个音乐家在孩童时代就崭露音乐天分了，他们在学会读写之前就已经成为音乐家了。

一个音乐奇才出生在巴赫、亨德尔死前，他就是奥地利人莫扎特。

莫扎特4岁的时候，弹奏钢琴就相当出色了。他还会写曲子——作曲，让别人来表演。

莫扎特的爸爸和姐姐的钢琴都弹得很出色，他们三人经常一起巡演。作为一个奇才，莫扎特经常为女王表演，无论走到哪里，他都会受到王子般的待遇，被人们爱戴、赞赏，很多聚会都为他而办，他也经常收到礼物。

长大结婚后，为了维持生计，他曾经有过一段最为艰难的时期。他为所有种类的东西作曲，演奏"歌剧"和"交响乐"，交响乐是需要乐团共同表演的。可是他挣的钱还是太少，以至于他死后只能葬在穷人葬身的碎石岗中，没有自己的墓

莫扎特画像

穴。后来人们为这样伟大的音乐家没有墓碑而感到羞耻，但此时想要找到埋葬他的地方已经来不及了。所以人们为他立了碑，但是时至今日，仍无人知道莫扎特被安葬在哪里。

　　一个叫贝多芬的德国人，他读到了奇才莫扎特的事迹，希望儿子也成为莫扎特那样的人，能够在王宫演奏。当他的儿子只有 5 岁的时候，他就让儿子长时间地练习钢琴，直到累得眼泪都掉下来。最后，路德维希·贝多芬成为人类史上最杰出的音乐家之一。他只要坐在钢琴前，就能作出最美妙的曲子——即兴演奏，但是他却对即兴演奏记录下的曲子并不满意，于是他会一次又一次地改写，每首曲子都被他改写大约 12 次。

　　但是后来贝多芬的听力开始下降了，他害怕自己完全丧失听力——这对谁来说都是可怕的事，更何况对于一个依靠听力生存的人，没有比这更糟糕的了。最终，他变成了聋子。失去听力让贝多芬变得绝望，脾气暴躁，他对所有事所有人发怒。但他并没有放弃，跟原来一样坚持作曲，即使他再也无法听到自己谱的曲子了。

贝多芬画像

　　贝多芬是一个值得人们尊敬的音乐家，他在 20 多岁时听力就开始下降，这对一个音乐家来说是一个致命的打击，但他没有放弃，依然在 30 岁时创作了第一部交响曲，并一直创作出第九交响曲，他一生共创作了 32 首钢琴奏鸣曲、10 部小提琴奏鸣曲、16 首弦乐四重奏、1 部歌剧和两部弥撒曲。他在与命运抗争的同时坚持创作的精神是非常值得人们学习的。

　　另一位伟大又非比寻常的德国音乐家是瓦格纳，他寿终于 1883 年。尽管

瓦格纳画像

他的一生都在不断练习，可他弹得仍不是很好，但是他却创作出了美妙的歌剧，他不仅仅谱曲，还会填词。他常取材于日耳曼的神话和童话故事，然后把它们编进歌剧里唱出来。起初一些人会取笑他的音乐，因为听上去很嘈杂，近乎"混乱"，没有什么旋律可言。可现在的人则取笑那些人不懂欣赏！

我曾经在别的地方给你们讲过画家和诗人、建筑家和智者、国王和英雄、战争和动乱。我把关于古今音乐的故事放到一章里，夹在打斗的故事中间，是想让你从战争的故事中暂时抽离出来，放松片刻。

当我还是一个小男孩儿的时候，从未听到过任何音乐家的演奏。现在你们和我都能打开收音机、留声机或 CD 播放器，任何时间都可以听到帕莱斯特里那、莫扎特、贝多芬和瓦格纳的音乐，还有大量的大师级作品，只要我们愿意，随时都可以播放和演唱。《天方夜谭》里的国王都享受不到这种便利带来的乐趣呢！

第**80**章

1854—1865 年的日报
The Daily Papers of 1854-1865

如果你去你祖母或是别人祖母的阁楼上，或是在汽车车尾的老旧后备厢里淘宝，你也许会找到 1854 年到 1865 年印刷的旧报纸，并会在这些报纸上读到我接下来将讲给你们的故事。在标有"国外新闻"的地方，你也许会找到一些我接下来要告诉你们的事情。

《英国时报》：此时英国女王的名字是维多利亚，她品性善良，深受她的臣民爱戴。你也许看到过一张图画，画的是她被自己的孩子们围绕着，维多利亚有五个女儿和四个儿子。你能想到她既是一位女王也是一位母亲，她对待她的臣民更像是母亲对待孩子，而不是女王对待属下那样。她统治英国的时间超过半个世纪，那段时期被称作"维多利亚时代"。

1854 年的英国新闻里也许会告诉你英国和俄国打仗的事。俄国非常遥远，英国必须让他们的士兵乘船穿越地中海，途经君士坦丁堡到达黑海，在归属于俄国的一小块黑海中的陆地上，打响和俄国的战役。这一小块陆地叫克里米亚，这里发生的战役都被叫作"克里米亚战役"。在这个遥远的小岛上，成千上万的英国士兵在战争中死于枪伤和疾病。

在战争期间，英国有一位女士名叫弗洛伦斯·南丁格尔，她有一颗善良的心，总是外出寻找并照顾病人。当她还是一个小女孩儿的时候，就会假想她的娃娃生病了——磕破了头或是摔断了腿，然后她就给娃娃包扎头和腿，假装是在照顾她的病人。当她的狗生病了，她会把狗当成病人一样来悉心照顾。

弗洛伦斯·南丁格尔听到了成千上万的英国士兵阵亡的消息，他们死在了异国他乡，那里没有护士照顾他们的创伤。她组织集合了许多女人，带她们去了克里米亚。在她到达那里之前，几乎一半受伤的士兵都会死去——也就是 100 个受伤的

弗洛伦斯·南丁格尔

弗洛伦斯·南丁格尔，出生在一个英国上流富有家庭，但出生地点在意大利。她在克里米亚战争中对伤员的护理工作非常认真，被称为"提灯女神"。她是现代护理的创始人，首创了现代护理专业。人们为了纪念她，将国际护士节设在她的生日 5 月 12 日这一天。

士兵中会死掉 50 个人。但是自从她和她带领的护士们到了那里，在她们悉心的照顾下，只有 2% 的伤员死去。每天到了晚上，她就提着灯在营地和战场上奔走，寻找受伤的士兵。士兵们称她为"提灯女神"，非常爱戴她。

最终战争结束了，她返回了英国，英国政府奖给她很大一笔钱，感谢她作出的贡献。然而她没有把这笔钱用在自己身上，她找到一个地方建立了护士培训学校。如今对我们来说，专业的护士和医生一样重要，如果生病了，可以找一个受过专业训练的护士来照顾自己，但在那个时期没有专业的护士。弗洛伦斯·南丁格尔是第一个开始从事护士教学的人，在今天人们的眼里，她简直就是一个圣徒。

在克里米亚的一场战役中，一队骑兵接到了错误命令，要求他们进攻敌人。即使知道此行凶多吉少，他们也从未犹豫过，不到半小时，三分之二的战士就非死即伤。坦尼森勋爵，一位英国诗人，在诗中讲过这个故事，你也许听过，就是《轻骑兵迎战》。

日本时讯：日本是中国附近的一个岛国。尽管我之前从未提到过日本，

但它是个年代久远的国家，在罗马成立之前就存在了。在欧洲，王位的交替导致国家和人民不断变化。但从耶稣诞生之前，日本的王位就是世袭传承的，从未改变过。

有一方面，日本十分幸运。这些年以来，日本岛从未被外国军队攻占过。但在1853年，即英国开始克里米亚战争的前一年，一位美国海军军官佩里，他指挥美国军舰，进入了东京湾，那是日本的重要港口。于是，日本天皇允许美国同日本往来，进行商业合作。

这些事件你可能在旧报纸中读到过，它们也许只会占据报纸很小的版面。如果是美国报纸的话，也许会出现在报纸最下面的版面里。如果这些报纸

海军上校佩里画像

在1861年到1864年被印刷的话，会大篇幅报道当时在美国内部打响的战争。我们叫它"内战"，又称南北战争。

南北战争中的杰斐逊·戴维斯

在美国南北战争期间，南方诸州还成立了一个新的国家，取名美利坚联盟国，并且推举杰斐逊·戴维斯为总统，因为南北战争只持续了四年，所以杰斐逊·戴维斯是这个国家的唯一总统，他们设计了国旗、颁布了宪法、确立了首都，还准备与其他国家建立外交，不过很多国家都不认可他们。

在一些问题上，美国的南部和北部很难达成共识，主要矛盾的根源是南部能否拥有奴隶。因为这个问题，南北部开始彼此对抗，成千上万的美国人死于这场战争。这场战争一直持续了四年，从 1861 年到 1865 年，直到双方达成共识，在美国，谁也不能拥有奴隶。

你们当中的一些人可能读到过一些片段，在内战时，男人的数量骤减，一些男人为北方而战，一些则为南方而战。黑人和白人，甚至一些女人都参与到战争中。你可以问问你的父母或是祖父母，你们的祖先是不是也参加过南北战争。

亚伯拉罕·林肯是当时的美国总统。林肯出生在一个穷苦人家的小木屋里。他结束了在父亲的农场白天的工作后，就在燃烧木块发出的微弱光线下自学。因为非常穷，他的书很少，他把仅有的书看了一遍又一遍，其中一本书就是你读过的《伊索寓言》。当林肯长大后，他当起了看店员。一天他发现他给一位买茶叶的穷苦女人少找了钱，他就关上商店，走了很远找到她家，把钱还给了她。那次之后，人们称他为"诚实的亚伯拉罕"，因为他总是非常诚实正直心肠好。

林肯视察军营并和将士们握手

林肯学习很刻苦，后来成为一位律师，最终他被选为美国总统。在他的总统任期内，他宣布废除奴隶制度。一天晚上，林肯正在福特歌剧院的一个私人包厢里看演出，这时一个叫约翰·威尔克斯·布斯的人突然出现，他闯进包厢，告诉林肯废除奴隶制是不正确的，然后他刺杀了林肯，林肯于第二天离世。

林肯是最杰出的总统之一。华盛顿创建了美国，林肯阻止了美国分裂成两部分，使美国团结一致，发展成为今天强大的国家。

THE ASSASSINATION OF PRESIDENT LINCOLN.
AT FORD'S THEATRE WASHINGTON. D.C. APRIL 14TH 1865.

林肯剧场遇刺

第81章

三张新邮票
Three New Postage Stamps

给我们一分钟时间，让我们回顾一下，在拿破仑统治时期欧洲都发生了什么。

拿破仑被放逐到厄尔巴岛之后，法国有了另一个统治者，他们希望他们的老王族回来。老王族的家族名字是波旁，法国人认为他们应该被波旁家族统治。他们找到了三个波旁家族的人——一个紧跟一个，这些都是他们前一任被砍头的国王的亲属。

从最后的结局来看，这几个人没有一个好的，法国人民给了波旁家族如此好的机会。最终，他们决定不再考虑国王人选的问题了，转而成立了新共和国。

如今，一个共和国需要的不再是国王而是总统，所以人民需要选出一位总统。那你猜他们会支持谁呢？是一个名叫路易－拿破仑·波拿巴的人，他是拿破仑的侄子。他曾经无数次计划想让自己当上法国国王，但一次一次都失败了。现在他被选为了总统！但路易－拿破仑·波拿巴想要的不仅仅是当总统，他想成为像他叔叔那样的杰出人物。他的梦想是统治欧洲，成为整个欧洲的皇帝，所以他当总统后不久就做了皇帝，称自己为"拿破仑三世"。

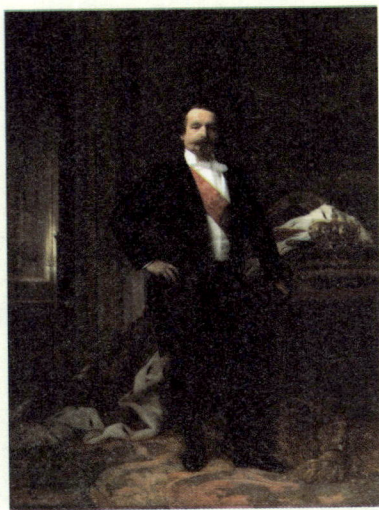

拿破仑三世

拿破仑三世妒忌他的邻国普鲁士，因为普鲁士正变得愈发强大。那时普鲁士的国王是威廉，他非常有能力，他还有个得力的左右手，或称其为首相俾斯麦，他一直在寻找进攻法国的借口。1870年，一场战役在这两个国家之间打响了。拿破仑很快发现，与普鲁士作战是个错误决定。普鲁士不是正变得强大，而是已经非常强大了。

拿破仑三世被普鲁士击败了，他和他的军队只能投降。他觉得无地自容，随后去英格兰居住了。

普鲁士进攻巴黎，双方达成协议，巴黎须向普鲁士支付巨额金钱。一些法国的城镇表示不愿意付给他们，**俾斯麦**就把这些地方的市民抓起来，绑成一排，告诉他们如果不拿出钱来就枪毙他们，结果法国支付了赔款。令所有人惊讶的是，他们支付如此高额的赔款只用了两年的时间。但法国人久久不能忘记，他们付出代价的这种途径，以及他们被普鲁士对待的情形。在很长的时间里，这两个国家都是不共戴天的死敌。这场战争被叫作"普法战争"，就是因为发生在法国和普鲁士两国间。

在普鲁士附近，有许多小国家，它们被叫作"德意志联邦国"。尽管他

俾斯麦

俾斯麦性格刚烈、政治手段强硬，人称"铁血宰相"。据传，俾斯麦找了一个地方做办公室，他想在屋里装个电铃，跟房东商量后被拒绝，他也不再说什么。晚上，俾斯麦的屋里突然传来了枪声，把房东吓得赶紧过去看是怎么回事，结果，俾斯麦的答复是"没什么，我只是在用枪号令我的下属"。于是，第二天一大早，他的房间就装上了电铃。

们的人民都血缘相关，而且说相同的语言，但这些国家却是互相分散的。战后，普鲁士把这些德意志联邦小国家整合起来，组成了一个大的、强有力的新国家叫德国，别的国家都害怕德国强大的军队和战斗力。后来威廉当上了德国的皇帝。他的加冕仪式是在法国的凡尔赛宫，路易十四修建的宫殿里举行的。

法国人认为德国打了胜仗的原因是他们有公立的学校，在那里所有的孩子都被训练成为优秀的士兵。所以法国开始在全国创立公立学校，复制德国培训士兵的方法，以便开始准备下一次作战。

埃马努埃莱二世

法国成了一个共和国，有总统和议会，由公民选举。法国再也不需要皇帝了。

那时，意大利还不是像现在这样的独立国家，它由许多的小联邦国家组成，就像曾经的德联邦一样。其中的一些是独立的，还有

加富尔

一些被法国统治，另外有一些归奥地利所有。意大利联邦国家中的一个国王叫维克多·埃马努埃莱。他想统一意大利联邦国家，就像美国一样。他得到了他的首相加富尔的协助，加富尔是个非常有才能的人，另外还有一个人，是加里波第，他是个受人民拥护的传奇英雄，被称作"红衫英雄"。

加里波第在纽约城做过制蜡工人，他总是很穷，也不是很会理财。他号召士兵们和他一起，为他们

加里波第

热爱的意大利而战，于是人们迅速追随在他的身后，做好了战死的准备。

最后这三个人，维克多·埃马努埃莱、加富尔、**加里波第**成功地统一了他们的国家，将其建成了一个更大的国家。意大利为纪念他们建造了纪念碑，并以他们的名字命名街道。为了表彰维克多·埃马努埃莱的功绩，他们在罗马的山上建造了非凡的建筑物，从那里可以鸟瞰整个城市，这个建筑物建造的初衷，就是要比雅典在伯里克利时代的建筑和意大利文艺复兴时代的建筑物都要更加非凡。

如果你喜欢收集邮票，你会想得到，当然你可以的话，会想得到这些国家在那个时期的邮票，新法兰西共和国、德联邦共和国和意大利共和国。

加里波第和加富尔

加富尔和加里波第以及另一个英雄朱塞佩·马志尼被梁启超称为意大利建国三杰，而且加里波第和拉法耶特一样，也被人们称为"两个世界的英雄"，他在美洲帮助过巴西和乌拉圭的人民，展开军事行动，帮助他们反抗巴西帝国和乌拉圭白党。

第82章

奇迹时代
The Age of Miracles

你也许会认为奇迹出现的时代是《圣经》中记录的时期。

生活在那个时期的人如果来到这时的地球，会觉得现在才是奇迹出现的时期。

如果他听到你给一个远在千里的人打电话，或是与百步之外的人通话，他会以为你是个魔术师。

如果你给他展示电影屏幕或电视屏幕上正在移动和说话的人，他一定会认为你是个巫师。

如果他听到你打开录音机和收音机出现的乐队的声音，他可能会把你当作魔鬼。

如果他看到你坐着飞机飞在空中，他大概会把你看作上帝。

我们对使用电话、电视、录音机、汽车、飞机、电灯、可移动图像、收音机、照相机这些东西已经习以为常。我们想象不出来如果没有这些东西——没有其中任何一种，那会是什么结果。而在 1800 年，还没有一项这样的发明问世。

乔治·华盛顿和拿破仑都没有见过飞机和汽车。他们从来没有用过电话、收音机，哪怕是自行车也没用过。他们从没有听说过蒸汽发动机、柴油发动机和电灯。他们更想象不出来人类在月球漫步，或是拍到火星的近镜头特写，或是电视机和打字机。至于电脑、雷达和 X 射线，他们更想象不到！

最近这 100 年创造的奇迹比之前所有世纪创造的总和还要多。

一个苏格兰人**詹姆斯·瓦特**，是最早创造奇迹的魔术师，我们叫他发明家。

詹姆斯·瓦特

　　1757 年，瓦特获得在格拉斯哥大学开设一间修理铺的允许，并结识了物理学家、化学家约瑟夫·布莱克以及罗宾逊教授，在他们的帮助下，他开始改进纽科门蒸汽机，并设计了新蒸汽机。新蒸汽机有双向气缸、分离式冷凝器和曲柄齿轮传动系统，这些新设计让新蒸汽机比纽科门蒸汽机的效率高出四倍。人们为了纪念他的贡献，特意用他的名字作为功率单位。

瓦特注意到火炉上沸腾的水，水蒸气能把壶盖掀起来。这给了他启示，如果水蒸气能够把壶盖顶开，是不是也能顶开其他东西？所以，他制作了利用水蒸气的推力来使车轮转动的机器，这便出现了最早的蒸汽发动机。

瓦特发明的蒸汽发动机可以使车轮和其他东西移动，但它本身不能移动。一个英国人，名叫斯蒂芬孙，他给瓦特的机器安装了轮子，机器带动它自己的轮子移动，这就是第一个火车头。没多久，这种被神奇的发动机带动的车厢就开始在美国的铁轨上启动了。刚开始车厢只能移动几千米，大概只有从

早期蒸汽机火车

巴尔的摩到费城的距离。

　　一个年轻人，名叫**罗伯特·富尔顿**，他想也许可以把发动机装上船，让它来推动船桨。人们都取笑他，把他制造的船叫作"富尔顿蠢物"，意思是富尔顿的船是愚蠢可笑的。但是那艘船真的开动了，富尔顿

罗伯特·富尔顿

　　富尔顿，美国杰出的工程师。富尔顿一生中主要的贡献是制造轮船。经过多年的研究试验，1807年，他终于制成了世界上第一艘蒸汽机轮船，并取名为"克莱蒙特"号，他是世界上轮船的第一位创造者，在世界人类航海史上贡献卓越。

可以取笑曾经取笑过他的人了。他把他的船命名为"克莱蒙特"，这艘船会有规律地沿着哈得孙河航行。

　　之前，任何人都不能跟遥远地方的人说话，直到电报被发明出来。电报会发出微小的电报干扰声，电线把电流从一个地方传到很远的另一个地方。如果你按动按钮，位于电线尾部的按钮就能阻断电流的传输，电流那头的仪器会发出干扰声。短的干扰声用圆点代表，一条横线则表示长的干扰声。这些圆点和横线都对应着字母表中的字母，通过这些圆点和横线，你就可以读出电报的内容了。

　　A 是　·—　　点横；

　　B 是　—···　　横点点点；

　　E 是　·点；

　　H 是　····点点点点；

　　T 是　—横。

　　美国一位叫莫尔斯的画家，发明了这个奇妙的小机器。他在巴尔的摩与华盛顿之间搭建了第一根电报线，利用这根电报线，他发的第一通电报是："上帝创造了奇迹！"

　　一位学校的老师——贝尔，他想找到让聋哑孩子听到声音的途径，在做

这件事的过程中，他发明了电话。正如电报机能够传递电流一样，电话可以传递声音。你不用记住电报对应的字母表，也不需要把圆点和横线与字母对应上再拼写。因为有了电话，每个人都可以和世界另一端的人对话。

我们每天都会用到许多发明，其中的一些发明可能是由几个人共同创造的，所以很难说是谁第一个发明的。一些人想到用电来运转机器，便出现了发电机。其他人想到用爆炸的煤油带动机器运转，便出现了汽车的煤油发动机。

汽车，这是你知道的，变得越来越流行了。起初，人们还不需要驾驶执照，因为那时街道上没有交通管制，像停车标志或信号灯，你可以想象这造成的一些问题。一个美国籍非洲黑人叫加勒特·摩根，他发明了三种颜色的信号灯，并在 1923 年申请了专利。不管是对汽车，还是对步行的人来说，信号灯让道路变得更安全。

电灯是**托马斯·阿尔瓦·爱迪生**发明的。爱迪生被叫作巫师，因为在中世纪，人们认为巫师才会制造神奇的事物和不可思议的东西，比如变金子或

托马斯·阿尔瓦·爱迪生童年趣事

有一次，爱迪生到吃饭的时间还没回家，父母非常着急赶紧找他，最后在一个草棚里找到了他。却见他趴在放了许多鸡蛋的草堆里一动不动，父亲问他在干什么，他却一本正经地说在孵小鸡。父亲听后哈哈大笑，并告诉他人是孵不出小鸡的。在回家的路上，他还在自言自语："为什么母鸡能孵出小鸡，我就不能呢？"

把人变没之类的事情，但是爱迪生做的事连神话故事里的巫师也想象不到。爱迪生是个穷苦人家的孩子，他儿时在火车上卖报纸和杂志。他热衷于做各种各样的实验，他在行李车厢找了个地方做实验，但他总是把车厢弄得很乱，最后行李管理员把他的东西都扔出了火车。爱迪生发明的很多东西都与电唱机和电影有关，他的发明大概比所有人的发明都更重要、更实用，他可比什么都不会做、只会打仗和搞破坏的国王强多了——如果这些国王从未存在过，世界也许会变得更好。

过去，成千上万的人试着飞行，结果都失败了。更多的人认为飞行根本就不可能实现，还有一些人认为飞行是邪恶的，因为只有上帝和天使能飞。最终，经历了许多年的努力和多次试验，美国莱特兄弟将这一愿望变成了现实。1905年，他们发明了飞机，在38分3秒内，飞机飞行了38.6千米远。

莱特兄弟进行飞行试验

一位意大利人马可尼，他发明了收音机，其他人每天仍在执着于创造新的发明，你可以自己去读读这些方面的书，因为这本书实在是不能把所有知识全部讲给你。

这里给出了一个很好的议题：我们会比1000年前没有任何发明的人更快乐吗？

生活变得更快更刺激，但同时也更复杂、更危险。人们不再歌唱、拉小提琴或是弹钢琴，取而代之的是立体声、电唱机，这破坏了音乐中最重要的乐趣，那种乐趣是自己创造出来的。我们不再坐着马车一路颠簸，任马儿奔驰在乡间的小路上，我们驾驶着高速的汽车，注意力必须高度集中，稍不留神就会出事故。我们生活的地方，再也没有纯净的空气，到处充满污染。

1905

第**83**章

一场与众不同的革命
A Different Kind of Revolution

　　詹姆斯·瓦特发明的蒸汽机和罗伯特·富尔顿发明的蒸汽轮船是一种革命——却是不同的革命形式。通常我们认为的革命是像美国革命或是法国革命那样，是人民和政府之间的对抗。这种不同形式的革命进展得很慢，也没有部队参与，但它确实改造了世界。这种革命被称为"工业革命"。

　　在上一章，我们讲到了一些奇妙的发明，像汽车、飞机、电唱机和电视，能拥有这些先进的东西，是因为我们进行了工业革命，这便是它有趣的部分。除此之外，还有其他一些重要事情发生了，这场和平的革命同那些重大战役一样改变着世界，也许影响更大！下面我来讲讲。

　　所有这些神奇的东西都是工厂制造的。第一家工厂被建在英格兰，在那里可以生产布，然后用布制成衣服，之后他们制造轨道车和轨道。很快英国的工厂就能制造所有的东西，英格兰也随之变得非常富有和强大。

　　从某种角度看，国家就像男孩儿和女孩儿。你知道，一些时候，如果班里有人拿来新玩具或是穿上新衣服，其他人也会想要。所以，不久，其他国家都想像英国一样，于是他们也开始建工厂，以便让他们自己也变得富有和强大。许多欧洲国家，像法国、德国、意大利都这样做了，美国和日本也竞相模仿。很快这些国家的工厂就造出了许多东西，他们有的做衣服和家具，有的做汽车甚至糖果。这就是**工业革命**。

英国工业革命改变了什么？

英国工业革命改变了英国的社会结构和生产关系，提高了生产力。主要表现是大机器工业代替了手工业，机器工厂代替了手工工场。而工厂制度的最终确立是革命完成的主要标志。它的发生，意味着世界整体化新高潮的到来。

我们知道，现在去商店就可以买到工厂制造出来的东西。但是这些改变就称得上革命了吗？也许称得上，也许称不上。工厂被建立起来，其他的一些事情也随之改变了。所有的这些事物的变化总和，才是真正意义上的革命。

一个最大的变化是这样发生的。许多人去新工厂工作，如果没有人在工厂做工，你不会拥有任何东西，不是吗？工厂需要大量的男人和女人工作，许多家庭离开了村庄，他们不再种庄稼，而是去当了工厂里的工人。开工厂的人需要许多人为他工作，他们甚至招未成年儿童。这对孩子们很不好，因为这样他们就不能去学校上学。另外，还有个不好的地方就是早期工厂的机器非常不安全，孩子们和一些成人会受伤。尽管如此，迫于生计，许多男人、女人和孩子仍会去工作。所以，一个重大的转变就是人们不再从事农业种植，而是成为工厂的工人。如果是你，你会做什么呢？为什么呢？

　　一些人以前在家里制作东西，像蜡烛、肥皂和毛衣等，然后拿去卖。一个个家庭在完成这些工作，它们被叫作"家庭手工作坊"，因为他们都是在家里工作。工业革命之后，工厂制造了大量与家庭作坊里相同的东西。举个例子，自从工厂开始制造大量的毛衣，它就可以卖得比个人编织的便宜。正因如此，原来在家里工作的许多人不得不去工厂上班。

　　大多数工厂都在城市中，进工厂上班意味着来到城市生活。很快，城市开始变得拥挤。在早期，人们不得不住在一起，因为他们为了离工厂近一些，可以走着去上班。

　　你想走多远去工作的地方或是去学校？人们通常可以接受的是，走一到两千米远。在有轨汽车被发明后，人们才能住得离工作的地方远点了。起初，马拉着有轨车在轨道上走，非常慢。19世纪末期，电动轨道车开始广泛应用，人们可以住得相对更远了，所以城市变得更大了。这便是第二个改变，城市变得越来越大，正如我们今天一样。

　　在世界上任何没有工厂的地方，人们的生活方式也变化了。你停下来，用一分钟的时间想一想。因为人们在英格兰、美国、日本建立了工厂，他们就改变了非洲、印度、韩国或是夏威夷的孩子的生活，这看起来真是不可思议，但这确实发生了。下面我们来讲讲。

　　你知道，要想制造某种东西，必须依托别的东西才能生产出来。就像生产衣服和家具、汽车和糖果，必须依托原材料才能生产出来。印度盛产棉花，一些工厂就把棉花做成布；其他的工厂运来树木，用来

正在工厂做工的工人

做家具，这些树木的来源是非洲、亚洲和加勒比海的一些国家；汽车需要轮胎，他们是用非洲、亚洲、南美洲丛林里盛产的橡胶树加工制造的；用来制作糖果的糖，是从海地和古巴生长的甘蔗里面提取的。现在可以看到为什么工业革命的影响会波及全世界了吧？

建立工厂的国家需要原材料，而原材料来自全世界的供给。这些国家都很强大，在他们的工厂里，有先进的现代化的轮船和武器。所以这些工业化发达的国家很快就控制了供给他们原料的地方——棉花、橡胶树、红木、甘蔗的产地，英格兰、法国、德国和其他的一些欧洲国家对许多非洲、亚洲国家进行了殖民统治，日本控制了韩国和周边的一些地方，美国也控制了海地、菲律宾。

久居于此的原住居民对外国人的肆意侵占十分不满，他们的这种感受就像是你对学校里的小霸王的感受，他们不喜欢欺负弱小的霸道的人。但是殖民者也会带来一些好的东西，比如先进的医药护理。但没有人愿意被别人统治。所以，殖民地的人民开始反抗，就像是在美国革命一样，他们为了独立而战斗。你接下来会读到更多关于这方面的故事。

你知道，并不是所有的变化都会有好的影响。一个最不好的方面就是，富有的工业国家开始抢夺殖民地。另一个弊端如今依然困扰着我们，就是污染；许多自然资源被过度利用和破坏，环境污染和自然资源的损失我们统称为环境问题。

城里的工厂喷着烟尘

　　能够生产奇妙东西的工厂，会把没有处理过的污染气体排放到我们呼吸的空气里和饮用的水中，这就是污染。人们呼吸污染的空气，喝着被污染的水会得病。

　　在那些年，地球上的大片森林被砍倒变成木材，用来建造房屋、家具或是造纸。当森林被破坏或是海洋被污染，那里的动物就没有地方居住，它们就会死去。当某种动物不再存在了，我们就说它"灭绝"了。今天，大量的动物濒临灭绝，它们不是被杀死，就是因为生活的地方被破坏。你能说出几种这样的动物的名字吗？

　　这些就是工业革命带来的、至今仍未解决的问题，你有没有办法解决这些问题呢？你们可以互相讨论一下。

　　在工业革命期间，有四件大事。一是，大量的人从农业种植转而走进工厂当工人；二是，城镇变成大城市，正如我们今天知道的一样；三是，工业化国家变得很富有很强大，可以控制世界上其他大多数国家；四是，我们有着仍未解决的、工业革命遗留下来的环境问题。

第**84**章

陷入战争的世界
A World at War

我要给你们讲一场大的战役，正是它把世界都卷入了战争。

在欧洲有一个小国，名叫塞尔维亚，它是大国奥地利的另一扇门。尽管小国塞尔维亚和大国奥地利毗邻，但它们并不是好邻居，双方总是在说对方的坏话。这是因为奥地利还统治着除了奥地利人之外的其他种族，其中的一些人与塞尔维亚人有血缘关系。塞尔维亚人总是说奥地利对这些人不公平，但是塞尔维亚人做的比说的多，他们组织了一些地下团体，进入奥地利去制造麻烦。奥地利认为塞尔维亚人企图分裂奥地利王国，正是因为他们的蛊惑，奥地利民众才不满政府的统治。

然后有一个年轻人，他住在塞尔维亚，枪杀了一位奥地利的王子，这位王子将是奥地利的下一任国王。

奥地利举国上下异常愤怒，指责塞尔维亚是挑起事端的元凶。塞尔维亚人说他们对此事很抱歉，但不对王子的死负任何责任。奥地利无法接受塞尔维亚的道歉，并认为是时候给塞尔维亚人一个教训了，因为正是他们，给奥地利惹了这么多的麻烦。尽管所有的欧洲其他国家都不同意他们这么做，奥地利仍然决定对塞尔维亚发起战争。

369

普林西波与第一次世界大战

　　1914年6月28日，奥地利王子斐迪南带着他的妻子来萨拉热窝做特别访问。当他乘坐的车驶到一个街道的拐角时，藏在路边只有19岁的塞尔维亚青年普林西波，快步上前对准斐迪南夫妇连开两枪。两股鲜血分别从斐迪南的脖颈和他妻子的腹部喷泻而出，一场全世界的战争就这样开始了。

　　这个麻烦就像是被火烧的草地一样，迅速蔓延。俄国支持塞尔维亚，允许俄国的军队加入战斗；德国支持奥地利。自从普法战争后，俾斯麦和威廉，这个欧洲的大国就一直训练，随时准备迎战。几乎所有的国家都站到了两个队伍里，一队是德国友邦国家，另一队是法国友邦国家。

　　俄国是法国的盟友，所以当俄国准备作战时，法国就命令军队随时待命支援俄国。那意味着德国被两大敌人夹击了，一个是法国，另一个是俄国。德国决定赶在俄国从另一边进攻他们之前，快速攻下法国。

　　为了快速到达法国，德国必须穿过一个小国家——比利时。德国和法国曾达成共识，谁也不能带领军队经过比利时，但德国还是无视协议中的约定，进入了比利时。经过努力，比利时人仍没有阻挡得住他们。德国军队直逼法国的首都巴黎，他们甚至到了距离巴黎只有20英里的马恩河。就在这个地方，法国的霞飞将军拦截住了德军。这场马恩河战役，可能是你在历史上听到的所有战役里最有名的一场。在马恩河战役后，这场战争仍然持续了四年。试想一下，如果当时是德国赢得了马恩河战役的胜利，他们就会攻占巴黎，把法国据为德国所有。

　　那时，英国也参战了，它支持法国、比利时和俄国。英国拥有世界上最强大的海军，德国的海军不可能打败英国的海军，所以德国把他们的海上战舰留在了德国。德国想用潜水艇从海下进攻，那样英国军舰就无法拦截他们。这场战役集结了海、陆、空三方作战，这在历史上还是第一次。

德国潜水艇有时会把没有参战的国家的轮船击沉，这些国家都对德国的行径十分愤慨，所以在战争结束前，几乎所有的国

第一次世界大战的情形

家都参战了，这就是我们叫它"世界大战"的原因。之后还有另一场世界大战，所以我们叫这次战争为"第一次世界大战"，就好像我们叫一个国王"乔治一世"，以便区分他和"乔治二世"一样。

德国人投降

数不尽的人被杀死，数不尽的士兵受了伤，数不尽的钱被浪费在战争上，战争仍在持续，没有一方胜出。这时，俄国突然开始革命了。俄国太穷了，以至于战士们没有军火供应，也没有药物来源。俄国人杀死了统治他们的人——沙皇以及沙皇的家人，拒绝再进行战斗。这样的形势对俄国的友邦国家非常不利。

美国一直没有参战，直到1917年，大概是战争开始三年

后。他们决定参战是因为德国的潜水艇击沉了美国的轮船，并杀死了美国人。

美国太远了——在 3000 英里以外的大洋彼岸，那么遥远，看起来并不会在战争中起到多大作用。然而，在非常短的时间内，美国就派出了两百万士兵坐着船横渡而来。美军在珀欣将军的率领下，参与了很多大型战役。

最终，在 1918 年 11 月，德国和他的友邦国家投降了。德国签订了书面文件，同意同盟国提出的一切要求，历史上的第一次世界大战就此结束。德国皇帝去了荷兰定居，德国变成了共和国。大奥地利变成了小奥地利，因为他们的大量土地和人民都被带走了，然后建立了一个个独立的国家。小塞尔维亚消失了，在塞尔维亚的位置上出现了新的国家——南斯拉夫，它包括了塞尔维亚和少数的其他小国家。

第85章

短暂的 20 年
A Short Twenty Years

一根绳子有多长？这是个愚蠢的问题，会得到一个愚蠢的答案。

20 年有多长？这听起来也是个愚蠢的问题，但是其实并不是听上去那么愚蠢。对一只狗来说，20 年非常长，长过了它的一生；但对人来说，20 年又不长。在世界历史的长河中，20 年仅仅是短暂的一瞬罢了。

第一次和第二次世界大战之间，有 20 年的时间——二十年零几个月。现在看来，两次世界大战间隔的这 20 年是很短暂的。大部分国家还没有从第一次世界大战中恢复过来，第二次世界大战就开始了。这个部分讲的就是没有战争的这 20 年。

当第一次世界大战结束后，全世界的人都祈祷不要再有战争发生了。第一次世界大战被称为"结束所有战争的战争"。一战结束后，同盟国的领导人在法国的凡尔赛宫拟定了和平条约，也就是我们熟知的《凡尔赛和约》。

条约约定德国可以拥有小规模军队来维护国内的秩序，但是军队不能达到再次引发战争的规模，所以德国不能有空军，不能有坦克和潜水艇。条约还约定了，德国必须支付给同盟国大量的金钱，赔偿他们在一战中遭受的损失。

为了维护和平，许多国家联合起来成立了"国际联盟"，联盟总部设在瑞典。

我能想到的最伟大的发明就是，通过一些组织或途径，在战争开始前就对其加以阻止。人们希望国家联盟就是这个最伟大的发明，可以阻止战争再度重演。每一个国家都派出了自己的代表，参加联盟会议。当战争可能再度威胁到某些国家时，联盟就会提出警告，让这些国家把战事议题提交给国际法庭，以便以和平的方式平息麻烦和事端，而不是用战争来解决。

国际联盟做出了努力，但是并没有起到应有的作用。这是由几个原因造成的，一是美国不想加入这个组织。美国不希望看到这种局面：假如某个国家无视国际法庭的裁判，决心发动战争，那联盟有权决定美国何时派兵阻止这场战争。

另一个原因就是联盟并不能奏效。国际联盟没有办法让联盟国按它的要求去做，它只能向这些国家表达自己的意愿，但是并不能要求这些国家严格执行。

指示牌上写着"禁止踩踏草地"。如果你无视警告，还是要走在草地上，这个指示标识并不能阻止你，但是一个附近的警察却能阻止你。国际联盟就像一个指示牌，而不是警察。

在此之前，我猜想从来没有如此多的人希望和祈祷战争被制止。除了国际联盟以外，人们还在尝试另一种制止战争的方式。

人们觉得如果国家没有重军事力量，会对阻止战争有所帮助。于是几个拥有强大海军军事力量的国家在华盛顿召开了会议，并在限制海军军事力量方面达成一致。人们还在想，如果所有国家达成协议拒绝战争，也会有所帮助。所以一个反对战争的条约产生了，50多个国家的代表签署了条约，并承诺不再战斗。

但是战争仍然爆发了，尽管国际联盟制约了海军，尽管签署了反战条约。但当一场战争发生的时候，没有一个有效的手段能够阻止。当一栋城市的建筑物起火，一些人会打电话给消防队，消防队员会带着灭火装置赶来把火扑灭。当城市里发生了一场打斗，有些人会打电话给警察局，警察会被派来制止打斗。

但当战争开始的时候，没有消防队和警察来阻止战争。没过多久，战争就再次打响了。尽管在两次世界大战间有 20 年的和平时期，让我们可以暂时从战争中抽离出来。接下来，这一场新的战争发生在亚洲。

当佩里将军将日本的大门打开后，日本开始与其他国家进行贸易往来，快速成了工业化国家。日本学到先进文明的同时，也学到了不好的东西，它开始建立用于作战的大型现代化陆军和海军。1931 年，日本向中国派兵，强占了中国东北三省，随后日本开始全面攻占中国。中国当然要迎战反击日本的劣行，其他国家给日本政府写信，表示不赞成日本对中国发起战争。

"你们不是在反战条约上签字了吗？"这些国家责问日本。

但没有国家用武力阻止日本，战争仍在持续。中国艰苦作战，但因为其军事力量薄弱，很快日本就攻占了中国东部沿海地区，把中国的政府驱逐到中国西部。国际联盟不知如何阻止战争，所以这场战争仍在继续，直到第二次世界大战爆发。

当亚洲正在进行这场战争时，另一场战争在非洲爆发了。意大利军队进攻了古国埃塞俄比亚。埃塞俄比亚即是古阿克苏姆，你还记得阿克苏姆著名的国王吗？就是在公元 350 年成为基督徒的那个国王，对了，他的名字就是埃扎纳。

从国王埃扎纳那个时期开始，埃塞俄比亚就一直是独立的被国王统治的国家。意大利在 50 年前就曾经尝试攻占埃塞俄比亚，但是失败了。现在埃塞俄比亚国家部队只有少量枪支，其他军人手里都是长矛。而意大利的部队有飞机、炸弹、大炮甚至毒气，所以很快埃塞俄比亚就被攻陷了。

西班牙此时也爆发了内战，西班牙的两个派别为争夺领导权发生了战争。为了阻止这场战斗，俄国派兵帮助了其中一派，而德国和意大利则帮助了另一派。

一，二，三——战争、战争、战争——中国、埃塞俄比亚、西班牙。国际联盟并不能阻止日本侵略中国，也不能阻止意大利攻占埃塞俄比亚，虽然联盟也曾试图制止其他国家给意大利提供援助，同时联盟也没能阻止西班牙的战争。作为一个阻止战争的机构来说，国际联盟是没有起到作用的。

在两次世界大战之间20年的和平时间里，还有很多其他重要事情发生。在第一个和平的10年，人们忙碌地进行着生产和销售、购买和利用各种产品，他们充分享受着在第一次世界大战期间未曾享受过的和平。在美国，几乎所有人都渴望拥有一份工作。工厂忙于生产一切东西，大到汽车，小到缝衣针，无所不有。商业也渐渐变得繁荣起来，人们既忙着挣钱，同时也在不停地消费。许多人认为这段繁荣的时期会永远持续，但是他们错了，这段繁荣时期并没有持续多久，之后就出现了商人口中所谓的**经济大萧条**。好工作太少了，

经济大萧条的严重后果

经济大萧条也是一场世界性的灾难，美国的经济问题在全球内引发连锁反应，中欧和东欧的许多国家制度破产，学生辍学，有些人因为承受不了压力而自杀，最严重的是失业。美国因为经济衰退，政府无力支付一战期间允诺给军人的薪金，还引发酬恤金进军事件，最终导致军方介入，发生流血事件。

成千上万的人失业了，工厂生产的东西供过于求，许多工厂倒闭了，这又造成更多的人失业。如果人们找不到工作，他们拿什么买食物和衣服？所以和平的后10年便是大萧条时期。

大萧条持续了好几年，人们都很绝望，直到一个新的总统——**富兰克林·德兰诺·罗斯福**当选。他当选的时期正是人们对大萧条绝望的时期，所有的一切看起来都那么暗淡无光，人们对未来充满了担忧。当总统的第一天，罗斯

富兰克林·罗斯福巧答记者

在罗斯福第四次被选为美国总统后，一位记者访问他连任总统有什么感想。罗斯福微笑着没有回答，而是请记者吃三明治。记者既高兴又激动，一片很快就吃完了。罗斯福又请他吃第二片，记者又吃了。接着，罗斯福又请他吃第三片，尽管这位记者已经吃饱了，但他觉得盛情难却就硬撑着吃下去了。这时罗斯福微笑着说："我不用答复你的问题了吧？因为我的感想就是你现在的感想。"

福就说："我们唯一害怕的就是恐惧本身。"罗斯福好像知道应该采取什么措施，他通过了一项法案，给失业的人们发救济金。

随后政府雇用了几千人去做他们会做的工作，画家就去画画，音乐家开音乐会，作家写书，工人们除草、挖沟、修整公园，还有其他很多种工作，这些人的工资都是政府提供的。罗斯福找到了很多新的途径治理国家，他的这种独特方式，就是著名的"罗斯福新政"。

罗斯福让富有的人给穷人支付酬劳，尽管罗斯福的家庭一直很富裕，而罗斯福自己也是个富人。罗斯福在 39 岁的时候，得了脊髓灰质炎，他的双腿瘫痪，只能靠别人搀扶挪步。尽管这样，罗斯福仍然两次当选纽约州长，并最终当选为美国总统。

美国的总统四年选一次。每隔四年，人们会对下一任总统人选投票。罗斯福在第二个四年，又被选为总统。国父乔治·华盛顿，也曾经当选两个任期的总统，华盛顿拒绝了第三次的当选。自从华盛顿拒绝第三次任期，没有总统连任三届。但是当富兰克林·德兰诺·罗斯福八年任期结束的时候，他当选了第三任总统，又是四年的时间，比之前所有的总统任期都长。当 12 年结束后，富兰克林·德兰诺·罗斯福被第四次选为总统，那意味着他在位 16 年，如果他没在第四次任期内去世的话。罗斯福任期从 1933 年到 1945 年。没有其他总统任期超过八年，没有其他总统当选超过两次，罗斯福却当选了四次。

罗斯福也没能很快阻止大萧条，但他确实让人民感到一切并不是没有希望，也确实让人民远离了饥饿，但是这花费了美国人民大量的金钱。

在罗斯福第三次任期开始前，20 年的和平结束了，第二次世界大战在欧洲开始了。美国人民希望国家能阻止这场战争，

罗斯福签署对日作战的文件

但是罗斯福已经感到，虽然战争在大洋彼岸，但美国也会被波及。一旦战争打过来，美国需要随时准备战斗。最终，美国被攻击，罗斯福带领人民战胜了德国、日本和意大利，但他在德国投降前一个月离世了。20 年的和平——20 年的想要阻止战争的发明没有奏效——先是繁荣和萧条，然后爆发了最不堪的战争。20 年有多长？它仅仅是两次世界大战中间的一小段时间而已。

罗斯福签署对德作战的文件

第 **86** 章

现代"野蛮人"
Modern Barbarians

意大利是有国王的，但是真正统领这个国家的不是国王，却是一个专横独裁的人——墨索里尼。在第一次世界大战结束几年内，墨索里尼就成了专横的独裁者。正是他领导意大利军队，对埃塞俄比亚发动了战争。

你还记得古罗马辛辛纳图斯的故事吗？他是如何成为专横的独裁者，又是如何拯救罗马的呢？当敌军溃败后，他为什么放弃独裁者的位置，转而去做平民百姓呢？

墨索里尼这个独裁者和辛辛纳图斯可不一样，他不会放弃独裁者的权位，墨索里尼总是想让自己变得更加强大。

被独裁者统治的国家中的人民是不幸福的，因为他们必须做独裁者允许他们做的事，不管他们喜欢与否。人们担惊受怕，不敢畅所欲言，生怕一不小心就冒犯了独裁者。不经过审判，人们就会被直接关进监狱，他们在报纸上读不到客观全面的观点，因为报纸只会印刷独裁者想让他们知道的事。人们惧怕独裁者，因为独裁者的眼线总是在监听和监视着他们，如果有人失足，说一些反对独裁者的话，或者做了独裁者不喜欢的事，就会被判处死刑。

第一次世界大战后，虽然只有短暂的 20 年的和平，但已经足够让欧洲的几个独裁者掌握大权了。

墨索里尼已经够坏了，他让意大利人民失去了自由，对埃塞俄比亚开战，也仅仅是因为他想得到他们的国家。

但是，相对于欧洲另一个独裁者来说，墨索里尼真是一个"小角色"。这个人，就是

墨索里尼与黑山党党徒

阿道夫·希特勒，他成了德国的独裁者。希特勒的同党们被称为"纳粹"，"纳粹"这个词是德语"德国社会主义劳工党"的缩写。

纳粹党都非常残暴，异常冷酷。他们做的坏事，是掠杀过罗马的阿拉里克和他所带领的哥特人都不曾做过的。纳粹党比哥特人更加残暴无情，因为哥特人生活的那个时期，整个世界还处在蒙昧状态。但纳粹党存在的国家却是文明的基督教国家，有学校、有大学和教堂、有科学的知识储备和 20 世纪的文明准则和规范。

不死的元首希特勒

希特勒是个十足的刽子手，许多人都对他恨之入骨，想找机会暗杀他。据传他曾遭遇过 50 多次暗杀。1921 年，他在演讲结束以后遭到枪击，这是第一次暗杀，以失败告终。1939 年，他乘坐的专车经过戴高乐广场时又差点儿被炸毁，可惜的是一位市民无意中破坏了暗杀计划。结果不如人所愿，所有的暗杀计划都以失败告终。

纳粹党仇恨所有的犹太人，紧接着，他们对德国的犹太人展开了屠杀。一些犹太人逃到了其他国家，没能逃走的犹太人被关进了集中营。在集中营里，大部分犹太人最后都被折磨至死。纳粹党建立了大型的毒

气室，即在大房间里释放毒烟。他们把犹太人集合起来——男人、女人和孩子们，关到毒气室里放出毒气。通过这种方式，纳粹杀死了上百万犹太人。

不只杀害犹太人，他们还把无数反对纳粹党的德国人也关进了集中营，其中许多人都死去了。

1933 年，希特勒当上了德国的独裁者，他是个能言善辩的演说家，人们一旦听了他的讲话，就会按他的意志行事。他不只是靠演讲，他的纳粹特务也遍布全国，如果谁说了反对他的话，就会被隐秘的特务们逮捕。

希特勒在纽伦堡与纳粹士兵在一起

希特勒计划让德国变成世界上最强大的国家，为了实现这个理想，他开始大规模建造军队。德国的每一个人都必须为国家效力，随时备战。无论是男孩儿还是女孩儿，都要加入纳粹俱乐部，在那里学习如何为国家作贡献。没有加入海陆空军的人被集合起来，建造军事堡垒、战争通道和作战装备。

我给你们讲过《凡尔赛和约》，其中规定德国不被允许拥有大规模军事或空军力量。那接下来发生的事是怎么回事呢？希特勒说德国是不会被它制约的，尽管德国确实在条约上签了字。不久，德国就有了大型的军队和空军力量，然后德国开始掠夺本不属于他们的领土。德国的军队对奥地利展开了进攻，把奥地利收归德国所有。然后他们又开始入侵德国周边其他的小国。

那时，英格兰和波兰有个条约，波兰是德国东边的邻国，这个条约约定了英国要保护波兰的独立。当德国入侵波兰的时候，英格兰就条约事宜警告了德国，告诉德国保护波兰是英国的义务。然而，希特勒对此置若罔闻，仍然向波兰发起了进攻。他先是派飞机轰炸波兰，然后派出军队，在短短的几天之内，德国就消灭了波兰的军队。于是，英国向德国发起战争。当时是1939年，这件事之后，第二次世界大战便爆发了。

苏联在波兰的另一端，苏联从东边向荷兰进军，荷兰被瓜分了。

接下来，德国攻击了挪威和丹麦。在飞机狂轰滥炸和几个叛徒的出卖之下，挪威被德军夺去了。

德国又袭击了法国、比利时和荷兰。德军的飞机和坦克实在是让法国、比利时和荷兰无力抵抗，尽管英国已经派兵支援法国。墨索里尼看到德国胜利在望，便站在了德国的一边，带领意大利继续战斗。很快，荷兰、比利时和法国大部分地区就被德国占领了。德军开始进攻巴黎，成千上万的法国人被带到德国，他们像奴隶一样工作着，只剩下了英国和纳粹党作战。

我给你们讲过，英国真正的统领是议会，而不是国王。议会的领导人，也就是首相，可以在议会上通过法案。在这个千钧一发的时期，英国的首相正是**温斯顿·丘吉尔**，他是个果敢坚强的人。尽管英国的军队在法国败下阵来，那时的英国也只有百辆坦克、少量飞机以及无法与德军抗衡的军队，但丘吉尔仍

幽默风趣的丘吉尔

在丘吉尔75岁生日的茶话会上，一名年轻记者想表达祝福丘吉尔长寿的意愿，但是因在说话时欠缺考虑，他对丘吉尔说："真希望明年还能来祝贺您的生日。"丘吉尔听后，微微一笑，重重地拍了拍年轻人的肩膀，说："我看你身体这么壮，应该没有问题。"

拒绝放弃作战。丘吉尔向全国人民发表电台讲话，让人们鼓起勇气继续战斗，尽管形势不容乐观。丘吉尔说道："我们要保卫自己的领土，我们要战斗在海滩上、陆地上、田野里和街道上、山上，我们永不投降。"

这有没有让你联想到，列奥尼达在温泉关战争前给波斯人的答案？列奥尼达的答案就是："来吧，来抓我们。"丘吉尔的演讲并不像列奥尼达那样精短，

但在意义上殊途同归。

纳粹党已经准备好要一举消灭英国。

德国带领 3000 艘战船驶入欧洲海岸，停靠在正对着英国的方向，他们准备让纳粹战士穿过英吉利海峡。但是希特勒希望能先击败英国空军，那样他的部队就能轻松登陆。纳粹党的飞机被派去轰炸英国的机场和海岸了。

但是接下来，希特勒遇到了第一次战败。英国虽然只有少量飞机，但他们靠战技打败了纳粹党的空军力量，这次战役被称作 "不列颠战役"。空战的前 10 天，英国击落了 697 架敌军飞机，而自己只损失了 153 架飞机。

当希特勒发现他的飞机无法与英国的空军抗衡时，就派飞机日夜轰炸伦敦，无数的伦敦民众被德军轰炸致死。但是，英国皇家空军仍击落了多架德军飞机，这让德军有所畏惧，转而开始夜袭。在整个作战过程中，德军对英国的夜袭从未停止过，但希特勒仍然错失了夺取英国的最好时机。于是，英国有了几个月的时间补充武器装备，并扩建他们的军队。首相丘吉尔在赞美英国的空军时说道："在人类战争史上，从未有过这种情况，以如此少量的兵力保卫了如此多的人民。"

第**87**章

抗击独裁者
Fighting the Dictators

关于这场最为重大战役的故事，我无法在一章中全部讲完。

所以，这一章我们接着讲讲第二次世界大战。

法国沦陷后，在德国攻打的所有国家中，只剩英国孤军作战。在不列颠战役之后，没有人知道纳粹党会不会再次攻打英格兰。英军只是将德国部队赶出了英国，这并不算是战争的胜利。没人相信，英国能只靠自己的力量击溃德国。但英国自己相信，他们拒绝放弃，继续作战，试图击溃德军大部分兵力，击溃世界上受过最好训练、拥有最好装备的部队。

英联邦其他地区也派兵帮助英格兰。但是这些国家和地区（加拿大、澳大利亚、南非、新西兰和印度）都远在海外，德军的潜水艇会在海中把它们击败。

墨索里尼带领的意大利拥护德国，正在烧杀掠夺中国的日本也对德国表示友好。

如果受到进攻的话，没有一个国家能确保自己的安全。下一个被攻占的国家会是谁？

美国，在位于欧洲约 4800 千米以外的大洋的另一端，仍感到了德国的威胁。他们把小部队武装成了大型部队，美国的工厂开始着力生产飞机、坦克以及其他战争装备，为海军建造新型轮船。可是建立庞大的军队并不是一日之功，需要的不是短短几天，也不是几个月，而是很多年，战舰比军队的建造时间还要长。幸运的是，我们的总统，富兰克林·罗斯福，曾经带领他的国家为迎战做过准备。大约一年后，美国遭遇了袭击。

德国正忙于统治法国、丹麦和挪威，同时也在准备用飞机攻击英国，意大利也在试图攻占希腊和埃及。但是意大利士兵不像德国士兵那样善战，一小支善战的希腊军队就击溃了意大利军队。此时北非的一个英国将军，带领从英国各地集结起来的兵力，打败了意大利的两支部队，尽管意军是他们兵力的五倍。这样，埃塞俄比亚摆脱了意大利的统治。

三周之内，德军派出一支部队攻占了希腊，他们还派了一支军队去北非，在那里与英军作战，这场战争持续了三年。

突然，希特勒进攻了苏联，现在你知道这是个多么愚蠢的决定！苏联是一个军事强国，即使拿破仑都拿不下苏联。但希特勒知道，如果他攻下了苏联，德国就能拥有大量的石油、小麦、木料和矿产。另外，他认为苏联会攻打德国，因为苏联一直致力于强化军事力量，而且在纳粹党展开侵略之前就开始准备了。希特勒现在攻下了 15 个欧洲国家，这些国家现在处于纳粹党的统治之下，他的军队从未战败过，虽然他的空军没有攻下英格兰。

纳粹党开始进攻苏联，并试图尽快将苏联拿下。虽然一开始苏联军队打了败仗，但并没有完全落败。纳粹党很快到达了莫斯科，并在最短的时间内，同时从三面展开进攻。希特勒宣称莫斯科之战将是苏军的灭绝之战。但是这话说得太早了，苏联奋勇抵抗德军，全力保卫莫斯科，这场战役持续了几周的时间，德军用大量的飞机、坦克攻击莫斯科，苏军和苏联市民团结一致进行抵抗。最终苏联人击败了德军，莫斯科被拯救了。

然而，阻止了德军攻占莫斯科并不意味着取得了战争的胜利，这就像阻止他们攻占英格兰并不意味着战争胜利是一个道理。德国和意大利还是统治着几乎所有的欧洲国家。

当苏军在莫斯科赶走纳粹军时，日本的挑衅战争也打响了。日本飞机毫

无预警地轰炸了美国在夏威夷的 **珍珠港**，那天正是 1941 年 12 月 7 日，美国

日本偷袭珍珠港

　　1941 年 12 月 7 日早晨，日军的航空母舰向美国海军所在地珍珠港以及陆军和海军在瓦胡岛上的飞机场发起突然袭击，正式向美国宣战。第二日，美国总统罗斯福发表演讲，签署对日本的正式宣战声明。太平洋战争由此拉开了序幕。这次袭击使美国也加入到第二次世界大战中，这次事件被称为"珍珠港事件"。

的所有战舰全部被击沉、毁坏，两千多个美国人被炸死。第二天，英联邦国家和美国宣布对日本开战。四天后，德国和意大利宣布对美国开战。

　　美国还没有准备好同时对德国和日本开战。美国的新部队也还没有训练好，新的战舰还不能取代在珍珠港被炸毁的战舰。但幸运的是，此时苏联在欧洲对纳粹军发起猛烈攻击，这制约了无数纳粹军，使美国有了充足的时间准备作战。美国的工厂用最快的速度制造出坦克、卡车和其他军需品，然后用战船尽快将这些物资运送给苏联和在埃及的英国军队。

　　日本起初还不想停战。他们攻陷了美国统治下的菲律宾岛，攻占了英国海军位于新加坡的基地，还占领了荷兰的领土、东印度群岛，夺取了暹罗、缅甸，进而攻向印度，占领了马来半岛。在这之前，他们还占领了法国属地的印度支那和中国的很多地区。

　　如果你有张亚洲地图或一本地理书的话，你可以搜寻一下这些地方，你将会看到，日本的军队延伸到了亚洲的哪些地方。在一张太平洋地图上，你会发现这些岛屿都远离日本，而且岛的名字都很奇怪，如果不是被卷入第二次世界大战的话，你可能永远不会在历史书中看到它们的名字：

关岛和威克岛

新几内亚

布干维尔和瓜达尔卡纳尔岛

基斯卡岛

日本对这些地方展开进攻时，当地人民进行了奋勇抵抗。菲律宾战役中，美军和菲律宾士兵不是战死，就是被捕，只有小部分人逃到了山上，那里有少量坦克兵在对日本进行全力抵抗。

苏军攻入柏林，在柏林升起苏联国旗

总统罗斯福和首相丘吉尔决定，先全力打败希特勒，然后再歼灭日本。所以美军和英军被送到北非，击败了那里的德军。然后他们开始进攻意大利。

大量的美军和英军聚集到英格兰。在英格兰机场，他们的飞机轰炸了德军，并击落了德国的飞机。终于，到 1944 年 6 月，美英两军做好了对抗德军主力部队的准备。强有力的美军和英军在德怀特·艾森豪威尔将军的带领下，穿越英吉利海峡，在法国的诺曼底登陆。他们与德国军队展开了激烈战斗，把德军一路从法国赶回了德国。法国、比利时、荷兰被解放，又成为独立的国家。

与此同时，在另一边，一直与德军对抗的苏军正在对德军进行猛烈反击，把德军赶回了德国，并夺取了德国首都柏林。墨索里尼在意大利被抓，意大利人民枪杀了他。希特勒怎么样了呢？他因为军队败北，自杀了。他不能接受失败。

可怕的纳粹军最终被打败了，但是数以千万计的人民也失去了家园，他们贫穷饥饿，不得不向其他国家寻求食物资助。

在世界另一端，对抗日本的战争还在持续，许多反抗日本的战役打响——空中战役、海上战役、陆地战役。一个接一个，日本超出了可承受的限度，异常艰苦的战斗伴随着热带雨林引发的疾病增加了士兵作战的难度。将军道格拉斯·麦克阿瑟是总指挥官，他的军队得到了菲律宾海军的援助。他们已经准备好一举歼灭日本。这时，一种可怕的新式武器被用于对抗日本，日本最终投降了。

　　这种新武器就是**原子弹**。美国的飞机将两颗原子弹投放到日本的两座城市，原子弹带来了毁灭性的破坏，仅仅两个就足够了。

　　德国在1945年5月投降，日本在同年的8月投降。这场世界历史上最大、破坏力最强的战争终于结束了。

奥本海默　原子弹

　　原子弹是很多科学家共同发明的，其中奥本海默被称为"原子弹之父"。原子弹采用的是核裂变技术，爆炸威力有2万吨TNT那么大，尤其是核辐射能给人带来持久性的伤害。但是任何东西运用到战争中都是坏的，应用在生活中却能变成好的，于是人们建造了核电站，为人类发电，缓解了能源短缺问题。

第**88**章

世界的新精神
A New Spirit in World

二战结束后，所有地方的所有人都在谈论如何把世界变得更好。第一次世界大战后，你还记得吗？世界上大部分国家都加入了国际联盟以避免新的战争，但是战争还是爆发了。

第二次世界大战后，世界各国决定再次尝试寻找一种方式，和平解决各国间的矛盾，而不是用战争的方式，所以出现了联合国。联合国的总部被设在美国纽约州。你去参观过联合国总部吗？如果你去了纽约，你可以设计一个行程去参观联合国大楼，你会见到在那里工作的全世界的人。

联合国确实比国际联盟更成功。但二战后，世界仍存在很多必须解决的问题。尽管期望世界没有矛盾和问题不太可能，但我们总是这样盼望。

确实有一个问题解决了，至少部分解决了。二战后，在联合国的作用下，所有人都在讨论让世界变得更好。人们批判战争期间日本和德国侵略别国的错误行径。战争结束了，一些人开始疑问，为什么一些国家仍有权力统治之前被他们侵占的国家。你还记得工业国家是如何把给他们工厂提供木头、橡胶、棉花、糖的国家变为殖民地的吧？事实上，英国的殖民地分布很广，英国自夸："在大英帝国，太阳是永远不会落山的。"你知道这是什么意思吗？

　　设想一下，如果你在世界很多地方都有领土，那么总有地方的太阳是升起的。英国拥有的殖民地国家有非洲的加纳、肯尼亚，大国印度，小岛巴哈马、牙买加，英国为自己的大帝国自豪。但在非洲、印度和加勒比群岛，很多人并不满意英国的殖民统治。事实上，他们已经讨论了很久，想要脱离英国的统治。二战后，英国已经厌倦了对抗德国和日本。除此之外，世界人民要求每个国家都应有权利选择自己的政府。

二战时的情景

在这种舆论下，美国——英国的好盟友，也很难支持他们。为什么你认为这是正确的呢？你怎么不认为是美国想起了自己的革命？

　　不同殖民地的领袖们用不同的方式，为他们的人民争取独立。在一些地方，人们组织了军队，就像乔治·华盛顿组成的军队那样。在另一些地方，人们组织了非暴力抗议活动，例如游行和演讲。这时期最著名的英雄就是印度人**甘地**。

甘地

　　甘地不仅是一位杰出的政治家，同时也很和善，为人民着想。有一次，甘地在坐火车的时候，一个不留神把一只鞋掉在了铁轨上。正巧火车启动出发了，他不能再下车去捡。周围的人见到甘地只剩下一只鞋，都为他感到惋惜。就在这个时候，甘地弯下腰迅速地把另外一只鞋也脱下来扔出窗外。一位乘客看见他的举动，就问他这么做的原因，甘地微笑着说："这样一来，捡到鞋的穷人，就可以拥有一双完好的鞋穿了。"

甘地在纺线

莫汉达斯·甘地，他看起来可不像是革命的英雄。他很瘦弱，还十分矮小，他也不像革命家那样擅长演说。当时印度是英国的殖民地，甘地认为英国在本质上是个文明的国家，所以他觉得只要让英国意识到什么是正确的，英国就会像世界上其他国家一样，不会杀戮人民，印度可以通过这种方式争取到独立。

甘地非常聪明，他把问题的核心都集中到印度想要独立这件事上。他知道英格兰把印度作为殖民地是为了印度的资源，英国想从印度提供给英国工厂的原材料和收取的税金上牟利。所以他决定让英格兰从印度赚不到更多的钱。

你知道的，英国从印度购买棉花，用船运回英国的工厂。棉花被做成布和衣服，一些成衣又用船运回印度以高价卖出，英国当然会赢利。现在，在我告诉你甘地是怎么做的之前，让我先给你讲讲他没有做什么。他没有刺杀在印度居住的英国人，没有烧棉花地，没有击沉英国的运载棉花、布以及成衣的轮船，他没有做任何暴力的事驱逐英国人。他是这么做的，他让印度人每天花上几小时织布和制作衣服。这样，他们就有了大量的布，不需要再从英国人那里购买。所以英国就挣不到钱，但他们也没理由来印度杀死抗议的人。甘地是不是个聪明的革命家？

他还做了另外一件事。英国在盐上征收高赋税。印度需要盐来保存他们的食物，因为他们大部分人都没有冰箱，所以英国有了稳定的盐税收入。还记得美国在革命前对英国征税的感受吗？印度人对于支付给英国盐税，也是同样的感受。甘地找到了一种方式，不用破坏法律，就能实现不用继续给英国纳盐税。他带领大部队来到海边，我们都知道海水很咸。在那里，他教会

391

人们怎么从海水里提炼出盐，这样他们就有了大量的盐。通过这种方式，他们就有了足够的盐——不用破坏法律，也不用支付高额赋税。当英国士兵打自己制盐的印度人时，所有人，甚至英国人都谴责他们。

甘地变得在全世界都很出名。人们都觉得他不采用武力就能很好地保护自己国家。最终英国迫于压力，放弃了印度。二战结束后不久，印度赢得了独立。

印度独立后，其他国家都争相效仿。非洲的领导人，像加纳的科瓦米·恩克鲁玛和肯尼亚的乔莫·肯雅塔都为自己的国家赢取了独立，阿尔及利亚也从法国的统治下独立了。在长久的战争之后，美国也同意菲律宾独立。这传遍了全世界。一个接一个的非洲、亚洲国家独立了，太平洋和加勒比海的小岛国也独立了。这里面的很多国家还很穷，还需要努力奋斗，但至少他们不再受外国人统治了。你知道吗？这些取得独立的国家几乎都会庆祝自己的独立日，就像美国庆祝 7 月 4 日一样。去看看它们的国家庆典吧，应该会很有趣，那也肯定是个很长的旅程！你猜他们会放烟花吗？

第89章

昨天，今天，明天
Yesterday·Today·Tomorrow

在我居住的附近有一家甜点店，它的广告牌上写着"每小时更新"。历史也是每天在更新，每一小时都是新的。我们会在报纸或杂志上读到这些，或是在电台或电视上听到。

到今天，历史都是由一个个的战争故事组成的，关于战争的故事有的大、有的小，有的短、有的长。几乎所有的战争都曾在一些地方持续着，战争、战争、战争——打仗、打仗、打仗。孩子们会抓、踢、咬，但我们越成长，就越少用拳头和脚解决问题。打架看起来更像是童年的标志——我们是孩子，所以我们打仗。我们进行战争，代表着这个世界还很稚嫩，我们还不成熟，世界仿佛静止了一瞬间，就像两岁的孩子一般。

我们会崇拜和赞赏英雄们，像是贺雷修斯、列奥尼达、圣女贞德、艾森豪威尔等，也会敬仰一些保护自己免受敌人侵害的无名英雄。就像我们崇拜的人那样，他阻止了深夜潜入他家的窃贼和歹徒，让他的家人免受伤害。但是为了自己的权力、财富、荣耀而无理由掠夺生命的人，无论他是国王、将军或王子，他们都和拿着枪棍躲在暗处，想要抢劫和谋杀的歹徒没什么区别。战争带来屠杀，带来破坏，更浪费了无数的生命和财产。金钱让我们快乐，让世界变得更好，而不是造成痛苦、伤害、穷困，留下寡妇和孤儿。没有人会因为战争过得更好，即使是胜利者。战争是个残忍的游戏，即便胜利者也是输家。

可以确定的是，如果战争没有结束，他们还会用破坏性的武器作战，所有国家的人民，甚至我们的大陆，都会被消灭。原子弹的爆炸已经证实了，它可以摧毁整个城市。如果战争仍继续，全世界将没有人能够活下来，那将是人类历史的终结。

战争也许可以被阻止，所有地方的人都期望并尝试终结危险的战争。终结战争并不容易，但是联合国就像消防员一样，可以在火势失控前把火扑灭，然后世界就会有几年太平日子。新的发明也会被用来维护和平，而不是发起战争。

人们的发明比魔法本身更神奇了。飞机、直升机和宇宙飞船取代了神话中的飞毯，它们当然比飞毯好很多，因为它们是真切存在的，而飞毯只是人们幻想出来的。只要能制止战争，你所想象的发明，不管它们听起来多么不可思议，总有一天会被发明出来。你可以想象一下能制止战争的所有发明，可以肯定的是，有一天它会被应用，只要战争还没有完全消灭，在这发明出现之前。

发明和发现并不完全一样。如果一个东西一直存在，但是人们并不知道它，这叫作发现，而不是发明。

发现和发明！在过去的100年中，发现和发明有着同等的地位和重要性，它们看起来都很神奇。当然，现在已经没有很多的新大陆被发现了，但仍有很多奇妙的发现随时产生。

最重要的发现之一就是关于疾病，以及如何治疗疾病，这个发现有个很长的名字：疫苗接种！在过去，到处都流行一种致命疾病，叫作天花，这是一种可以致死的疾病，现在通过接种预防这种疾病的疫苗，很多人的生命可以被挽救，就像被战争掠去的生命那样多。

牛奶的巴斯德（巴氏）消毒法！你知道那是什么吗？那是以一个人的名

字命名的，他是一个法国人，发现了消灭细菌的方法。你能猜到他的名字，是的，他叫巴斯德。

预防注射！你知道这是什么吗？为了防治破伤风和伤寒等，医生就会用针管进行注射。

麻醉剂！这又是什么呢？如果要做手术，它可以帮你沉睡过去，不会让你感到痛苦。试想一下，在没有麻醉剂之前，人们要经历怎样的痛苦！

青霉素！这是什么呢？它的发玩拯救了二战中无数伤员的生命，它是一种抗生素，用以阻止细菌的滋生。

我希望能够给你们讲到更多的发明，像电子眼雷达和喷气推动式飞机；我希望我能给你们讲讲著名的科学家，像斯泰因梅茨和阿尔伯特·爱因斯坦；我希望我能给你们讲所有的发明和发现——从真空吸尘器到回旋加速器、空调到显微镜、发电机到激光、人造心脏移植等；还有血浆——美国的黑人查尔斯·德鲁发现了把血浆保存到血库旦的方法，以便拯救在战争中负伤的人。你看到了，不只是战士，科学家通过自己的发明一样能够成为英雄！我也想给你们讲讲所有这些人，但是我不能。这本书的容量不允许我讲到所有神奇的人和事物。另外，我的速度也不能与新发现和发明诞生的速度同步——每小时都在更新。

故事到这里就结束了，但是仅仅是到这个时刻，因为历史是不断行进着的，不断持续发展的。你下次读到这个标题时，科学家正致力于新的发明和发现，那也许会是在未来的历史书里了。

如果你生活在公元 10 000 年，是个男孩儿或女孩儿，你的历史可能会从我们讲完的这里开始。第二次世界大战对你们来说太遥远了，就像石器时代远离我们一样。你那时再回头看我们认为神奇的发明，就会像我们看待铜和青铜器的发明一样。

也许那时候火车、轮船、汽车或飞机也已经落伍了，也许只要坐在飞毯上，心中默念，就可以去你想去的地方了。也许那时信件、电话、收音机、电视或电脑等也用不着了，不管在任何地方，不论远近都可以读到对方的思想。

也许到那个时候，人们会找到办法，做到我们现在没能做到的。不用污染空气和水，就能建造工厂，地球上的资源都能被合理利用。也许人们学会分享，地球上的每一个人都有足够的食物和舒适的住处。当然，最好的是，人们学会了如何解决问题，再也不用发起战争。

还有很多——世界是永无止境的。